東アジアの交流と地域展開

北東アジア交流研究プロジェクト
藤井一二編

思文閣出版

金沢・大連交流フォーラム "東アジアの交流と文化を語る"（金沢21世紀美術館）

金沢メッセージ "交流の新たなステージ" へ（中国大使館喬倫書記官）

序

　本書は、平成17年度選定の文部科学省私立大学学術研究高度化推進事業（オープン・リサーチ・センター整備事業）研究成果等公開型プロジェクト（北東アジアと北陸地域の経済・文化交流に関する学術情報の集積と学際的研究）による第2冊目の論文集です。年次報告書（季刊『北東アジア交流学』Ⅰ～Ⅲ）とともに研究活動の成果を示しています。

　本研究は、平成14～16年度を中心に重点課題に掲げ共同研究を進めてきた「中国日系企業をめぐる動向と北陸地域企業の中国進出の現状」（服部治代表）と、「環日本海圏における経済・文化交流と歴史的環境」「北東アジアの交流と経済・文化」（藤井一二代表）の成果を基礎とし、今日、益々活況をみる北東アジアと日本ならびに北陸の諸地域間における経済・文化交流に関する学術資料を集積することと、各分野の研究者が現在的関心に基づいて共同研究を行い、それらの成果をセミナー・フォーラム・出版等を通じて公開することを目的としています。その際、新たな国際共同研究を組織する上で「交流の多様性」の視点から、経済・文化・学術・観光等の意義を考える《アジア地域交流学》《地域相関論》への取り組みを重視してきました。

　平成17年度来、データベース作成の基礎となる資料整備では特色ある文献資料群の構成を目指すとともに、研究成果の公開活動では、北東アジア研究会、リレー講座、公開講座・フォーラム、海外資料調査・研究交流や、記録集・ニューズレター・図書刊行（『東アジアの交流と地域諸相』『東アジアの交流と地域展開』）を通じて、所期の構想を具現してきました。

　平成17年11月「世界遺産、遙かなる敦煌を語る」フォーラム（金沢）、同18年6月「大連・金沢アカシア交流大学」（大連民族学院）、7月「金沢・大連交流フォーラム」（金沢）、11月「中国人民大学交流講座」（北京）、12月「日中間、これからの教育・研究交流」フォーラム（金沢）、同19年7月国際共同研究報告会「中国東北地区の考古と文化遺産」（富山）、同7月「能登半島の東アジア交流遺産・観光資源に関する日中共同資料調査と研究会」（能登半島、羽咋・志賀・七尾等）、同8月「極東国立総合大学・ウラジオストク日本センターとの研究交流会」（ウラジオストク）、同10月「東アジアの観光交流と地域文化」（京都）、同11月「北東アジアの交流と連接」（東京）、同12月「東北アジアの交流文化と共同研究」（金沢）等は、北東アジア圏の交流活動を対象とする共同研究の推進にとって重要な場となりました。

　3年目となる平成19年度は、中国東北地域に隣接する朝鮮半島・ロシア沿海地方、並びに対岸に立地する能登半島の資料所在状況と先行業績の把握に重点をおき、関連する研究会・講座と資料調査を実施しました。地域比較の観点から朝鮮族社会論、科学技術の観点から農法の比較研究、陶磁を中心とするアジア東西交流に関する北東アジア研究会、能登半島の東

アジア交流遺産・文化資源に関する日中共同資料調査と公開講座、牡丹江・延吉・ウラジオストク等での資料調査を通じて、共同研究の新たな枠組みを学際的に形づくる基礎を固めつつあります。

　私はこれまで中公新書『和同開珎』『古代日本の四季ごよみ』等の執筆を通じて、東アジア圏における人・物資・情報の交流関係を重視してきましたが、近年、東アジアの各地で日本・唐・渤海・新羅の交流世紀に源流をもつ文化遺産に接する機会が増える中で、地域の環境・景観・歴史的位相を含めた地域資源を学際的に記録・研究する方法論を相互に鍛えてゆく必要があるとつよく感じています。

　本書には、昨年来実施してきた海外資料調査・研究会（韓国・中国東北地区）と金沢フォーラム等における成果を中心に論考を収載しました。テーマ別の「大連・金沢アカシア交流大学」（大連）と「北東アジアの交流と連接」（東京・金沢）等の成果は、続編の刊行を予定しています。

　本書を成すにあたっては、第一冊目と同様に、思文閣出版と林秀樹氏より格別のお力添えを頂いたことを記し、厚くお礼を申し上げる次第です。

　　2008年3月10日

　　　　　　　　　　　　　　　金沢星稜大学・北東アジア交流研究プロジェクト
　　　　　　　　　　　　　　　ORCプロジェクトリーダー　　　藤　井　一　二

目　次

口絵

序

Ⅰ部　東アジアの交流と文化

中国発見の日本《和同開珎》銭と国際交流 …………藤井一二……… 3
日本・中国における史前文化交流の可能性と軌跡 …………王　秀文……… 18
　　　──紅山文化と縄文文化の盛衰を中心に──
抗日戦争・国共内戦～朝鮮戦争期の中国東北における朝鮮人軍部隊
　　……………………………………………滝沢秀樹……… 27
20世紀前半、旧満州における日本人ジャーナリスト ………劉　愛君……… 43
外国人観光客への多言語サービス ……………………河原俊昭……… 51
日本飛鳥、白鳳、天平婦女服飾与敦煌比較研究［中国語］ …盧　秀文……… 58
日本における飛鳥、白鳳、天平時代の女性の服装と
　　敦煌との比較研究［日本語］ ………………………………………… 72
敦煌莫高窟早期三窟述論［中国語］ ……………………蔡　偉堂……… 86
敦煌莫高窟早期における三窟に関して［日本語］ ……………………… 99
　　　──莫高窟第268・272・275窟──

Ⅱ部　東アジアの交流と経済

韓国の経済・経営の進展と韓国日系企業の事業展開 ………服部　治……… 115
韓中経済交流と中国進出韓国企業の経営行動 ………………黄　八洙……… 144
韓国の経済成長とその源泉について ……………………木村正信……… 163
アジア経済における貿易・投資の変化と日本の対応 ………茂木　創……… 179
北東アジアの経済統合にみる政治経済的課題 ………………川島　哲……… 195
日中間環境技術移転の市場原理によるパターン ……………龍　世祥……… 202
日本商業政策的分析［中国語］ …………………………方　斌……… 217

プロジェクト活動の軌跡
あとがき
執筆者紹介

Ⅰ部

東アジアの交流と文化

中国発見の日本「和同開珎」銭と国際交流
――唐・渤海国遺址出土の歴史的意義――

藤井一二

はじめに

　日本古代の流通貨幣である和同開珎銭は、和銅元年（708）5月に銀銭、8月に銅銭が発行された。このうち銀銭発行は翌年の法的停止にもかかわらず、市場でなお交換価値をとどめた形跡が認められ、銅銭は天平宝字4年（760）3月に新銭万年通宝が発行されるまで、約半世紀にわたり交換手段としての機能を保持した。和同開珎はその形状・法量において唐の「開元通宝」銭をモデルにしたことは明らかであり、唐銭とその鋳造技術・銭文知識の導入は、7世紀から8世紀初頭にかけて帰朝した遣唐使の役割によるものであった。

　一方、日本で発行・使用された和同開珎銭は、708年以降、遣唐使・唐使や遣渤海使・渤海使の往来によって唐国や渤海国に伝播する有力な契機を持つこととなった。これまで、日本の和同開珎銭は当時の宮城であった長安・洛陽（唐）、上京龍泉府（渤海）から銀銭や銅銭が出土しており、古代東アジアにおける国家間の交流の広がりを裏付けている。

　本稿は、8世紀代における唐の長安・洛陽、渤海の上京龍泉府の各遺址から発見された和同開珎に焦点を当て、遣使交流の視点から伝播の経緯・背景と歴史的意義について考察する。

1　中国陝西省西安出土の和同開珎

　1970年秋、中国陝西省西安市何家村で発見された唐代窖蔵の陶製大甕（2個）の中から、270件におよぶ唐代遺品（金・銀の碗・盒・杯・盤・缶など）に混じって、東ローマ金貨（ヘラクリウス金貨）・ササン朝ペルシア銀貨（クズロー2世銀貨）、そして日本銀貨（和同開珎5枚）が発見された。[1]それらは唐文化の絢爛、精緻な特色とその国際性を物語る文物として国際的に注目を集めることとなった。

　発見地である何家村は、唐都長安城でいえば外郭城の明徳門から皇城の朱雀門を結ぶ朱雀街の西側で皇城に近い興化坊に位置する。この場所は宮城内の経済活動の拠点である西市に程近く、政務・生活両面における地理的環境に恵まれていたとみてよい。

当地で発見された日本の和同銀銭5枚の全容は、発見時に一括して公表されることはなかったが、1972年、『文物』188号（1972年第1期）の発見報告「西安南郊何家村発現唐代窖蔵文物」（陝西省博物館・同省文物管理委員会）に1枚（A）、『文物』190号（1972年第3期）掲載の郭沫若「出土文物二、三事」に2枚（B・C）、1973年夏・秋に東京・京都で開催された「中華人民共和国出土文物展」（東京国立博物館・京都国立博物館）において和同開珎1枚（C）・「開元通寶」金銭・銀銭が出展された。また、1973年7月発行『文化大革命中の中国出土文物』（朝日新聞社）に掲載された2枚（B・D）のうち1枚は、上記の3枚（A・B・C）とは異なるものであった。貨幣の形状は、外縁・銭文（字体）に個々の特徴をもつため、相互の比較を可能としている。

　1979年夏の訪中時に、陝西省博物館（西安市）の中日交流史コーナーに展示してある和同開珎銀銭1枚を実見したが、それは郭沫若論文に紹介されたうちの1枚（C）にほかならなかった。それから2年後、1981年9月刊の『陝西省博物館』（同博物館編）に2枚（C・E）の銀銭図版が掲載され、この中にそれまで確認できなかった1枚が含まれていた。

　中国西安市で発見された和同開珎銀銭は、当初、5枚が同一の鋳型で鋳造された可能性も考慮されたのであるが、5枚の形状把握によって日本から唐都長安へ運ばれた和同開珎は、日本国内で同一時に、同一箇所で鋳造されたものでないことを明らかにする。これは、唐国への贈答用として特別に鋳造したものではなく、当時、日本国内において平城京の東西市などで実際に使用されていた銀銭であったことを如実に物語るものといえる。ちなみに西安市発見の和同銀銭のうち、Cは外径2.2センチ、重さ6.6グラム、Eは外径2.3センチ、重さ5グラムとされ、日本国内で発見されている和同銀銭の法量と比較しても矛盾するものではない。

　西安市何家村出土の和同銀銭について、実物に即して最初に論考を発表したのは中国の郭沫若氏であった。同氏は、論文「日本銀貨《和同開宝》的定年」において、①〈窖蔵の主人〉は、唐・玄宗の時代、天宝15年（756）6月、安禄山の乱によって玄宗の一族李守礼の子孫が四川へ逃亡する際に隠したものであること。②銀貨を運んだ遣唐使について、可能性のある第8次（開元4年、716任命）、第9次（開元20年、731任命）、第10次（天宝9年、750任命）のうち、日本の遣唐使の入唐年代に照合して検討し、第8次遣唐使の場合が最も妥当であると認定した。郭沫若氏の研究は、日本の文献を駆使して遣唐使との関連を軸に検証した先駆的考察として、西安市出土の和同銀銭研究の定点をなす位置を占めている。

2　和同開珎銀銭の発行

　日本で和同開珎の発行を伝える記録は、『続日本紀』和銅元年（708）5月壬寅（11日）条の「始行銀銭」、また、それより3ヵ月後の8月己巳（10日）条の「始行銅銭」とする記事である。ここに見える銀銭・銅銭が和同開珎に該当することは間違いあるまい。

　銀銭・銅銭の発行された和銅元年は、平城遷都の2年前に相当しており、奈良時代ではなく藤原京時代の文武天皇による経済的施策として理解しなければならない。文武政権におけ

る貨幣政策の展開を象徴する事項は、『同書』文武3年（699）12月庚子条に見える「始置鋳銭司」とする記事にほかならないが、この鋳銭司の設置によって藤原京における流通貨幣の本格的な鋳造が計画されたと見ることができる。貨幣鋳造には、銀・銅資源の採掘・確保、鋳造技術・組織、鋳造所、銭文確定など諸条件の前提を想定しなければならず、これらの準備はそれ以前から継続していたと思われるが、元明天皇の段階に至って新都造営計画が進行する中で、貨幣の鋳造・発行が実現したものといえる。

　和銅元年（708）5月に、元明天皇のもとで初めて発行された銀銭は、藤原京の段階における鋳造によるが、平城京の造営・遷都とこれに伴う交易活動に対処する目的をもつものであったことは確かであろう。新都を拠点とする国家の財政運営と経済政策の一環として、全国的な流通を意図する大規模な貨幣鋳造は、唐都長安を中心とする開元通宝銭（銀銭・銅銭）の流通展開を目標にしたとみるのが自然である。

　この点で、大宝元年（701）正月に任命され、翌年6月に筑紫より入唐の途についた遣唐使（執政使粟田真人、大使高橋笠間、副使坂合部大分ら）の役割が注目されるのであって、慶雲元年（704）7月に執政使正4位下粟田真人らが帰国し、これより遅く同4年（707）3月に副使従5位下巨勢邑治らが帰国した。遣唐執政使の粟田朝臣真人は、帰国後、慶雲2年4月に新設した中納言（3人）の一人に抜擢されている。粟田真人は、刑部親王・藤原不比等らとともに大宝律令の撰定に参画し、唐朝でも経史に通じた日本人として評価され、『旧唐書』東夷伝には「真人好読経史、解属文、容止温雅」と伝えている。粟田真人は慶雲・和銅・霊亀・養老年間を通じ中納言の地位にあって朝政の一角を占めたのであるが、彼らが唐から持ち帰った新知識は、慶雲4年7月に始まる元明政権の政策に色濃く反映したことは疑いない。「和同開珎」の銭文決定にも重要な役割を果たしたことと思われる。

　和同銀銭の発行から3ヵ月後、和銅元年8月の銅銭発行によって、銀銭・銅銭は併用されることになった。銀銭・銅銭を併用するに当たって両者の交換比率が問題となるが、和銅元年にその規定を定めた形跡は見られない。それは、和銅元年以前から貨幣間の交換比がきまっていたか、そうでなければ発行当初、銀銭・銅銭の価値を同一に認定していたことになるが、むしろ銀銭と銅銭との間に交換比率を規定せず、個別に交換価値を付与していた可能性が認められる。和銅2年（709）3月に、「制、凡交関雑物、其物価銀銭四文已上、即用銀銭、其価三文已下皆用銅銭」とあり、物価が銀銭計算で4文以上であれば銀銭を用い、3文以下であれば銅銭を用いることを定めた。これは銀銭を基準とする物価表示と使用貨幣の区別を指定したものであり、両者の交換比率を示したものではない。銀銭を物価表示の基準としたのは、元明朝が銅銭ではなく銀銭を先に発行したため、銀銭を中心とする「価値表示」システムの社会的浸透が先行していたことによるものであろう。その点では、和銅元年段階に銀銭・銅銭の発行と両銭の交換比を統合した経済政策を打ち出していなかった可能性が高いとみてよい。

　ところがこれより半年後、元明朝の和銅2年8月には「廃銀銭一行銅銭」として、銀銭を

停止して銅銭に統一することとした。これによれば、和銅元年5月に発行した和同銀銭は、1年3ヶ月にして制度的に廃止されたことになる。問題は、この制定が銀銭の鋳造停止にとどまらず、京内外に流通する銀銭の効力を停止するものであったかどうかという点である。物価表示の基準を銀銭から銅銭に切り替える点に主眼があったとみれば、発行済みで京内外に出回る銀銭の交換価値を否定するまでには至らなかったと考えられるのである。

銀銭の制度的な廃止から10年余を経た養老5年（721）正月において、「令天下百姓、以銀銭一当銅銭二十五、以銀一両当一百銭、行用之[10]」とする施策が打ち出された。これは銀銭1文を銅銭25文、銀1両を銅銭100文（銭）に換算使用するという内容で、銀銭・銀・銅銭の交換比を定めたものである。さらに翌6年2月、交換比を改正して「用二百銭当一両銀[11]」とした。銀1両と銅銭200銭（文）の関係は、銀1両と銀銭8文の等価を意味しており、銀の秤量としての価値に比重をおいた施策であった。

養老期にみられる銀銭・銅銭は和同開珎にほかならない。この時の政権担当者は右大臣長屋王であるが、彼は3種類の貨幣間の交換価値に法的な保証を与え個々の貨幣価値を認定したのであった。銀銭について言えば、和銅2年8月に「廃銀銭」を発令したにもかかわらず、10年余を経た段階においてなお交換価値を認めているという事実に注目したい。この点は制度面における鋳造停止にもかかわらず、国家に回収されず民間や市場に貯蔵・流通していた銀銭が存在しており、これらの交換価値を法的に保証していたことを裏付けるものと言ってよい。

いま、藤原京時代の銀の価値と使用状況についてみれば、持統・文武期を中心とする7世紀末から8世紀初頭において銀は財貨として国家の「賜物」としての位置をしめた。とくに持統5年（690）9月、音博士大唐続守言・薩弘恪、書博士百済末子善信に「銀」各20両を与え[12]、同6年（692）2月、陰陽博士沙門法蔵・道基に「銀」各20両を与えている件[13]は、銀を「両」（斤・両・分）という秤量の単位によって計算していた事実を物語る。銀が広義の貨幣としての機能を果たすためには、銀材料資源の確保を必須とするが、日本国内では、①対馬国の産銀・進上[14]、②伊予国宇和郡の白銀3斤8両の進上[15]、③紀伊国阿提・飯高・牟漏3郡からの銀の進上[16]に関する記録を通じて、日本国内の産銀地として対馬・伊予・紀伊等の国が知られ、また国外の新羅国から銀はたびたび日本にもたらされたことを知る[17]。

例えば、新羅から日本への調物として、天武8年（679）10月17日に金・銀・鉄・鼎・錦・絹・布・皮、同10年（681）10月18日に金・銀・銅・鉄・錦・絹・鹿皮・細布、朱鳥元年（686）4月19日に金・銀・錦・綾羅・虎豹皮・薬物などが見え、いずれの場合においても金・銀が重きをなしている。白村江の戦（663年）による交流断絶の期間を除けば、大化以後における新羅「調」の内容に大差はなかったことであろう。

以上を要するに、『日本書紀』の「銀」史料から言えることは、670～680年代を中心に新羅から日本へ主に「調」品目として移入されており、これらは天武・持統朝における国内銀の不足を補い、以後の銀・銀銭の鋳造事業を支えたとみてよい。新羅使が日本に進上した際の

銀の数量は不明であるが、7世紀末の日本における銀の需要を支えたのは、新羅国から移入された銀にほかなるまい。[18]

天智期の建立と伝える崇福寺塔心礎埋納孔（滋賀県大津市）の舎利容器に納められた「無文銀銭」は、1枚の平均重量が唐代の大両制（大1両＝4分、1分＝6銖）に基づく「1分」に相当している実態から[19]、日本の銀は唐・新羅の市場とも共通する秤量制と交換基準を背景にして通用したことになる。

いま、銀の両制による使用例として、奈良県飛鳥池遺跡出土木簡の「銀」関係史料を取り上げてみると、以下の2例が特筆できる。

① 「内蔵寮解　門牓……銀五両二文布三尋分……羅二匹直銀十……銀五両二文布三尋分布十一端……羅二匹直銀十一両分糸二十二「中務省」……」[20]
② 「□（悪ヵ）銀八両三分」[21]

ここでは、銀を両・分で計算し交易手段（価直）として表示しているが、前者は中務省被管の内蔵寮から絁・布・羅・糸の交易料として銀を支給しており、銀が交易手段として貨幣の機能を担ったことを明らかにする。記録の時期を異にするが『延喜式』大蔵省賜客例条において、遣唐使に託した唐皇帝への贈答品に「銀大五百両」を記しているのも、銀の大両制による表示認識を唐と日本が共有し続けたことを裏づけるものである。

3　日本における和同銀銭の使用

奈良時代初期における和同開珎の銀銭を貯蔵した具体例として、はじめに大安寺（奈良市）の場合を取り上げる。大安寺は、推古天皇の時代に熊凝の道場（現大和郡山市額安寺）に起源をもつと伝え、以後、舒明11年（639）に造営の始まったという百済大寺、天武2年（673）頃に移建して高市大寺へ、同6年に大官大寺と改称し、平城遷都によって移築し大安寺に名を改めたとする歴史に彩られる。まさに国家仏教の中心寺院であった。

天平19年（747）2月11日付「大安寺伽藍縁起幷流記資財帳」によると[22]、養老6年（722）12月、元正天皇が寄進した財物のなかに次の銀銭・銅銭が列記されている。

○合銀銭1053文

　仏物886文　之中92文古　菩薩物23文　四天王物6文　聖僧物138文

○合銭6473貫822文

上記の銀銭・銅銭はすべて和同開珎にほかならず、寄進された養老6年は「銀銭1＝銅銭25」（養老5年正月）を基準にした時期である点において、同記事は当該期の銀銭とその用途に関する希少な史料として特筆に価する。銀銭1053文は、銅銭に換算すると26,325文に相当するが、ここでは用途分が銀銭単独で計算されている点に大きな意味がある。寄進料の内訳を「仏」「菩薩」「四天王」「聖僧」に分けて計数単位を「文」で表示するので、銀銭は銀銭を単位に計算されていた内実が明らかとなる。但し、翌6年2月に銀と銅銭の交換比を銀1両＝銅銭200銭（文）に改定しているので、元正天皇が寄進した12月段階には銀銭と銅銭の関係

にも影響を与えたに違いなかろう。

　和同銀銭の埋納や出土例は広く知られるものの、具体的な所有や用途を示す文献資料が乏しいため、天平19年2月の「大安寺資財帳」にみる銀銭・銅銭の類別記録は、両銭の資財価値を伝えるものとして重要である。大安寺に寄進された養老6年（722）から資財帳作成の天平19年（747）までの25年間、和同銀銭は資財価値に留まらず使用価値を維持した可能性が高いと考えなければなるまい。

　次いで、元正天皇の大安寺への銀銭寄進より7年後、神亀6年（729）2月9日付墓誌銘をもつ小治田安万侶墓（奈良県山辺郡都祁村甲岡）に、和同開珎銀銭10枚が副葬されていた点にも留意したい。同墓は1912年（明治45）に木櫃と墓誌が発掘され、1951年（昭和26）に封土の周辺から和同開珎の銀銭10枚が三彩小壺片、土師器の甕、鉄板、鉄製品の破片などとともに発見されたものである。いずれも小治田安万侶墓の副葬品である。したがって小治田安万侶墓に和同開珎銀銭を副葬したのは、墓誌銘の記された神亀6年（729）2月段階であり、和銅元年（708）から数えて20年を経過している。要はこの間、和同銀銭が所有対象としての価値を消失していなかった事実を物語る点で重要である。

4　第8次遣唐使と和同開珎の伝播

　唐玄宗の従兄弟、李守礼の子孫が長安を脱する原因となった安禄山・史思明の乱が、755年（唐・天宝14年、日本・天平勝宝7年）に勃発するまで、日本で通用していた貨幣の種類は和同開珎にほかならない。李守礼が邠王に封ぜられたのは唐隆元年（710）、睿宗が皇帝に就いた年であるが、713年（開元元）、睿宗は在位3年にして位を太子の隆基（玄宗）に譲った。玄宗の在位期間は40年余に及ぶが、この玄宗在位中に日本から献上された和同開珎が李守礼に下賜されたとする郭沫若氏の見解は、今日もっとも有力な解釈といえる。李守礼が邠王として登場して以後、一族が安禄山の乱で長安を脱出するまで、日本から唐へ渡った遣唐使は、計3回（①717年、②733年、③752年）を数える。

　このうち玄宗の皇帝への就任後、日本から長安を訪れた1回目の遣唐使は、養老元年（717）3月に日本を出発した第8次の場合である。2回目は天平5年（733）4月に出発した第9次で、多治比真人広成を大使とする総勢594人（船4隻）、3回目は天平勝宝4年（752）閏3月に出発した第10次で、藤原朝臣清河を大使とする総勢220人余（船4隻）の使節団である。

　以下、和同銀銭を伝えた可能性の高い第8次遣唐使と唐都長安ならびに玄宗皇帝との接点について考えてみたい。

　霊亀2年（716）8月20日に任命された第8次の遣唐使は、押使多治比県守、大使阿倍安麻呂、副使藤原馬養らで、9月4日に阿倍安麻呂に代えて大伴山守を大使とした。翌養老元年（717）3月9日に節刀を授かり、その後乗船4艘、総勢557人で渡海し、長旅を経て10月1日に日本国使は長安（唐廷）に到着している。

　第8次遣唐使の主な随行者として、留学僧玄昉・留学生吉備真備・羽栗吉麻呂・阿倍仲麻

呂らが含まれていた。僧玄昉・吉備真備・羽栗吉麻呂は、養老元年に入唐してより天平7年（735）に帰国するまで18年間滞在し、阿倍仲麻呂は唐姓を朝、名を衡、字を仲満といい帰国しないで唐朝に仕官した。また、伝陝西省西安市東郊出土の墓誌銘で注目された「井真成」(31)は、墓誌銘によって開元22年（734）正月官弟で死去し（36歳）、2月4日万年県に葬られたとする。これにより、井真成が第8次遣唐使の1員に加わったのは没年より18年前、18歳であったことになる。

　第8次遣唐使が出発した717年は、和銅2年（709）に銀銭の廃止を命じてから8年を経過していた。これを要するに、法制面で銀銭は「廃止」されたが、民間における私的な集積を否定するものではなく、また政府の回収が進んだ形跡も認められないという点に着目すべきであろう。銀銭を廃止して12年後の養老5年（721）正月、銀銭1を銅銭25、銀1両を銅銭100文（翌6年、銀1両を銅銭200文）に当てることを「天下百姓」に命令しているが、(32)その背景には和同銀銭と銀が財貨として認識され、「百姓」間でも使用されていた現実が存在する。したがって遣唐使の使節団においても、大使・副使・判官はもちろん官人・学生・学僧らが、日本で銀銭や銀を入手する機会と手段に不都合はなかったはずである。

　日本の銀銭が唐皇室の李守礼に渡った契機としては、遣唐使から唐皇室や有力貴族に直接、間接に贈答された場合が有力視されることは前述したとおりであるが、同時に500人にのぼる使節団の移動と滞在とによって、唐廷への「朝貢品」とは別に、唐国内（市）における交易・両替に備えて砂金・絹・綾・綿などを大量に携行する必要があったこととの関連にも留意しておく必要があろう。

　承和5年（838）に入唐した円仁の10年間におよぶ旅行日記『入唐求法巡礼行記』承和5年（開成3年）条によると、唐国内で銭（開元通宝）に両替するため砂金を当てているが、(33)これは日本の金と唐の銅銭との間に両替システム（換金相場）が成り立っていたことを物語る記事である。日本・唐の国家間における財貨の交易において、金のみならず銀・銀銭も有力な交易物として認識されていた可能性が高いのではなかろうか。日本と唐の間には、1両＝4分＝24銖の秤量制度が共通しており、金・銀を唐の市場で交易物として使用することに支障はない。銀銭についても、遣唐使が交易もしくは両替可能な財貨として認識し保持する場合が少なくはなかったと理解できる。

　西安の李守礼宅址の窖蔵で発見された大甕に唐代遺品とともに東ローマ金貨（ヘラクリウス金貨）・ササン朝ペルシア銀貨（クズローⅡ世銀貨）が含まれていた点は、シルクロードを経て長安に入った商人が金・銀貨を長安の市場で交易・両替に用いたため、唐王朝の皇族も市場の交易品として金・銀貨を入手することを可能とした。長安の「西市」は、国際的な物流をささえる経済拠点として活況を呈したが、例えば李守礼の場合、邸宅の位置する興化坊からも近い距離にあって、日本を含む諸外国の商品・文物を交易できる条件を備えていた。日本の和同開珎銀銭も例外ではなかったと思われる。

5 「洛陽」出土の和同銀銭

　1991年夏、中国河南省洛陽市北郊の馬坡村東側に位置する煉瓦工場（洛陽城遺跡北部）で、和同開珎の銀銭が発見された。霍宏偉・董留根「洛陽出土日本和同開珎銀弊」(34)によると、当時、和同開珎の銀銭5枚が発見されたが、現在1枚（個人蔵）のみ残存しており、その法量は、直径2.4センチ、厚さ1.9ミリ、重さ6.35グラムであることが報告されている。

　洛陽出土の和同銀銭の重さ6.35グラムは、西安出土の5枚のうちの1枚（C：直径2.2センチ、厚さ1.5ミリ、重さ6.6グラム）や大阪府柏原市の平尾山古墳群出土の和同銀銭1枚（直径2.4センチ、重さ6.9グラム）(35)などに匹敵する。おそらく銀含有量の多い良質の銀貨であるとみられる。霍宏偉・董留根氏は、洛陽に来着した日本の遣唐使として3回（659・716・732年）をあげ、このうち天平4年（732）に任命された第9次遣唐使によって「朝貢品」として唐に持ち込まれたものと推論している。

　霍宏偉・董留根氏が指摘するように、和同開珎銀銭が発行されたのち洛陽に到着または経由した遣唐使となると、養老元年（717）3月に出発した第8次と、天平5年（733）4月に出発した第9次の場合に注目が集まる。いずれも洛陽に和同開珎が伝播する契機を有する点で共通するからである。

　1970年に西安市唐代遺址で発見された和同開珎銀銭5枚の伝播に関して、養老元年3月に日本を出発した押使多治比県守を代表とする第8次遣唐使は、10月に唐都長安に到着しており、途中洛陽を経由したことになる。従ってこの場合、第8次遣唐使は洛陽・長安のいずれにも和同開珎銀銭を伝えることができたはずである。

　一方、第9次遣唐使の場合は、天平4年（732）8月に大使多治比広成、副使中臣名代らが任命され、翌5年（733）4月に遣唐4船、594人が難波津を出発した(36)。そして、同5年8月に蘇州に到着した遣唐使は、翌6年（734）4月に貢献したとされる(37)。ところでこの時期、唐の玄宗皇帝は、開元22年（天平6年＝734）正月26日に洛陽へ行幸し、同24年（天平8年＝736）10月まで同地に滞在しているので、第9次の遣唐使が「貢献」した場所は、洛陽の地にほかならない。

　洛陽に滞在した第9次遣唐使は、半年後の天平6年10月に蘇州を出帆し帰国の途に就いた。しかし悪風で離散し、1船は行方不明となり、大使船は同6年11月多祢島に帰着した。その2年後、天平8年（736）8月に副使等が唐人3人・波斯人1人と共に帰国した。さらに3年を経て、同11年（739）3月に判官等が渤海路で登州を経由して5月に渤海界へ到着したのち、7月に渤海使己珎蒙らに送られて出羽に到着し、10月に入京することができた(38)。大使・副使・判官船の復路は、いずれも多難であった。

　以上、和同開珎銀銭の洛陽への伝播を考えるとき、第8次または第9次の遣唐使の果たした役割が大きいと思われる。このうち銀銭を皇帝への貢献と結びつければ洛陽が目的地であった第9次遣唐使が有力視され、また市などでの交関（交易）を含めるとなれば第8次遣

唐使が伝えた可能性も考慮に入れる必要がある。

6　渤海国上京龍泉府遺址発見の和同開珎（銅銭）

　7世紀末から10世紀初めにかけて中国東北部、ロシア沿海地方を中心に栄えた渤海国であるが、建国以来の主な宮都の変遷をみると、①建国地築城（東牟山、吉林省頓化市説ほか、698年～742年頃）、②中京顕徳府（吉林省西古城、742年頃～755年頃）、③上京龍泉府（黒竜江省寧安市渤海鎮、755年頃～785年頃）、④東京龍原府（吉林省八連城、785年頃～794年頃）、⑤上京龍泉府（第2次、794年頃～926年）の順となる。

　ここでは和同開珎の発見された上京龍泉府遺址を中心とするが、このうち上京龍泉府は、1次、2次を合わせ約160年間にわたって宮都であり続けた。同遺址は、1933～1934年、日本の原田淑人氏らの発掘調査により、内外の城壁・宮殿・禁苑（庭園）などが明らかとなり、和同開珎の銅銭は宮城内第4宮殿址（『東京城』では「第5宮殿址」）から発見された。同宮殿址は、本殿（母屋と周囲の庇の間）と左・右両袖の建物があり、本殿は東西21.6メートル、南北15メートル余の広さで、第1（東西55.5メートル×南北24メートル）・第2（東西120メートル×南北約30メートル）宮殿址に比べてかなり規模が小さかったといえる。

　本殿の中心となる母屋は、中央の小室と両脇の東室・西室からなる。東・西の広い両室には、煙道をもつオンドルの施されていたことが指摘されているので、居住性を考慮に入れた空間であったと言える。このうち西室北辺の床の上が和同開珎の発見箇所であった（東亜考古学会『東京城』1939年）。同報告書によると、この銅銭は外径8分（2.4センチ）、方孔2分（0.6センチ）で、製作状況も優れ銅色が鮮麗であったとされる。図版をみると、銭文の「和」の「禾」偏の一部に腐食があるようだが各文字の線は明瞭である。

　上京龍泉府遺址の本格的調査は、1964年中国社会科学院考古研究所・朝鮮社会科学院、1981～84年黒龍江省文物考古研究所等、1985～90年黒龍江省考古研究所、1990年代後半～現在にかけて黒龍江省文物考古研究所・牡丹江市文物管理站によって実施され、『文物』『考古』等の学術誌に発掘成果が報告されている。

　2000～2001年、黒龍江省文物考古研究所等は「宮城4号宮殿遺址」（『東京城』は第5宮殿跡）を発掘調査し、宮殿遺跡（台基・主殿・配殿・煙突・小路）、出土遺物（磚瓦類・獣頭・容器・鉄器）の内容を報告した。同報告では、中央の小室を主殿、東配殿・西配殿で表示し、4号宮殿の用途を日常起居の寝殿と見なしたのである。注目すべきは、この4号宮殿と3号宮殿が「過廊」（回廊）で結ばれ一組の宮殿の前・後部分を構成する形状をもつ点であって、2003年報告の「第3宮殿遺址」発掘成果（2000年調査）に照らせば、第3宮殿に対して第4宮殿がもつ王族の生活空間としての色彩がさらに濃厚となる。

　次に、和同開珎が伝播した機縁を考えるため、日本・渤海国の初期の交流と渤海国宮城の関係に留意しておきたい。

　渤海初期の政権拠点では、7世紀末（698年）に「振（震）」を建国した時の根拠地「旧国」の

時代は、742年頃に中京顕徳府の地へ遷るまで40年余続いた。この間、渤海第２代王大武芸は727年（神亀４）９月、第３代大欽茂は739年（天平11）７月に日本に使節団（渤海使）を送った。いずれも到着地は出羽国であった。一行は日本の天皇に渤海王書・方物を進め、帰国に際して渤海王への賜物を受けた。

　初代大祚栄が築城した「東牟山」については、『新唐書』渤海靺鞨伝条に「渤海、本粟末靺鞨附高麗者、姓大氏、高麗滅、率衆保挹婁之東牟山」（『旧唐書』は「祚栄……東保桂婁之故地、拠東牟山、築城以居之」）とあり、「挹婁」「桂婁」の位置をめぐって、吉林省敦化市の「敖東城」「城山子山城」、同省和龍市「西古城」、延吉市「城子山山城」等のいずれの地に比定するかの論点はあるものの、日本海に面する発着拠点（津）は共通して同一箇所であったと思われる。

　このうち第２回渤海使は、天平５年（733）に遣唐大使多治比広成に随行して入唐した平群広成らが「渤海路」で帰国する際に同行する方式をとっており、天平期における日本・渤海間の交流が、唐・渤海・日本を結ぶ交通網の形成に重要な役割を果たすこととなった。事の次第を示すと以下の通りである。

　天平６年10月、遣唐使の任務を終えた平群広成らは４船で蘇州から出帆したところ悪風に遭い、広成船の115人は崑崙国に漂着した。当地で賊兵の襲撃によって多く殺害され、残りの90余人も病死した。生き残った広成ら４人は崑崙から脱出し唐に戻り、阿倍仲麻呂の計らいと玄宗皇帝の助力で「渤海路」をとって帰国することとなった。『続日本紀』には唐から日本に向かう行路について、「（天平）十年三月、従登州入海、五月到渤海界、適遇其王大欽茂差使、欲聘我朝、即時同発、及渡海、渤海一船遇浪傾覆、大使胥要徳等四十人没死、広成等率遺衆、到着出羽国」と記している。

　これによると、天平10年（738）３月に玄宗より船・糧を与えられ登州（山東省）から船出し５月に渤海界に到着、当地で王大欽茂の日本に派遣する使節と合流し７月に出羽国に来着し10月に入京したことになる。この間、登州を３月に唐手配の船で出帆５月に渤海界に到着したとされるが、大欽茂が日本の天皇に宛てた啓文には、「……今彼国使朝臣広業等、風潮失便、漂落投此。……因備行資、即発遣、仍……令送彼国」と記しており、風潮の影響で単独航海が困難になって渤海領内の港に入った場合と、登州から船出し対岸の都里鎮（旅順）を経由して鴨緑江口から内陸部へ遡航した場合とが想定できる。すでに大武芸の時に日本と渤海国の交流は始まっていたので、渤海使（船）が送使として平群広成らの乗る唐船に加わったのはその結果にほかなるまい。

　渤海の宮都は、742年頃に中京顕徳府（吉林省和龍市西古城）に遷り、大欽茂はこの地に14年間ほど都をおいた。この間に知られる渤海使は１回のみで、天平勝宝４年（752）９月に慕施蒙を代表とする75人が佐渡島に到着した。一行は入京して以後、翌年まで平城に滞在し６月に帰国している。

　次いで、755年頃に都は中京から上京（黒龍江省寧安市渤海鎮）へ遷り、当地における都城は785年まで存続した。この約30年間に大欽茂が日本へ派遣した使節（渤海使）は７回にのぼり、

また日本から渤海への派遣（遣渤海使）は7回を数える。日本から渤海国王への贈物には、絹・糸・綿・羅等の繊維製品のほか黄金・水銀・金漆・漆・椿油・念珠・扇（宝亀7年）などが含まれた。和同開珎の銅銭は日本国内で大量に流通する通貨であったから、使節団員がそれぞれ携行する場合が多かったと思われる。
　和同開珎銭の10倍の交換価値を付与して新銭の万年通宝を発行したのは、天平宝字4年（760）3月のことであるが、上京遷都から新銭発行までの間に日本と上京龍泉府の間を往来した使節を挙げてみると次の通りである。
　〇遣渤海使（発）
　　①758年（天平宝字2）2月10日：大使小野田守、内相宅における餞宴に参席
　　②760年（同4）2月20日：陽侯玲璆、渤海へ出発（渤海使高南申の帰国に随行）
　〇渤海使（帰）
　　①759年（天平宝字3）2月16日：楊承慶、渤海へ帰国
　　②760年（同4）2月20日：高南申、渤海へ帰国
　大欽茂が拠点をおいた上京龍泉府に日本から初めて入京した使者は誰であったのか。その最も可能性の高い人物として、天平宝字2年（758）2月に出発した小野田守を大使とする一行に注目したい。この遣渤海使は上京龍泉府に滞在すること半年程度であって、同年9月には越前国に帰国している。この時、渤海国から楊承慶らの使者が随行していた。一行は同年12月入京し、翌年2月帰国した。引き続き、天平宝字3年（759年）10月に渤海使高南申らが対馬に到着、入京し、翌4年2月に日本から陽侯玲璆らの使節が随行し渤海国へ向かった。それは日本国内で新銭の万年通宝が発行される直前のことであった。
　以上、渤海国上京龍泉府（第1次）に最も早い時期に入京した可能性の高い遣使として小野田守を掲げたのであるが、それ以外にも楊承慶・高南申らの渤海使が日本滞在中に平城京西市などで和同銭を入手し、帰国時に携行した可能性を否定することはできない。渤海国は独自の金属貨幣を鋳造せず、主に皮幣（虎・豹・熊など）、米穀、絹布の類を交易に当てたとみられるが、唐銭の開元通宝が渤海時代の宮城（3号門址西側、東南官衙址）、古城（吉林省敦化県城山子山城、同琿春県英義城、黒龍江省海林市興農城址）、古墓（吉林省永吉県烏拉街鎮楊屯大海猛多層遺址、同涼水鎮慶栄村渤海墓）、建築址（敦化市永勝遺址）などで発見されていることが報告されており、渤海領域内に流入していたことは確かである。渤海・唐の緊密な交流を背景にして、開元通宝銭が渤海国内で通貨として使用された場面も否定できないと思われる。
　渤海使の日本滞在中における交易（交関）は、渤海国から将来した貨物のほかに日本で供給された通貨をも手段とした。『三代実録』貞観14年5月辛卯条に、「是日、官銭四十万賜渤海国使等、乃喚集市廛人、売与客徒此間土物」とみえ、渤海使が日本の貨幣を利用して市人との交易に当てたことが示されている。和同開珎の場合にも想定できる史料である。
　以上を通じて、渤海使の派遣回数、団員規模、和同開珎銅銭の発行量、流通期間、渤海遺址にみる唐の開元通宝銭の発見などを考慮に入れると、渤海国の上京龍泉府はもちろん他の

宮城にも日本の和同開珎銭が伝播した可能性は高いとみなければなるまい。それは日本・唐・渤海・新羅を包む古代東アジアにおいて、人と物の移動・交流にとどまらず経済文化が確実に浸透していた実情を伝えるものである。

結　　び

　8世紀の東アジアにおける国際交流を背景として、唐・渤海国に伝播した日本の和同開珎銭に焦点をあて、出土状況を通じてその伝播の契機・時期・意義について考察を加えた。

　それは特に、当時、対外交流のあった周辺国のうち唐国の長安、洛陽、渤海国の上京から出土した和同開珎銭の伝播事情について、遣唐使・遣渤海使の派遣年次を中心とする個別的検討に留まらず、8世紀前半（奈良時代前期）の東アジアにおける対外交流を背景にして銭貨伝播の契機と意義を検討することの重要性に基づくものである。

　まず、陝西省西安市何家村発見の和同開珎銀銭について、銀銭を伝えた可能性の高い遣唐使は、717年（養老元年）3月に日本を出発した第8次（大使大伴山守以下557人）であり、大使・副使・判官はもちろん官人・学生・学僧らが当時、日本（平城京等）で銀銭を入手することが可能であった現実を反映している。

　さらに唐廷への「朝貢品」とは別に、日・唐間の財貨の交易において金とともに銀・銀銭が有力な交易物として認識されており、西安出土の銀銭についても、遣唐使が交易または両替可能な財貨として携行・保持した可能性を視野に入れるべきものと考える。

　次いで、河南省洛陽市出土の和同開珎銀銭5枚（現存1枚）については、洛陽を経由して長安に到着した上記の第8次遣唐使とともに、733年（天平5年）4月に日本を出発した第9次遣唐使（大使多治比広成以下594人）の可能性も対象に含まれる。とくに第9次の場合、唐皇帝玄宗が734年（開元22年、天平6年）正月から736年（開元24年＝天平8年）10月まで洛陽に滞在したことから、734年4月に「貢献」した場所は洛陽の地に特定することができる。

　しかし同時に遣唐使の唐各地の「市」等での交関（交易）を含めて理解すれば、洛陽に滞在、経由して長安に到達した第8次遣唐使の可能性についても考慮に入れる必要がある。西安・洛陽出土の和同開珎銀銭は、形状・重量・銭文など不揃いの状態にあり、特に貢献用に鋳造したものとは見なし難い点から、遣唐使の一員が旅程を通じ「交易手段」を目的にして携行した可能性にも留意すべきものがある。

　さらに、唐の隣国である渤海国の上京龍泉府址（黒龍江省寧安市渤海鎮）で出土した和同開珎銅銭については、日本から上京へ最初に入った遣渤海使として758年（天平宝字2年）2月に日本を出発し、同年9月に帰国した小野朝臣田守一行に注目する。次いで、新銭万年通宝が発行される直前であるが、760年（天平宝字4年）2月に出発した陽侯玲璆一行の場合にも、和同銭の伝播した契機は存在する。このうち可能性がもっとも高いと思われる小野田守の場合には、9月の帰国に際して渤海使楊承慶の一行が随行しており、彼らは翌年（761年）2月に帰国している。渤海使が日本に滞在した数ヶ月の期間中、京内における交易に日本の通貨

を利用し、渤海への帰国時に同銭を携行したことは十分に考慮すべき事柄である。渤海国の使節が滞在期間中に平城京（東西市）で交易活動によって日本の銭貨を入手し、かつ日本の銭貨を使用したことを考えれば、帰国に際して渤海へ運ばれてゆくことも自然な結果であったろう。

　一般に唐・渤海国遺址で発見される和同開珎の伝播について、遣唐使と遣渤海使による「貢献」を中心にその契機と役割を議論する傾向が強いのであるが、そこには貢献とは異なる利用目的や携行事情が潜んでいることも考慮しなければなるまい。とくに遣使の往来が継続することを前提としたとき、遣使が訪問地における銭貨の使用効果を想定して携行する場合や、現地での入手・交易後に未使用分を帰国と共に本国へ持参する場合の可能性を含めて考証されるべきものと思われる。

（1）　陝西省博物館・同省文物管理委員会「西安南郊何家村発現唐代窖蔵文物」（『文物』188号、1972年第1期）。
（2）　拙著『和同開珎』第3章、中央公論社、1991年。
（3）　近年、西安出土の和同開珎銀銭のうち4枚を陝西歴史博物館において実見、確認し、併せて船越康氏入手の拓図を紹介したものに、鈴木秋男「西安市何家村出土の和同銀銭について」（『貨幣』41—4、1997年）がある。その中で5枚目の銀銭の確定に問題点の残ることが指摘されている。
（4）　註（2）藤井前掲書50〜53頁。
（5）　郭沫若「出土文物二、三事」（『文物』190号、1972年第3期）所収。
（6）　『続日本紀』文武4年6月甲午条。
（7）　『旧唐書』巻199上　東夷伝（倭国・日本）。
（8）　『続日本紀』和銅2年3月甲申条。
（9）　『同書』和銅2年8月乙酉条。
（10）　『同書』養老5年正月丙午条。
（11）　『同書』養老6年2月戊戌条。
（12）　『日本書紀』持統5年9月壬申条。
（13）　『同書』持統6年2月丁未条。
（14）　『同書』天武3年3月丙辰条。
（15）　『同書』持統5年7月壬申条。
（16）　『続日本紀』大宝3年5月己亥条。
（17）　新羅銀の日本への移入について、『日本書紀』天武8年10月甲子条、同10年10月乙酉条、朱鳥元年4月戊子条、持統2年2月辛卯条参照。
（18）　7世紀後半における日本国内の銀地金と輸入銀＝新羅銀との関係に注目した研究に、江草宣友「古代日本における銀と銀銭」（『史叢』74、2006年）、田中広生「筑前国の銀の流通と国際交易」（松村恵司・栄原永遠男編『古代の銀と銀銭をめぐる史的研究』所収、2004年）等がある。
（19）　中国国家計量総局主編『中国古代度量衡図集』（みすず書房、1981年）、拙稿「無文銀銭の価値」（前掲『和同開珎』第1章、16〜20頁）。
（20）　奈良文化財研究所『飛鳥・藤原宮発掘調査出土木簡概報』16。
（21）　奈良文化財研究所『飛鳥藤原京木簡』1（飛鳥池・山田寺木簡）121頁。
（22）　『大日本古文書』（編年）2—624頁。
（23）　出土銭貨研究会北陸ブロック編『畿内・七道からみた古代銭貨』（出土銭貨研究会発行、2000年）、芝田悟「和同開珎銀銭の再検討」（松村恵司・栄原永遠男編『古代の銀と銀銭をめぐる史的検討』2、前掲）の整理によると、和同開珎銀銭の出土地（国）・出土数として大和24、河内3、

伊賀 1、伊勢 6、志摩 2、近江 1、美濃 2、信濃 1、陸奥 1、加賀（越前） 2、出雲 1、淡路 1、とする報告結果が知られる。

(24) 「重要文化財」編纂委員会編『新指定重要文化財』10（解説版・考古資料）（毎日新聞社）
(25) 『新唐書』巻81・列伝第 6、中華書局版（第12冊）。
(26) 『続日本紀』養老元年 3 月己酉条。
(27) 『同書』天平 5 年 4 月己亥条。
(28) 『同書』天平勝宝 3 年閏 3 月丙辰条。
(29) 『同書』霊亀 2 年 8 月癸亥条、同年 9 月丙子条。
(30) 第 8 次遣唐使の唐廷朝貢（10月）記事は『冊府元亀』巻974・外臣部条。第 8 次遣唐使の日本出発に関する記事は見えないが、養老元年 3 月 9 日「授節刀」の儀を経て、まもなく難波津より入唐の途に着いたと見られる。
(31) 西北大学文博学院所蔵。専修大学・西北大学共同プロジェクト編『遣唐使の見た中国と日本』（朝日新聞社、2005年）。東京国立博物館図録『遣唐使と唐の美術』（朝日新聞社、2005年）。
(32) 『続日本紀』養老 5 年正月丙子条。
(33) 『入唐求法巡礼行記』承和 5 年（開成 3 年）10月14日条。砂金大 2 両を市頭（市場）で交易して中国銭（開元通宝 9 貫400文）に両替している（塩入良道校注・東洋文庫本、平凡社、1970年、62頁参照）。
(34) 『中国銭幣』第63期、1998年 4 月。
(35) 『平尾山古墳群』柏原市古文化研究会、1989年。
(36) 『続日本紀』天平 5 年 4 月己亥条。
(37) 『冊府元亀』巻971・外臣部・朝貢条。
(38) 『続日本紀』天平 6 年11月丁丑条、同 8 年 8 月庚午条、同11年11月辛卯条。
(39) 田村晃一「渤海上京龍泉府址の考古学的検討」（田村晃一編著『東アジアの都城と渤海』東洋文庫、2005年）111～112頁。
(40) 『東京城』東亜考古学会、1939年。
(41) 劉曉東「中国の渤海史研究」・李陳奇「渤海上京の発掘調査」（上田正昭監修『古代日本と渤海』大巧社、2005年）、『文物』2000.11（総534期）「渤海国上京龍泉府宮城第 2 宮殿遺址発掘簡報」、『考古』2003年第 2 期（総425期）「黒龍江寧安市渤海上京龍泉府宮城第 3 宮殿遺址の発掘」、中国社会科学院考古研究所編著『六頂山与渤海鎮』（中国大百科全書出版社、1997年）ほか。
(42) 黒龍江省文物考古研究所・吉林大学考古学系・牡丹江市文物管理站「黒龍江寧安市渤海国上京龍泉府宮城 4 号宮殿遺址的発掘」（『考古』2005年第 9 期・総456期）。
(43) 吉林省文物考古研究所・延辺朝鮮族自治州文化局等編『西古城』文物出版社、2007年、16頁。
(44) 王禹浪「渤海東牟山考辨」（『東北史地論稿』、哈爾浜出版社、2004年）、秋山進午「渤海"塔基"壁画墓の発見と研究」（『大境』10号、富山考古学会）167頁等参照。
(45) 『続日本紀』天平11年11月辛卯条。
(46) 『続日本紀』天平11年12月戊辰条。
(47) 『同書』天平勝宝 5 年 6 月丁丑条。
(48) 拙稿「渤海使の来往と日本海地域」（『古代の地域社会と交流』、岩田書院、2005年）105頁。
(49) 『続日本紀』天平宝字 4 年 3 月丁丑条
(50) 『万葉集』巻20・4514題詞「（天平宝字二年）二月十日、於内相宅餞渤海大使小野田守朝臣等宴歌一首」とあり、ここでは小野田守の出発を 2 月と見る。
(51) 『続日本紀』天平宝字 4 年（760）11月丁酉条参照。
(52) 『同書』天平宝字 3 年（759） 2 月癸丑条。
(53) 『同書』天平宝字 4 年（760） 2 月辛亥条。
(54) 孫秀仁「関与渤海国通貨実態的認定与推量」（『渤海上京文集』第 1 集、渤海上京遺址博物館、2001年）、黒龍江省文物考古研究所・吉林大学考古学系「黒龍海林市興農渤海時期城址的発掘」（『考古』2005年第 3 期、開元通宝 2 枚出土）、黒龍江省文物考古研究所「渤海上京宮城内房址発掘

簡報」(『北方文物』1989年1期、王禹浪・王宏北編『高句麗渤海古城址研究彙編』下編〈渤海巻〉所収、哈爾浜出版社、1994年)、〈吉林省文物志〉編委会主編『敦化市文物志』57頁(城山子山城出土、1985年)、同『琿春県文物志』47頁(英義城出土、1984年)等参照。

日本・中国における史前文化交流の可能性と軌跡
――紅山文化と縄文文化の盛衰を中心に――

王　秀文

1　紅山文化の起源

　新石器文化の発展によって、通常、中国においては黄河流域の原住民がより早く文明社会に入ったと考えられている。しかし、紅山文化の遺跡の新たな発見に伴い、この見方は再検討を必要としている。

　紅山文化は、20世紀30年代ごろに初めて発見され、中国の内モンゴル自治区赤峰市郊外の紅山後遺跡より発見されたため、この名を得た。当時、戦争中であったため、初めての発見は十分な注目を集めることはなかった。20年後の50年代に入ってから公認されるようになり、とくに70年代以後、いく度かの紅山文化遺存の新発見に伴い、いわゆる紅山文化の全体像と特徴がしだいに広く知られるようになった。しかし、それについての認識や評価は、いまだ十分に深められているとは言えない状態にある。

　1979年、考古学者が遼寧省西部の喀左県大凌河西岸にある山―東山嘴で祭祀遺跡を発見した。その遺跡には円形の台跡があり、直径2.5メートルで、周囲が長方形の石片によって飾られ、円内に大きさの似ている卵形の石が敷いてあった。その近くで出土した女性の埴輪とその地理的位置とを考え合わせて、この遺跡が5000年前の実物であることが検証され、紅山文化期に属するものであることが明らかとなった。

　1981年、東山嘴遺跡からわずか50キロメートルしか離れていない遼寧省凌源・建平両県の境界にある牛河梁で遺跡が発見され、その後の考古発掘によって、祭祀遺跡―「女神廟」と多数の積石塚墓葬群が確認された。「女神廟」は、牛河梁山頂にある一円形の「平台」（南北175メートル、東西159メートル。未発掘）より南側の緩やかな斜面にあり、一つの多室と一つの単室という二組の建築からなっている。

　「女神廟」の建築設計とその建造技術は相当高いレベルに達し、壁面が圧光された上、色絵が施されている。廟には泥製の女性像、動物像および陶製祭器などがたくさん出土し、そのうちに等身大の色彩が施された女神の像があった。肢体は破損しているが、頭部はほぼ完璧

である。この女神の頭像は造形が正確で、生き生きとした感じで製作のレベルも高い。時代が遠いため、「中国第一女神」と称されている[(1)]。測定により牛河梁遺跡は東山嘴遺跡とともに同期の紅山文化遺跡に属し、ゆえに牛河梁紅山文化遺跡と称される。

1982年、遼寧省と内モンゴル自治区とがそれぞれ大規模な文物考古調査を行い、相次いで多数の文化遺存を発見し、1983年から現在まで続々と行われたそれぞれの考古発掘により、紅山文化区域から新しい考古発見が相次ぎ、中国東北地区の文明歴史についての新しい認識をもたらした。

そのうち、内モンゴル敖漢旗興隆洼文化遺跡は代表的なものである。1983年から1993年の間、前後7回にわたる大規模な考古発掘により、全体面積3万平方メートル以上の原始村落「華夏第一村」が発見された。これはいまのところ、中国国内で全面的な考古発掘によって出土した最も古く、かつ完璧に保存されている原始村落である。ここから、大量の陶器、石器、玉器、骨器、貝器及び動物と植物の遺骸資料も出土し、放射性炭素14年代測定によると、現在から8000年前の文化遺存であることが分かる[(2)]。

1982年、興隆洼文化遺跡より東80キロメールぐらい離れている査海遺跡が発見された。査海遺跡は遼寧省阜新内モンゴル自治県沙拉郷査海村より西2.5キロメートル離れている山の斜面に位置し、その面積は約3万平方メートル以上もある。1986年に初めて発掘されて以来、相次いで新しい発見がある。

査海遺跡と興隆洼遺跡とが年代的に同じで、文物の特徴も非常に似ていることから、ともに紅山文化の主流であると認定されている。1991年8月、中国の有名な考古学者である蘇秉琦教授は査海遺跡を「玉龍の故郷、文明の発端」と題辞し、1996年7月、国家計画委員会主任、国務委員宋健氏は「査海文化、文明の源」と題辞した[(3)]。

2　日本古代文明の曙——縄文文化——

縄文文化は日本列島の旧石器時代に始まり、今から10000～2300年前の文化である。縄文文化は草創期（9000年前）、早期（6000年前）、前期（5000年前）、中期（4000年前）、後期（3000年前）と晩期（2300年前）に分けられ、8000年以上続いたものである[(4)]。

縄文文化は主に土器に特徴付けられ、表面に縄のような模様が施されている土器なので、「縄文土器」と言われる。縄文文化早期は主に狩猟・採集などの自給自足の経済であったが、石槌、石斧、石刀、石鏃など数多くの磨製石器があった。農耕経済へ移行する時期であった中・後期には、石、木、獣骨で作られた生産・生活用道具が現れ始めた。縄文人の住居は主に竪穴式で、村落も形成され、共同の墓地及び祭祀場所も持っていた。既に発見された実用性のない石棒と乳房、臀部を誇大した女性の姿をもつ土器から見て、当時、農耕文化に基づいた自然信仰がすでに始まったことがわかる。

現在、発見された一番規模が大きく、最も代表的な縄文文化遺跡は青森県青森市郊外にある三内丸山遺跡である。考古分析によると、それは今から5500～4000年前の文化遺存で、縄

文前・中期文化に属し、1500年続いたという。

(1) 三内丸山遺跡の地理環境

　　三内丸山遺跡は青森市中心の青森駅より西南3キロメートル離れたところにあり、八甲田山系が東へ舌状に伸びる緩やかな丘陵の前端に位置している。北は青森湾に面し、標高20メートル、面積約35ヘクタールある。現在までの調査結果によると、遺跡の中に竪穴式家屋跡約580棟、柱穴建築跡約100棟、成人墓跡約100と子供墓跡約880があり、縄文陶器、石器、陶器の人形、木製品、骨角器、動物遺骸、植物などの遺物が4万ダンボール以上出土した(5)。

　　環境考古学者の高橋学氏によると、約2万年前の最終氷河期の最盛期では、地球上の海水面は現在より100メートルほど低かったが、縄文時代が始まる頃の12000年前に、気温がだんだん上がり、氷河が溶解し、海水量が急速に増加した。気温が現在よりも高かった6300年前、海水は5キロメートルほど内陸に入り込む程にまで増えた。4000年前は最適の気温であったが、その後、気温が低くなり、生存環境が悪化したという(6)。気候と海水面の変化は、三内丸山遺跡が丘陵地に位置したことと、縄文文化の繁栄と衰退の直接的な原因になったと見てよかろう。

(2) 大規模集落群と大型建築跡

　　三内丸山遺跡から発掘された家屋跡と墓穴から見ると、この遺跡には既に大規模な集落が形成され、同時期の居住人口は約500人に達したと推定できる(7)。遺跡の中に長さ10メートル以上から32メートルまでもある大型の家屋跡が何棟もあり、共同の作業または集会の場所であったのではないかと推測される。

　　さらに、三内丸山遺跡から大型掘立柱建築跡が発見された。直径2メートル、深さ2メートルの巨大な柱穴があるうち、四つの柱穴の中に太さ1メートルの栗の木の柱が残っていた。柱の太さと木の種類などの要素から見ると、その建築物は16メートルの高さを持つ可能性があり、展望台または祭祀施設として作られたと推測できる(8)。

(3) 代表的な文物

　まず、三内丸山遺跡から出土した遺物の中で最も多いのは円形土器であり、時代、形態、模様及び用途がそれぞれ違い、大体10～15種類に分けられる。円形土器は縄文土器と縄文文化期の生産、生活形態を理解する上で重要な遺物であり、主に中国の東北地方、東南アジアおよび日本の東北地方と北海道南部に分布している。

　つぎに、三内丸山遺跡から大量の土器人形が出て、その数量は1600点に達し、形は板状で、大きさは一様ではない。土器人形の特徴と寓意について、日本の有名な哲学者梅原猛氏は「女性で妊婦の姿をし、それも15～40歳ぐらいの成年女性の姿である。即ち妊婦死亡時の状態である、」と述べている(9)。

さらに、鏃と刀に用いられる黒曜石と翡翠の玦状耳飾りが比較的多く出土した。青森は黒曜石と翡翠の産地ではないが故に(10)、縄文文化と大陸文化との交流に関して、研究面における興味を引き起こさせるのである。

3　中華文明の発端——紅山文化——

（1）　紅山文化の区域及び年代

　紅山諸文化の遺跡は燕山の北側に位置し、内モンゴル自治区東部地方の西拉沐淪河、老哈河中下流、遼寧省西部境内の大凌河、小凌河の上流を中心に、半弧の形で渤海遼東湾を囲むように分布し、面積は20万平方キロメートル以上に及んでいる。河北省東北部及び吉林省西北部にも幾らか分布してはいるが、量的に少なく代表的ではない。

　現在の地理、地勢の情況から見るかぎり、その遺跡分布には明らかな特徴が認められる。すなわち、東北から西南へ走る努魯児虎山、医巫閭山、千山山脈があり、北はモンゴル黄土高原と向かい合い、西南部は華北平原および東北部の東北平原とつながり、潤いのよい遼河水系に囲まれている。このような独特の地理的環境は、史前の多地域、多民族にとって住居・交通・融合及び分散にとって最適な場所であったろう。紅山諸文化は、中国北方の牧畜文化と農耕文化の衝突・融合によって生み出された生気と創造力をもったすぐれた文化だと言える。

　現在、考古調査によって既に発掘された遺跡には、主に内モンゴル敖漢旗興隆洼興隆遺跡（8000年前）、遼寧阜新査海遺跡（8000年前）、内モンゴル敖漢旗興隆洼趙宝溝遺跡（6500年前）、遼寧凌源・建平牛河梁遺跡（6500前）、内モンゴル富河遺跡（5500年前）、内モンゴル小河沿遺跡（4700年前）などがあり(11)、そのうち興隆遺跡と査海遺跡は紅山主源文化である。したがって、紅山文化は遅くとも8000年前から始まって4500年前に終わり、約3500年も続いたことがわかる。

（2）　紅山文化の主な特徴

　まず、査海遺跡と興隆遺跡では比較的大規模な家屋跡建築群が発見された。建築は竪穴式であり、家屋は順序よく整然と並んでいて、査海の家屋跡に多くの大きく深い柱穴がある。興隆集落遺跡はまた周囲に塹壕が巡らされ、家屋跡が170棟もある。これは現在、中国において徹底的な考古発掘を経て、完全なかたちで保存された最も古い原始村落である(12)。また、この二箇所の遺跡から共に室内墓が発見され、そこで奇異な人豚合葬が確認されている。牛河梁遺跡からは積石塚式墓葬群の遺存が多くの箇所で発見され、その規模の大きさは注目すべきものがある。

　つぎに、出土した文化遺物は土器、石器、玉器を主とし、ほかに牛、羊、豚、鹿などの動物遺骨もある。土器は直腹土器、円腹土器と斜腹土器などがあり、ともに口が小さく、底が平らで深いのが共通の特徴である。そして、それぞれ「之」字形模様、幾何形模様、斜線形

模様と直線形模様が施されている。石器にはシャベル状の道具、石斧、磨盤と磨棒があり、また一部の石器に穴ができている。多くは打製石器で、磨製石器が少ない。

紅山文化の諸遺跡からは、玉器が大量に出て種類も多い。例えば、牛河梁の墓から猪龍の形、勾雲の形、馬蹄の形といった玉の飾りなどが出土し、査海遺跡から出た20点以上の玉器の中に、条状や刀形の具と玦、管状の珠があって、いずれも真玉であると分析されている。その精巧な製作は、相当に高い工芸レベルに達していることを物語る。

さらに、祭壇、神廟、神像及びたくさんの象徴的な図案、図形の発見は、紅山文化の代表的な特徴となっている。そして、査海遺跡からは蟾蜍の浮彫の図案、蛇が蛙を銜えている図案、及び蟠龍、行龍の図案のある陶片が発見された。また集落跡の中心部から長さ19.7メートル、幅2メートルもある、褐色の大きさが同じぐらいの石で積み上げた龍の形が現われたのは、奇異そのものである。その龍は、頭を持ち上げ、口が開き、背中が弓状に上へ隆起して、いかにも巨龍が飛び上がろうとしている感じである。この龍の造形は非常に成熟度が高く、実際に飛んでいるかのような龍の形を想像させるので、「中華第一龍」と称されている。ほかに、また趙宝溝と小山遺跡では、猪首龍、鹿首龍、鳳凰などの図案が施された黒色の磨製土器も発見された。

（3） 紅山文化の自然と環境の特徴

まず、内モンゴル自治区東側から遼寧省西側一帯、すなわち紅山文化の主要地域は、平野が多く高い山が少ない。遺跡の多くは平野にある緩やかな丘の上に位置している。黄土性砂文化土質が多く、現在、丘の上と下はとうもろこし、コウリャン、大豆などの畑に開墾され、一部の植林があるほかはほとんど森林と草原がみられない半乾燥地帯となっている。

遺跡が地形のやや高い丘に分布していることから、紅山文化の時期は現在と違い、雨量が多く、気候が暖かく、ときどき水害に襲われる地形の低い処が住むには適さなかったことがわかる（現在、村のほとんどは地形の低い処にある）。また花粉分析によると、この地域には針葉樹や落葉樹及び草本植物の出現度が高く、そして遺物から大量の猪、鹿などの動物遺骨、及び漁労用の器具が発見されたことにより[13]、そこはかつて森林と草原の環境をもち、水源が豊富であったことが証明されている。

つぎに、規模が大きく、家屋の集中している村落及び巨大な祭祀場や積石塚群が発見されたことにより、当時の住民が相当数に達したことがわかる。そして、数多くの人々の食用などの物質需要を維持するためには、比較的進んだ生産様式が要求される。いまだ農耕作物の証拠は発見されてはいないが、石鋤、石鍬、石臼及び脱穀用の石杵などの打製石器が出土したことから、すでにある程度の農耕活動が行われていたと考えられる。さらに、種類の多い土器の発見や当時の物質の豊かさから考えて、人々の日常生活を満足させたばかりでなく、余剰も出て、そこには多くの剰余財産と精美な玉飾を有する権力者まで現われたことを推測させる。

4　紅山文化の衰微及び遷移

　紅山文化の主源文化は8000年前に始まり、4500年前から退化し、そしてしだいに衰退に至る。紅山文化の壮大な空間的・時間的分布は、中国の北方において史前文明の輝かしい巻物を作り、中国文明の歴史を3000年も前へ遡らせることとなった。その発掘された遺跡および遺存は豊かで、当時の物質生活と工芸技術のレベルを示したばかりでなく、原住民の豊かな精神的様相も示している。しかし、紅山文化の衰微と消失はまだ謎に包まれている状態である。

　査海遺跡を調査していたとき、村落の住民が一晩のうちに姿を消したかのような状況によい関心が向けられた。というのは、仮に地質変遷（例えば地震）などにより人々がいなくなったならば、家屋土台の構造が崩れたり、土器のかけらがあったりするはずである。もし伝染病など自然災害による死亡であるならば、大量の遺骨と完全な土器があるはずである。明らかにそのどちらでもなく、あらゆる物が持ち出される村落をあげての移動であった。

　日本の地質学者平朝彦氏は、25000年前、海水面は今より120メール低かったという。当時、日本列島と大陸とはつながっていて、山岳地帯の一部は氷河に覆われ、大陸棚の大部分は陸地とされ、いたるところ瓦礫層に覆われた原野であった。その後、約10000年前から氷河が溶け始め、海水面が上がり、瓦礫層が葦の繁盛する湿地となった。そして、最後に海水が侵入して、原野の大部分は内湾になり、粘土が積み重なった。約6000前には、海水面が現在よりも2～5メートルも高くなり、現在見られる原野の大部分は海底となり、多くの山麓は谷底となった。(14)この点が、なぜ紅山文化の諸遺跡は平地でなく、地形の高い丘に分布しているかという謎を解いてくれるはずである。というのは、6000年前、即ち紅山文化の隆盛期では、現在の錦西、錦州一帯は海底にあり、紅山文化地域は海に臨んだ暖かくて多湿なところにあった。したがって、平野と黄土高原との境目にある紅山文化地域にどうして龍の信仰が根づいたかという謎も解くことができる。

　古代文明は、乾燥地と湿地とが接する大河流域に誕生するが、紅山文化はまさにこのような地域にあたる。12000年前、長い氷河期が終わり、暖かい後氷期時代へと移行した。気候の温暖化、湿潤化及び人類の狩猟により、旧石器時代の重要な食物源であった野生の牛やマンモスなど大型哺乳動物が消失し始め、人類は食物危機に陥った。そのため、大草原で生活していた人々は食物源を開発し、野生の麦類を栽培したりして、農耕が誕生した。この時、洞窟の中に残される旧石器時代の動物壁画が見えなくなり、代わりに大地母神としての女神の像が現われた。牛河梁遺跡などから出た女神の像は、すなわち農耕文化の産物である。その時期の気候の変化こそ、旧石器文化から新石器文化への人類の移行を促し、農業と牧畜業との結合を促して、人類が文明の始まりを迎えるようになったと考えられる。

　縄文文化と紅山文化とは、ともに12000年前に芽生え、5000年前の気候温暖期まで隆盛をきわめた。高温と雨量の豊かさは、森林と草原及び農業の発達に適していた。一方、遊牧民

の移動は情報、経験及び技術の交流と融合を促進したが、同時にその融合はまた定住、村落の形成および農耕活動の発展を促進した結果、牧業、漁業、農業といった多種類の生産様式が共存し、多民族による精神生活の融合した文化共同体が形成されたのである。ちなみに、牛河梁女神廟から出た女神像の生き生きとした顔の表情には、地元のモンゴル人種の要素があるほか、明らかにギリシア人種の特徴も見られる。

　ところで、紅山文化は5000年前からしだいに衰微し消失したが、それはどこに行ったのか、またどのような理由によるのであろうか。

　気候温暖期は、気候最適期と称される5000年前に終わり、その後、再び寒冷化現象が現われた。気候の寒冷化と乾燥化の影響により、紅山文化地域の自然環境が悪化し、生存のため紅山人は南下し始めた。これに関して蘇秉琦氏は、渭水流域に起源をもち燕山より北部にある紅山文化は、6000年前にそれぞれの祖先により成り立ち、そして河北の北部を流れる桑干河において出会い、また大凌河において複合し、壇・廟・塚を象徴とする文明を開花させたと指摘している。(15)その後、南下していく過程で、紅山文化は山西南部において他の文化と融合し、「中国」本土の文化基盤を築いた。これにより、龍の信仰は長江文明に起源したものではなく、南下する紅山文化の影響を受けて、中原において成熟し、拡大したものと考えられる。

　日本の環境考古学者安田喜憲氏は「気候の寒冷化に伴い、紅山文化の主力、あるいはその文化の影響を受けた人々が南下し、あるいは日本列島にたどり着いたため、長江文明の発展の契機及び縄文時代中期文化の発展の契機を創り出した。(16)」と述べている。この時、都市文明が現われ、特に青銅器及び鉄器の出現は自然の束縛から人類を解放させた。

5　縄文文化が紅山文化を起源とする可能性

　紅山文化の遺跡から現われた「土器は、高さ1メートル以上の縄文時代の円筒式土器と非常に似て、材質、焼き方及び造形上の感覚も縄文土器と酷似している。この類の土器に縄紋こそないが、縄文土器として日本の博物館に置いても、おそらく多くの人が縄文土器との区別がつかないだろう。(17)」という。梅原猛氏は、「この時代（三内丸山時代）の日本は中国文明の影響を強く受けていた(18)」と指摘している。中国文明の日本の縄文文化に対する影響について、梅原猛氏は同時に、三内丸山遺跡から出土した翡翠などの玉器が、新潟県の「越」国から伝えられた技術であり、そしてその「越」国の翡翠は中国の玉器文明の一つの流れであるとも指摘している。

　安田喜憲氏によると、紅山文化の一つの流れは、東北平原と朝鮮半島、あるいはその北部の庫頁島を経て、日本列島に来た可能性が高い。それは、地理・地形から見るかぎり、長江下流よりこの北部のルートの可能性が高い。

　それでは、紅山文化は日本に何をもたらしたのか。一般に、紀元前300年前に始まった日本弥生文化の顕著な特徴は、稲作農業と青銅器の舶来であり、そしてその稲作は中国の長江

文明から伝わったものであると考えられている。事実、縄文時代の晩期に稲作生産の跡がすでに存在するのである。前世紀80年代、大連の大嘴子遺跡の三期文化遺存から今まで3100年前の炭化稲が発見され、これは中国において発見された炭化稲の、緯度の一番北の地域であり、また稲作が日本に伝わった時期とは基本的に似ている。これによって、すぐれた文明をもった紅山人は、北のシルクロードを通じて稲作を伝播した人々であるかもしれない。

　しかし、縄文土器は紅山文化が遷移した後に伝えられたのではない。現在までの考古発見によれば、紅山文化の期間は縄文文化の草創期、早期、前期と中期に当たり、そして衰微の時期において両者はほぼ同じである。したがって、遷移後の紅山文化が日本の三内丸山遺跡に伝わり、そこで同質の縄文土器を創り出したことはあり得ない。そして、紅山文化と縄文文化の隆盛期はちょうど海水面が一番広い時期であり、当時、丸木舟のような交通道具があったとしても、今より2～5メートルも高かった海を渡れるとは想像できない。さらに、当時、たとえこのような交流が可能であったとしても、伝えられた物は土器とその製造技術だけでなく、精神文明である龍の信仰も含まれていたはずである。しかし、日本に中国のような龍の信仰が存在しないのは事実である。

　以上の縄文文化と紅山文化の特徴の比較を通じて、まず、これほど進んだ物質文明と精神文明をもった紅山文化は、決して8000年前に突然現われたものではないと考えられ、その前期の文化形態は今後の考古発掘が待たれる。また、縄文文化と形態的に似ている紅山文化の起源は、縄文文化より遅れることはなく、そして縄文文化も独自で生まれたものではないと推測される。

　上述の引用から分かるように、25000～10000年前、海水面が非常に低かったため、日本列島と東北アジア大陸とは陸続きであったが、海水がある程度まで上がるまでに、両方の原住民のあいだで頻繁に往来や交流があったと考えられ、或いはもともとは一緒であったとも考えられる。そのとき、土器のような物の雛形がすでに現われ、翡翠など玉石の伝播も始まり、文明の種も地に入ったのであるが、海水の上昇に伴って、別々の処（地域）に分けられて独自の成長、発展を遂げたものであると推察できる。

結　　び

　以上要するに、日本列島と東北アジア大陸との交流は、10000年前氷河が溶解する前に始まり、原住民が旧石器時代の重要な食物源である野生の牛やマンモスなど大型哺乳動物を追いかけるために日本海（当時、大部分は陸地であった）を行き来して、初期の情報、物質及び技術の交流を行い、これによって縄文文化と紅山文化の基盤を作り上げたと、筆者は思う。今より10000年前より、気候の温暖化と海水の上昇により、原住民の交流のルートがしだいに閉ざされ、両地の住民はそれぞれ各自発展の道を歩み始めた。その時期は、ちょうど縄文土器の出現期、すなわち縄文文化の草創期に当たる。したがって、縄文土器の誕生は偶然なことではないことが分かる。

今より5000年前から気候が再び寒冷期に入り、海水面が下落する。同時に交通手段の発達によって、日本列島と大陸間の交流が再び促され、大陸から稲作と青銅器が日本に伝播して、日本は有史時代に入ったのである。

　したがって、日本の縄文文化は、氷河溶解前における日本列島と大陸との文化交流のたまものであり、日本列島と東北アジア大陸の原住民の交流は、今より10000年前にすでに始まっていたと言えるのである。

（1）　孫守道・郭大順『牛河梁紅山文化女神頭像的発見与研究』、『文物』、1986年、第8期。
（2）　『走進8000年前的村落―敖漢「華夏第一村」』、『光明日報』2002年3月10日B4判。
（3）　劉国有『懿州外事』（阜新文史資料第十四輯）、政協阜新市文史資料委員会、1998年、第11頁。
（4）　東奥日報社事業局出版部『特集　三内丸山遺跡』、東奥日報社、1999年、53～54頁。
（5）　岡田康博『日本最大の縄文集落「三内丸山遺跡」』、梅原猛・安田喜憲編著『縄文文明の発見』、PHP研究所、1996年、第33～34頁。
（6）　高橋学『ラグーンを臨む台地での生活』、梅原猛・安田喜憲編著『縄文文明の発見』、PHP研究所、1996年、第98～109頁。
（7）　前掲注（3）と同じ、第44頁。
（8）　国立歴史民俗博物館『縄文文化の扉を開く』、歴史民俗博物館振興会、2001年、第54頁。
（9）　梅原猛『日本人の精神の故郷』、梅原猛・安田喜憲編著『縄文文明の発見』、PHP研究所、1996年、第21～24頁。
（10）　前掲注（6）と同じ、第53～54頁。
（11）　郭大順『遼寧先史考古学と遼河文明の探索』、秋山進午編『東南アジアの考古学研究』、同朋舎出版、第103頁。
（12）　第1頁の②と同じ。
（13）　安田喜憲『神話、祭祀与長江文明』、文物出版社、2002年3月、第5頁。平朝彦『日本列島的誕生』、岩波新書148、2003年、第185～189頁。
（14）　平朝彦『日本列島の誕生』、岩波新書148、2003年、第185～189頁。
（15）　蘇秉琦『華人・龍的伝人・中国人――考古尋根記』『中国建設』1987年第8期。
（16）　前掲注（13）と同じ、第7～8頁。
（17）　同上、第14頁。
（18）　前掲注（6）と同じ。

抗日戦争・国共内戦〜朝鮮戦争期の中国東北における朝鮮人軍部隊
——東北抗日連軍・朝鮮義勇軍・中国人民解放軍と抗日遊撃隊・朝鮮人民軍との関係——

滝 沢 秀 樹

1 問題の所在

　朝鮮民主主義人民共和国[1]の国家主席であった金日成[2]の死亡後、その息子・金正日を（事実上の）国家元首に「推戴」する準備過程で執筆・刊行されたと見られる、金南鎮著『金正日　その指導者像』[4]は、金日成の業績と金正日の誕生について次の様に記していた。
　「抗日の伝説的英雄である金日成将軍は、1936年9月、正日峰のふもとに位置するその場所に、祖国解放戦争の司令塔的拠点である白頭山密営を創設し、1930年代後半期と1940年代前半期の抗日戦を精力的に指導した。」[5]「主席は1926年10月17日、わが国初の共産主義的革命組織である『打倒帝国主義同盟』を結成し、——（中略）——民族の進路を明示して二十星霜にわたる抗日革命を勝利へと導き、祖国解放の歴史的大業を成就した」[7]
　ここで語られている事柄について、北朝鮮の主張する公式的歴史認識を基礎にして編集されたと思われる高秉雲・鄭晋和編『朝鮮史年表　第二編』[8]においては、次の様に記録されている。

①1926年10月17日　金日成主席、最初の共産主義的革命組織「打倒帝国主義同盟」を結成。
②1930年7月6日　金日成主席、抗日武装闘争準備のため反帝青年同盟、共青の中核をもって朝鮮革命軍を組織し、各地に派遣する。
③1932年4月25日　金日成主席、抗日人民遊撃隊を創建。
④1932年6月　金日成主席、豆満江沿岸に遊撃根拠地＝解放地区を創設。
⑤1932年9月　金日成主席、安図県両江口[9]で抗日遊撃隊指揮幹部と政治工作会議を開き、中国人反日部隊との共同戦線を実現するための方針を提示。
⑥1934年3月　金日成主席、統一指導体系を確立するため抗日遊撃隊を朝鮮人民革命軍に再編成。
⑦1936年5月　反日民族統一戦線団体、祖国光復会創建。
⑧1936年8月　金日成主席、白頭山根拠地を創設。

ここで注意しておきたいのは、1930年代の中国東北地方における抗日闘争のほぼ全てにおいて成立していた中朝両民族の共同（連帯）闘争に僅かでも触れているのは、上記引用のうち⑤のみで、以上だけを見ると、日中戦争期の中国東北を舞台とした朝鮮人の抗日戦争において、朝鮮民族独自（単独）の闘争が主流であったかの様な印象を持つことである。

　ところが今日では広く知られている様に、例えば引用③の「抗日遊撃隊創建」（この日、4月25日は、現在の北朝鮮でも「朝鮮人民軍創建記念日」とされている）は、間島地方に展開した抗日闘争の様々な部隊の中に金日成が指導する多くの朝鮮人を含む部隊が成立したことを指し、引用⑥の1934年の「朝鮮人民革命軍への再編成」は、全体として中国共産党の指揮下にあった「東北人民革命軍」（後の東北抗日連軍）内の第1路軍第2軍の中に、金日成が指揮する朝鮮人主体の師団が成立した事を意味していた。従って、これは抗日戦争における朝鮮民族と金日成の独自の位置を示す事実ではあっても、朝鮮人のみに関わる事実ではなかったのである。

　実は、同様の事はある時期迄の中国側の歴史記述においても類似していたのであって、国家成立の正統性を多様なエスニック集団が「中華民族」として統合されている「多民族国家」であることに置く中華人民共和国であるだけに、東北地方で展開した抗日闘争における朝鮮民族の役割はそれなりに高く評価しながらも、ほぼ1980年代中頃迄、金日成を指導者とする朝鮮人部隊は中国における抗日戦争史の歴史記述に登場しないという現実が存在したのであった。端的に言って今からほぼ20年前まで、中国の現代史叙述には解放以前に関しては金日成の固有名詞が存在しなかったのである。

　本稿はそうした事実を、他民族との調和を求めない偏狭な朝鮮民族主義の所産であるとか、漢族中心の「大中華民族主義」の少数民族軽視に由来するものであるとかと考えるのでは、必ずしもない（そのような要素が皆無であったと断定するのでもない）。抗日戦争期にも国共内戦期にも、相当複雑な紆余曲折はあったにせよ、両国家（正確にはその前身）・両民族が基本的に友好関係を維持して来た事実に照らせば、相互の主観的な「配慮」が、むしろ両者双方に多少屈折した歴史叙述を産んで来た面があると考えられるからである。

　同じ事は、朝鮮戦争の時期に関する叙述にも妥当するであろう。中朝双方共に朝鮮戦争が南側からの一方的な侵攻によって始まったとする立場を依然として固持している以上、開戦以前に中国から朝鮮人部隊が送られて朝鮮人民軍に編入されていた事実は公然とは承認しにくい事実であるし、「編入」の事実を認めた場合には、開戦後に中国から送られた正規部隊を「人民志願軍」とする論理も成立の根拠が危うくなるだろう。研究者の世界で既に広く承認されている事実を公式的には否定し続ける事で、中朝両国政府の利害は現在も一致しているのである。

　しかし、「中朝同盟」の骨格が第2次世界大戦後の冷戦構造のもとで形成されたものであった以上、冷戦崩壊後の東北アジアの国家間関係の将来を展望するためには、抗日戦争から朝鮮戦争の時期にかけての中朝国家間関係を、事実に即して正確に再認識することが要求されている。本稿は、朝鮮人軍部隊編成の変化という点から、課題に接近する。なお、この

主題については、主に朝鮮の近現代史を専攻する研究者によって、かなり詳細な検討がなされている。本稿では事実の細部にわたる確認に重点を置くのではなく、「東北アジア史」の視点から問題を大きく捉える様に努めたい。

2 朝鮮義勇軍とその性格変化

抗日戦争期の中国における朝鮮人抗日部隊として、金日成部隊も一翼を担っていた東北抗日連軍に属する朝鮮人兵士達や、関内において旧大韓帝国軍の後身を名乗った韓国光復軍が存在したことは広く知られているが、実際の歴史過程においてそれらと並ぶ重要な位置を占めた朝鮮義勇軍については、おそらく様々な「配慮」が重なって、専門の研究者以外にはその存在すらが忘れられて来たように思われる。

大韓民国臨時政府の法的正統性を継承するものとしての現存国家の正統性を（建前として）主張する大韓民国においては、朝鮮義勇軍は、（その大部分が）国民党政府と連繋していた臨時政府のもとを去って中国共産党傘下に入った「背信者」であったであろうし、金日成を「抗日戦争を勝利に導いた唯一の偉大な指導者」とする北朝鮮においては、朝鮮義勇軍にかかわった金日成以外の指導者の業績を高く評価することは出来ないという事情があったであろう。[17]

中国の場合は、国共内戦期に「祖国」（この場合は朝鮮[18]）建設に貢献しようとした朝鮮義勇軍の北朝鮮進出に反対して[19]、中国共産党の政策としてその部隊を南方戦線に向けるべく中国人民解放軍への合体を推進した事実と、それでも北朝鮮に移った幹部の多くが後に「延安派」として権力中枢から排除された事実を知るがゆえの、北朝鮮の指導者への「配慮」が、現代史の記述においても朝鮮義勇軍に触れるのを躊躇わせて来たであろうと考えられる。筆者の知見の範囲では、中国において「朝鮮義勇軍」を書物の表題に掲げる研究書や回想記が刊行されるのは、1980年代後半以降である様に思われる。[20]

しかし事実は、韓国光復軍と袂を分って山西省太行山の八路軍根拠地に移動し、中国共産党の軍隊である八路軍指揮下に入った時点で既に、朝鮮義勇軍（その時点では正確には前身の朝鮮義勇隊）は韓国光復軍の数倍の勢力を擁していたし[21]、日本の無条件降伏後に混乱状態にあった満州地域に進んだ時には、在住朝鮮人民衆に"解放軍"の様に歓迎されたのは、ソ連紅軍でも中国国民党軍でもなく朝鮮義勇軍であった[22]（金日成の部隊は、既にソ連紅軍と同行して旧ソ連領極東地域から朝鮮領内に移動していた）。

結局は中国共産党の指揮下に入ったとは言え、そして軍隊組織としては中国人民解放軍の中に解消されて行くとは言え、朝鮮義勇軍を解放直後から単に「八路軍内の朝鮮人部隊であった」とする視方には賛成しがたい[23]。それは、1938年に「朝鮮義勇隊」として成立して以来彼らが掲げたスローガン「中韓両民族は連合して日本帝国主義を打倒しよう！」[24]にも関係する、その創立以来の事情に由来する問題があるからである。

そもそも朝鮮義勇隊は、盧溝橋事件以後、日本の中国に対する侵略戦争が日中全面戦争と

なる過程で、中国国民党の抗日戦争に「"東方弱小民族"の反ファッショ闘争」として参戦すべく、中国における朝鮮民族運動陣営内の左派系統一戦線である朝鮮民族戦線同盟の軍事力として成立し、財政的にも中国国民党に依存する軍事組織であった。従ってそこで謳われた「中韓両民族の連合戦線」の「韓」とは、国民党政府の支援下にあった大韓民国臨時政府を意識した表現だったのである。

その後1942年になって、日中戦争の激化の中で朝鮮義勇隊幹部の大部分は、抗日の大義を担っているのは中国共産党部隊であると認識して山西省太行山山麓の八路軍部隊に合流し、「朝鮮義勇軍」として中国共産党傘下の部隊として再編される一方、残りの一部は重慶に移った国民党政府に支援されて成立した大韓民国臨時政府の軍事組織としての韓国光復軍に編入されることになる。とは言え、「国共合作」の建前がある以上、両者が軍事的に正面衝突する事態は（少なくとも抗日戦争継続中は）避けられたし、袂を分った後も統一戦線を指向する性格はそれなりに維持されていた様に見える。

延安の中国共産党から参加した武亭が朝鮮義勇軍の総指揮者になるとともに、彼らは八路軍と同じ軍服を着用しながら、軍旗は依然として「太極旗」（かつての大韓帝国・解放直後の南北朝鮮双方・現在の大韓民国に共通する国旗）を掲げたし、一方、義烈団から朝鮮義勇隊結成、その活動に至る全時期の最高指導者であった金元鳳が韓国光復軍側に合流したのは、民族主義戦線の統一性を維持したいという考えからであったとされている。

日本の無条件降伏後、国共が再び分裂し、やがて国共内戦が始まると統一戦線指向性は消滅せざるを得なかった。その事実は冷徹に認識されなくてはならない。と同時に、中国における抗日戦線内部にある時期迄明瞭に存在した統一戦線指向性が持続される条件があれば（持続された条件下で金九主席らが大韓民国臨時政府の正式代表として米軍政下の「南」に"凱旋"していたら）、解放後の朝鮮分断を避ける事が可能であったかも知れないと、ここでは考えてみたい。こうした観点からすれば、南北朝鮮の分断国家体制が決定的になったのは、1948年に両国家がそれぞれ建国宣言をした時ではなく、その直前に南から金九も参加して平壌で北側主導の南北協商会議が開かれながら具体的成果を見なかった時でもなく、中国において朝鮮民族の民族戦線が「国共」双方に指揮されて戦争状態に突入した、「第2次国共合作」決裂の時であったと考える事が可能であるかも知れない。この観点からすれば、冷戦崩壊後の時代を生きる今日の歴史研究者は、今こそ「可能性としてのもう一つの現代史」を構想する必要があるのではないだろうか。

3　東北解放戦争における朝鮮人部隊

ソ連紅軍が侵攻を開始すると、もともと基幹兵力の大部分を東南アジア地域へ移して、その後を在留日本人の「根こそぎ動員」で辛うじて兵員数だけ維持していた状態の関東軍（日本軍）は、たちまち壊滅した。「満蒙開拓青少年義勇軍」などを含む開拓農民（そこには強制的・半強制的に朝鮮から移住させられた朝鮮人農民たちも含まれていた）、日本企業の経営者や従業

員、傀儡国家の政府機関や教育機関で働く人々、彼らの子女など膨大な数の日本人が残されて「ソ連軍支配下の満州在留日本人の悲劇」が発生したことは、周知の通りである。この地域の特殊な事情が、日本人の悲劇を拡大した。ソ連が支配したため、米軍占領地等ではあり得なかった「シベリア抑留」問題も起きた。間もなく国民党軍の東北進駐によって東北内部に国共内戦（共産党側はこれを「東北解放戦争」と呼ぶ）が勃発し、共産党の指揮する東北民主連軍（中国人民解放軍の前身）の優勢が確定的になると、残留日本人達は帰国の途も閉ざされることになった。旧満州地域において特に多数の日本人「残留孤児」が生まれたのには、これらの要因が複合的に作用していたのである。

　こうした事実は、今日の日本においては広く知られた常識となっている。その反面、日本帝国主義の朝鮮植民地支配と中国への侵略を媒介する役割を負わされて旧満州に移住させられていた朝鮮人がソ連紅軍の侵攻を前に直面した運命について、或いは黒龍江省ハルビン市や遼東半島先端の大連市に集まって住んでいたロシア人たちがソ連軍(31)（その大部分はロシア人）侵攻にどう対応したかについて、関心を持つ日本人は殆ど皆無なのが事実であろう。とりわけ中国、朝鮮とのかかわりにおける日本の「歴史認識」を問題にする時、敗戦当時の在「満」朝鮮人の状況についての現代史の空洞を埋める作業が、日本人研究者の手で進められなくてはならない。本稿執筆の問題意識は、その作業に加わりたいという処にもあったのである。

　ごく自然なことであるが、旧満州在住朝鮮人の多くが日本帝国主義の崩壊に際してまず考えたのは、朝鮮への帰還であった。帰還希望は、中朝国境に近い朝鮮咸鏡道出身者の多い延辺地域よりも、朝鮮南部からの移住者の多い黒龍江省居住朝鮮人や吉林省西部と遼寧省東部にひろがる「東辺道」地域の朝鮮人において、より強烈であったと考えられている。(32)

　中国東北在住朝鮮人のどのくらいの数がこの時期に朝鮮に帰還したのかは、明瞭ではない。当時の中朝国境において、平時にイメージされる様な国境管理や出入国管理が行われていたわけでもないから、公的な出入国記録も存在しない。現在のところ、その数は約80万人〜110万人と推定されているが、(33)旧満州崩壊時の在住朝鮮人が約200万人であったとすれば、帰還者の比率はその半数にも及ぶ高さであった事を知ることが出来る。(34)

　間もなく始まった「東北解放戦争」（東北地方における国共内戦）において、共産党側が支配地域を拡大して、「解放区」を建設すると殆ど同時にその地域で「土地改革」を実施して地主制を解体していったのには、(35)こうした状況にあって朝鮮人農民の流出を食い止め、全国規模に拡大して行く内戦における共産党側の兵員を確保しようという意図が、強く働いていたと考えられる。(36)

　在「満」朝鮮人の朝鮮への帰還の奔流とは逆の方向で、解放直後から中国関内から東北への朝鮮人軍部隊の移動が行われた。1945年8月8日にソ連の対日宣戦布告があった3日後の8月11日、中国人民解放軍の朱徳総司令は朝鮮義勇軍の武亭司令、朴孝三・朴一禹両副司令に対して「東北進出」命令を発したのである。取り敢えず瀋陽（当時まで奉天）に集結するこ

とが指示された。結果的には、これが朝鮮義勇軍が「朝鮮解放」を目的とする部隊ではなく新中国建設の為の部隊として働くスタートになった。⁽³⁷⁾

勿論、朝鮮義勇軍に属する大多数の将兵にとっては、目標は「朝鮮解放」であった。事実、この時瀋陽に向った朝鮮義勇軍の中には関内から東北に入る際に、全く予想もしなかったソ連紅軍の妨害にも会いながら延辺に向かい、延吉を経て北朝鮮に入ろうとした部隊も存在したのである。⁽³⁸⁾或いはまた、鴨緑江対岸の朝鮮新義州に入ったところで朝鮮に進駐していたソ連軍に阻まれ、改めて瀋陽に向った部隊もあった。⁽³⁹⁾さらには一旦瀋陽で第1～第5支隊に整備された後にも、義勇軍内部と北朝鮮の具体的状況に対応して朝鮮に入る人々が断続的に継続する。⁽⁴⁰⁾ともあれ、朝鮮義勇軍の瀋陽集結に伴って11月10日には全体軍人会議が開かれ、東北各地で独自の部隊募集をして拡大した朝鮮義勇軍を改めて支隊に編成してからは、⁽⁴¹⁾各支隊が正規部隊と見做される様になって、中国東北各地の朝鮮人軍部隊の中核を担うことになる。⁽⁴²⁾

黒龍江省地域の「北満」地域を担当する朝鮮義勇軍3支隊、延辺を中心とした「東満」地域を担当する朝鮮義勇軍5支隊、東辺道と呼ばれた「南満」地域の朝鮮義勇軍1支隊が、この時に編成された。⁽⁴³⁾これら三個の支隊に共通するのは、いずれも解放直後に（ソ連領内から帰還した部隊を含めて）抗日連軍系と地元の「地方革命政権」が新規に編成した武力に替わって地域の主導権を握った事と（その過程で中国共産党内の厳しい「整風」を経ている）、続く国民党軍の東北侵攻によって大都市部から農村地域に一旦撤退し、農村根拠地（解放区）建設を経て反攻するという経過を辿ったことである。「農村が都市を包囲する」という毛沢東の革命テーゼが解放戦争中に最も現実妥当性を発揮したのは、この時期の東北地方においてであった。（現在の）吉林省磐石市・梅河口市・通化市・輝南県方面に展開した朝鮮義勇軍1支隊は、⁽⁴⁴⁾1946年2月3日には通化市で残存日本兵と一部国民党が共謀しておこした、共産党が主導する地方政府に対する「通化2・3暴動」を鎮圧した後、⁽⁴⁵⁾「李紅光支隊」と改称するが、⁽⁴⁶⁾鴨緑江北岸の臨江での数度に及ぶ激戦を経て白山市・長白県迄一旦後退する。⁽⁴⁷⁾

長白革命根拠地で兵員と物資の補給を果たし、李紅光支隊は再度吉林省西部に進出して長春・遼瀋戦役で国民党軍に壊滅的打撃を与える八路軍の主力部隊に成長するが、その時点では「東北民主連軍」の一部隊（「東北民主連軍李紅光部隊」）と再度改称され、中国関内へ進む時点では朝鮮人を比較的多数含むという特徴は維持しながらも、大部分が「独立4師」「人民解放軍166師」「人民解放軍156師」に編入・再編成され、朝鮮民族の軍隊という性格を基本的には失うことになる。

（現在の）延辺朝鮮族自治州の地域に展開したのは、朝鮮義勇軍5支隊であった。⁽⁴⁸⁾旧抗日連軍系を含む人々によって先行して樹立されていた地方政権を引き継ぐ形で、延吉に共産党の主導する政権を樹立したが、当初から実効支配が可能だったのは（現在の）延吉市南部・龍井市南部・和龍市北部等の平野地帯に限られ、周辺の山寄りの地域は国民党とも繋がりを持つ「土匪」勢力が支配して、そこへ西側から国民党部隊の攻撃を受けるという状況にあった。⁽⁴⁹⁾

共産党の実効支配が可能になった地域から土地改革が実施され、新たに土地を得た農民の

子弟が次々と人民解放軍の将兵となって参軍した。朝鮮義勇軍5支隊を骨格として拡充しつつ編成された朝鮮人部隊は、国民党軍への反撃から長春・瀋陽「解放」へと進む東北人民解放軍の主力部隊を構成した。

　黒龍江省の「北満」地域に展開した朝鮮義勇軍3支隊は、「農村が都市を包囲する」テーゼを最も忠実に実現したと言えるかも知れない。一旦「解放」したハルビンを東北に侵攻した国民党軍に奪われた後、朝鮮義勇軍3支隊を含む共産党の武装勢力は、松花江の南方と西方に広がる大平原地域に展開して、解放区建設を進めた。(50)もともと黒龍江省のほぼ中央に位置するハルビン・佳木斯・牡丹江を結ぶ三角形の地域は、畑作を中心とする農業・牧畜を主体とする地域であったが、旧満州時代には日本と朝鮮から「満州開拓農民」が集中的に送られた地域であった。通河・方正・佳木斯の松花江周辺に、この時期になって朝鮮人農民によって新しく水田開発が進められて、人民解放軍将兵に食糧を供給する「北満」根拠地を建設したのである。(51)同時に土地改革が推進されたから、この地域の多くの人々は、(1949年の中華人民共和国建国宣言の時ではなく)土地改革が開始された1945年を「解放の年」と認識していると言う。(52)

　新たに「北満」根拠地を得た朝鮮義勇軍3支隊は、あらためて東北解放戦争に加わり、「東北解放」の主役の一翼を担うことになった。但し、その時点では朝鮮義勇軍3支隊もまた「独立4師」と「中国人民解放軍164師」に編入され、「朝鮮民族の軍隊」としての性格を喪失した。

　「朝鮮義勇隊」として創設されて以来、「韓国光復軍」として分離した部分も、「朝鮮義勇軍」の本体として残った部分も、何れも目標は「朝鮮（韓国）解放」であった。その第一歩としての東北解放が実現した時、指示されたのは中国南方への継続的進軍であり、朝鮮義勇軍はその使命としての「祖国解放」を奪われたのだった。

　解放後、「大韓民国臨時政府」代表としての帰国が出来なかった臨時政府系の人々にとっても、従ってその軍事組織としての韓国光復軍も、「祖国解放」の使命を奪われた事では朝鮮義勇軍と同様であった。韓国光復軍はアメリカの軍政当局によって、朝鮮義勇軍はソ連紅軍と中国人民解放軍によって、その使命を奪われた。新国家として成立した大韓民国は事実上韓国光復軍の存在を無視し、朝鮮民主主義人民共和国はやがて朝鮮義勇軍系の人々を「延安派」として排除した。冷戦時代の南北朝鮮分断は、こうして固定したのである。

4　「抗美援朝戦争」と「祖国解放戦争」——朝鮮戦争における中国と北朝鮮——

　東北進出を命ぜられた時の朝鮮義勇軍の大部分の将兵は「東北を経て朝鮮に」進むものと確信していたであろう。多くの朝鮮人が居住する中国東北は、「朝鮮での祖国建設に向う経由地」と考えられていた。その彼らにとって、結果的に「祖国解放」の使命を奪われたことが不本意であったことは疑いない。

　1948年に大韓民国と朝鮮民主主義人民共和国という二つの分断国家が成立した時点では、

前年に「東北解放戦争」に勝利していた中国人民解放軍は、北京・天津戦役を経て南方に向っていたが、未だ1949年10月の中華人民共和国建国宣言迄は1年以上を必要としていたから、人民解放軍の朝鮮人将兵にとっては「中国解放を達成した後の朝鮮帰還」を期待することが可能であったかも知れない。しかし、建国宣言後も中国の内戦は続き、遂に「台湾解放」を視野に入れた海南島戦役に迄、多数の朝鮮人が従軍する事態になった。

まさにこの時に勃発した朝鮮戦争は、国共内戦の最前線にあった人民解放軍に所属する朝鮮人部隊に、大きな衝撃を与えるものであった。朝鮮人部隊だけではなく、中国在住朝鮮人にとって朝鮮戦争は朝鮮民主主義人民共和国建国に続くエスノナショナリズムを刺激する大事件だったのである。毛沢東の率いる中国共産党が、「台湾解放」を当面放棄してまで「抗美(米)援朝」を優先して直接参戦に踏み切ったのには、米ソ冷戦が本格化する国際情勢に規定されていたと同時に、朝鮮民族を始めとする国内少数民族を中華人民共和国という国家統合の枠組みから離脱させないという意図が強く働いていたと思われる。

しかし中国の参戦は「朝鮮民主主義人民共和国の正規軍である朝鮮人民軍の戦争を支援する」というレベルのものではなかった。周知の様に、米韓軍が中朝国境の鴨緑江まで朝鮮人民軍を追い詰めた1950年10月になって中国人民志願軍が参戦するが、参戦から2ケ月後の12月7日には朝鮮人民軍と中国人民志願軍の連合司令部が組織され、そこでは「金日成は名目的には朝鮮人民軍最高司令官のポストを維持したが、——(中略)——作戦の指揮、指導からは完全に排除されることになった」ことが明らかになっている。朝鮮義勇軍出身の朴一禹が彼を指導する立場になり、中国漢族で当時毛沢東の信認の篤かった彭徳懐が事実上全軍の最高司令官を務めることになったのである。中国人民志願軍の中には(更にすぐ後で述べるが中国人民解放軍から朝鮮人民軍に編入された将兵にも)多くの朝鮮義勇軍出身者が含まれていたから、金日成の朝鮮義勇軍人脈への反感はこうした事情に胚胎していたのかも知れない。

韓国軍の場合は開戦から程なくして李承晩大統領自ら作戦指揮権を米軍に委譲していたから、朝鮮における国家形成(分断された朝鮮の統一)を巡る「内戦」としてスタートした朝鮮戦争は、ここに至って米中を両翼とする「東北アジア戦争」になったのである。「祖国解放戦争」の隊列に勇躍加わった中国在住朝鮮人の部隊は、結局は中国という国家の枠内での「保家衛国」に動員されたのであったことを、知らされるのである。

朝鮮戦争に関連した中国在住朝鮮人の問題で、もう一つ忘れてはならないのは、開戦以前から少なくない中国人民解放軍所属の朝鮮人兵士が、朝鮮人民軍に編入する形で参戦していた事実である。その確定した数は現在迄のところ明確にされていないが、少なくとも数万人規模に達していたことは間違いがない。これに「中国人民志願軍」として参軍した数を加えると、当時の中国在住朝鮮人総人口の7～10パーセントが直接朝鮮戦争の前線に赴いたと考えられる。延辺などの朝鮮人集住地域においては、文字通り「根こそぎ動員」が実態であった。

「朝鮮人民軍に編入」されて朝鮮戦争の前線で戦闘に参加した人々で既に体験談を公表し

たり、評伝が書かれている何人かについては、その事蹟を紹介した事があるので、本稿では前稿執筆後、訪中の機会に直接面談することが出来た一人の参戦体験者について、記しておきたい。現在延辺朝鮮族自治州延吉市に居住する金在万氏（78歳）がその人である。金在万氏とは、2007年8月19日に、同氏の自宅を訪問して面談した。[65]

　金在万氏は1929年に黒龍江省ハルビン市近郊の農村で生まれた。生家は農業を営んでいたが、日本の降伏から間もなく故郷の村に朝鮮人部隊を募集する人が来て、満16歳で入隊した。朝鮮義勇軍3支隊だった。ハルビン解放に続いて遼瀋戦役に加わり、さらに北京・天津戦役に向うところで部隊は中国人民解放軍になった。部隊と共に河南省鄭州に着いた1950年4月に「朝鮮人は集まれ」と言われ、行き先を告げずに汽車に乗せられた。車窓は遮られて外は見えなかった。数日後に大きな河を越えたのがわかったが、そこで降ろされた。降りてみると近くの人がみな朝鮮語を喋るので、「ここが間島というところか」と思った。黒龍江の朝鮮人にはそれまで延辺に来る機会はなかったからだ。でも、学校で学んだ知識では間島に行く途中に大きな河がなかったから、不思議だった。訊いたらそこは朝鮮の新義州で、河は鴨緑江だった。朝鮮人民軍の軍服に着替えて、短期間の訓練の後、トラックで38度線に送られた。今から思うと、鉄原だった。数日後の6月25日の早朝、戦闘が始まった。

　金在万氏の属した部隊はそこから江原道の原州まで南下した後、方向を変えて西に向かい、ソウル北方で北上して来た国連軍との激闘を経て、鴨緑江の国境まで撤退した。既に朝鮮南方の麗水で負傷していた金氏は砲撃で再度致命的な負傷をして、中国領内に戻った。

　金氏の自宅応接間には朝鮮戦争時の武勲で得た数々の勲章が展示されている。一度、韓国からの来訪者と面談した時、「あなた方は何故韓国を侵略したのか」と言われて、怒りに震えたと言う。「われわれは『抗米援朝保家衛国』を戦ったので、南を侵略する意図などなかった。『保家衛国』とは、アメリカの侵略から中国をまもったと言うことだ」というのが、彼の言い分である。

　金氏の歴史観を問うのが目的ではなく、朝鮮戦争の真実を知りたい気持のみであると来訪の意図を伝え、面談を終えた。最初は「何故日本人を相手に話す必要があるのか」と警戒心を隠さなかった金氏だったが、朝鮮語での対話は、彼の心を和らげた様だった。愛妻を喪って一人暮らしの金氏は「次の機会には必ず酒を酌み交わす」約束をして、別れを告げてくれた。

　考えて見ると、抗日戦争の現場で、ソ連軍侵攻で混乱した満州で、東北抗日戦争で、中国東北在住の朝鮮人たちは、大きな犠牲を払いながら闘い続けて来た。そして得たものは何だったのだろう。「祖国解放」の課題を奪われた彼らは、「民族自決」を極端に矮小化した「民族自治」の枠内に押し込められ、近年に至っては市場経済の怒濤の中でいまや民族共同体解体の危機に直面している。朝鮮問題の「付録」や「応用問題」としてではなく、中国朝鮮族自体の歴史的位置を認識し、東北アジアの平和な未来を作る友人としての関係を構築し

たい。中国東北の現代史に格別の責任を負う日本人であればこそ、この思いは痛切である。

(2008年1月14日稿了)

（1） 以下、「北朝鮮」と略記。
（2） 本稿では、その人物に対する筆者自身の価値評価や当該国家における一般的呼称とは無関係に、歴史上の人物や現役の政治指導者について敬語や敬称を使用しない。
（3） 周知の様に、「金日成主席のみが唯一で永遠の国家主席」であるとする考えから、金正日は「国防委員会委員長」（党の職責としては朝鮮労働党総書記）の肩書を持つことになるが、事実上それが国家元首の地位を意味することは、その後の活動の実績からも疑いの余地がない。
（4） 著者・金南鎮は「著者グループ代表」とされている。本稿で依拠したのは雄山閣より刊行された日本語訳（上・下2巻、光明社編集部訳、1996年2月）である。
（5） 北朝鮮で「祖国解放戦争」とは、一般に1950年6月25日から始まった朝鮮戦争を指すが、ここでは明らかに日本帝国主義の植民地支配からの解放戦争を意味している。北朝鮮では、近年こうした用語法が定着しているのかも知れない。
（6） 前掲日本語訳〈上〉、4ページ。引用に際して、数字の漢字表記をアラビア数字に改めた（以下の文献引用においても同様）。
（7） 同前、8ページ。
（8） 雄山閣、1981年。
（9） 現在の中国吉林省延辺朝鮮族自治州安図県両江鎮と思われる。
（10） 現在の延辺朝鮮族自治州の地域とほぼ一致し、旧満州時代には間島省がおかれていた。この地域での抗日遊撃隊闘争については、当時の日本においても「間島パルチサン」として広く知られていた。この地方の南部に位置する和龍県明東村（現在は龍井市智新鎮に属する）生まれの詩人・尹東柱が京城（当時）滞在中の1942年につくった詩「星を数える夜」の中で、「北間島にいる母」を詠っていたことも、よく知られている通りである。
（11） 和田春樹『金日成と満州抗日戦争』（平凡社、1992年）などに依る。
（12） 但し、金日成の指揮する師団は実際に自ら「朝鮮人民革命軍」を名乗ったこともあったとされるので（鄭雅英『中国朝鮮族の民族関係』、アジア政経学会、2000年、140ページ）、その時点で「朝鮮人民軍創立」を言うこと自体は、必ずしも「歴史の捏造」とは言えない。
（13） 代表的な例として、東北抗日闘争における朝鮮民族の事蹟を記録した黄龍国編『朝鮮族革命闘争史』（遼寧民族出版社、1988年：朝鮮語）を挙げることが出来る。同書は抗日戦争から国共内戦期の中国共産党指揮下の朝鮮人部隊の活動を詳細に記した、640ページにもなる大著であるが、朝鮮族の手になる朝鮮語の書物であるにもかかわらず、金日成の属した抗日連軍第1路軍第2軍の事蹟、とりわけ金日成部隊が日本軍・「満州国」軍に勝利した1937年の普天堡戦闘の経過などを詳しく紹介しながらも（「普天堡電子楽団」が存在するなど、その地名は現在の北朝鮮で「革命聖地」の様に扱われている）、金日成の固有名詞はどこにも登場しない内容になっていた。韓国（本稿では、注記しない限り、解放後に朝鮮半島南部に成立した「大韓民国」を指す。実際には、抗日戦争期の中国では「朝鮮」だけではなく、「韓国（韓民族）」も南北何れかに限定しない地域名称として広く使用されていた）で、「金日成なる抗日英雄は実在しなかった」とか、「北朝鮮の指導者・金日成は、抗日英雄・金日成とは別人物である」という「金日成＝偽者」説が流布することになる原因の一つは、中国側のこうした事情にもあったと思われる。北朝鮮で語られている金日成の伝記には、業績を誇張したり「修正」した部分があって、そのまま事実とは認め難い点があるが、金日成という人物の存在自体を疑う様な見解は本稿の採るところではない。なお、中国在住朝鮮人について、本稿では中華人民共和国成立以前の時点については「朝鮮民族」または「朝鮮人」とし、新中国成立後に関しては「朝鮮族」と呼ぶ事を原則とするが、文献引用に際しては、その文献で使用されている用語法に従う。
（14） 中国の側からすれば、金日成に対する高い評価は国内朝鮮族の「中国からの分離指向」を刺激

する危険があると見えたであろうし、逆に低い評価は社会主義の兄弟国である隣国の指導者の権威を貶める虞があったであろう。朝鮮の側からすれば、最高指導者が過去に隣国の共産党の指導下にあった事は、少なくとも公式的には認めたくないであろう。

(15) 拙稿「現代中朝国家間関係に関する歴史的考察——その起源と現在——」（大阪商業大学比較地域研究所『地域と社会』10号、2007年9月）、参照。

(16) 代表的な研究として、鐸木昌之「朝中の知られざる関係：1945—1949 満州における国共内戦と北朝鮮の国家建設」（『聖学院大学論叢』第3巻、1990年12月）がある。また、関連分野の優れた研究の一例として、第2次大戦終了直後の中国東北在住朝鮮人社会の状況に関する、李海燕の一連の研究を挙げておく。「第二次世界大戦後における中国東北地区居住朝鮮人の引き揚げの実態について」（『一橋研究』第27巻2号、2002年7月）、「中国国共内戦期における東北地区居住朝鮮人の国籍問題について——中国共産党の政策を中心に——」（朝鮮史研究会『朝鮮史研究会論文集』第40巻、2002年10月）、「中国共産党の国家統合とエスノナショナリズム——延辺朝鮮族自治州の場合——」（『中国研究月報』第60巻2号、2006年2月）。

(17) 金日成自身は、相当長い間、朝鮮義勇軍をライバルとして強く意識していた様である。ある時は、朝鮮義勇軍は「日本軍があらわれさえすれば逃げ出した」様な部隊であったとすら述べたことがあった（1958年2月の演説「朝鮮人民軍は抗日武装闘争の後継者である」、翻訳委員会『金日成著作集 第1巻』所収、未来社、1970年、244ページ）。「延安派」（朝鮮労働党幹部の中で、中国で中国共産党指揮下の抗日闘争に加わった後に朝鮮に帰還した経歴の人々を指す）に対する警戒心がそうさせたのか、逆に朝鮮義勇軍系の人々への対抗意識が「延安派」への警戒心を産んだのか不明であるが、両者の要素が相乗作用を起こした面があったのかも知れない。

(18) 当時の文献に照らして証明する作業は別の機会に譲るが、少なくとも日本帝国主義の崩壊から数年間の中国東北地方在住の朝鮮人の多数においては、「祖国」は「朝鮮半島に成立した（するであろう）朝鮮民族の国家」を意味していたことは疑いない。中国共産党の公式文献においてさえ、「朝鮮民族の祖国は朝鮮」であるとする記述が当時は珍しくなかった。のちに朝鮮戦争が勃発して中国人民解放軍所属の朝鮮人部隊が中国人民志願軍の名で北朝鮮に入った時に至っても、それに対するアメリカの中国批判に対して中国外交部スポークスマンは「中国境内に居留している朝鮮人民が、帰って自分の祖国を保衛し、祖国の建設事業に参加することは、彼らの正当なる権利と神聖なる責任である」と反論したのである（ここでは前掲・李海燕「中国国共内戦期における東北地区居住朝鮮人の国籍問題について」234ページより再引用）。

(19) 本稿では朝鮮民主主義人民共和国の正式建国以前の時期についても、朝鮮労働党〔同党成立以前は朝鮮共産党北朝鮮分局〕を柱とする政権が実効的支配をしていた地域を「北朝鮮」と呼ぶ。これはその段階の南北朝鮮において一般に使われた用語法であった。「金日成将軍の歌」の歌詞にある「北朝鮮のいたる所に新しい春が来る」は、その一例である。なお、この点については拙著『中国朝鮮族への旅』御茶の水書房、2005年）の31～38ページ参照。

(20) 管見の限りでは李希一・徐明勲主編『朝鮮義勇軍3支隊』（黒龍江朝鮮民族出版社、1987年：朝鮮語）が、その初期に属する書物の様である。続いて崔海岩『朝鮮義勇軍第1支隊史』（遼寧民族出版社、1992年：朝鮮語）が出ているが、筆者未見。近年になって金葉編著『朝鮮義勇軍史話』（延辺人民出版社、2005年：朝鮮語）、崔鋼『朝鮮義勇軍史』（延辺人民出版社、2006年：朝鮮語）が続けて刊行された。本稿が直接参照した論文としては、これらの他に李昌昜（音訳）「朝鮮義勇軍と第5支隊」（延辺朝鮮族自治州文史資料委員会編『延辺文史資料第9集 解放初期の延辺』（遼寧民族出版社、2000年〔朝鮮語〕に収録）がある。

(21) それぞれの軍部隊に属した兵員の正確な数は把握出来ないが、韓国光復軍は最大規模になった時点で数百名（千名未満）であった（韓詩俊『韓国光復軍研究』一潮閣〔ソウル。朝鮮語〕、1993年。この書物の記述は資料的裏付のある正確なものと思われる）のに対して、ソ連紅軍の侵攻後、瀋陽に集結した朝鮮義勇軍は1,000名であった（金葉・前掲『朝鮮義勇軍史話』）とされる。そして後者は、遅れて東北地方に到着する部隊と合流し、さらには周辺の在留朝鮮人社会での「拡軍作業」によって、短期間に数万名の規模に達したのである。東北進出以前の太行山根拠地時代の

朝鮮義勇軍の姿については、朝鮮人作家・金学鉄の体験をもとにしたエッセイ類にリアルに描かれているが（その多くが『金学鉄文集第1巻　太行山麓』延辺人民出版社、1998年〔朝鮮語〕に収録されている）、その内容からは太行山時代に既に朝鮮義勇軍が抗日勢力の中の朝鮮人軍人部隊の多数を結集していたことが窺われる。

(22) 朝鮮全羅南道譚陽面出身で幼時に中国に渡り、紆余曲折の後、黒龍江省河東村で旧満州の崩壊を迎えた鄭判龍（解放後の中国朝鮮族知識人を代表する人物で、特に延辺大学副校長としての業績が広く知られている）は、自伝『故郷を離れて50年』（北京：民族出版社、1997年：朝鮮語）の中で、朝鮮義勇軍が隣村（延寿県）迄来たと聞いた朝鮮人の村人達の驚愕と感動ぶりを、印象的に記している。なお、建国初期の中国が中ソの友好親善を進める政策を採ったおかげで、彼はやがてモスクワ大学留学の機会に恵まれるが、それが一つの理由になって文化大革命期には「ソ連修正主義の同調者」として迫害された。モスクワで共産主義思想を学んで帰国し、朝鮮義勇軍3支隊を率いて東北解放戦争を戦った後、延辺大学初代校長、続いて延辺朝鮮族自治州政府の初代政府主席となる朱徳海がやはり文化大革命で受難したこととともに、中国朝鮮族現代史が持つ翳の部分を象徴する人物でもあった。

(23) 旧満州崩壊当時の中国東北地方在留の日本人たちの受けた受難に関する少なくない体験記や、それらを素材として作られた文学や映画などで、日本人はもっぱら「敗戦国民の受難物語」の当事者としてのみ扱われ、その悲劇の原因を生んだ日本帝国主義の中国侵略や朝鮮植民地支配との関係、まして漢民族・満州民族・朝鮮民族の相互の葛藤関係などが関心の対象となっていないことは、多くの日本人の歴史認識を歪曲する大きな要因となっている。侮蔑的に「ロスケ」と呼ばれたソ連紅軍は別にして、在留日本人の記憶の中では国民党の正規軍と「匪賊」とされた土着武装勢力の境界線も曖昧で、共産党系の軍隊だけはそれらと明確に区別されて「パーロ」と総称された。そうしたなかで、「東北抗日連軍」系の部隊や、朝鮮人独自の部隊としての朝鮮義勇軍の存在を記憶する当時の在留日本人はほぼ皆無に近いのが現状であろう。中国東北地方の現地でこれらの武装勢力間の相互関係を記述する研究や資料の刊行が続いている今日、それに対応した日本側の歴史記述が要求されているのではないだろうか。

(24) 金葉・前掲『朝鮮義勇軍私話』71ページ。同書の表紙に使われた写真によると、中国語で「中韓両民族連合起来打倒日本強盗帝国主義」だった（写真は一部不鮮明で判読困難な部分がある）。

(25) 姜萬吉『朝鮮民族革命党と統一戦線』（ソウル：和平社、1991年：朝鮮語）283～284ページ。朝鮮義勇隊の創立事情については、同書及び韓詩俊・前掲『韓国光復軍研究』に多くを依拠した。1938年10月10日に武漢で開催された朝鮮義勇隊創立大会に国民革命軍副部長の肩書で周恩来が出席していた事実は「第2次国共合作」のもとでの、抗日統一戦線時代の雰囲気を表わしている。

(26) 韓詩俊・前掲書、181～185ページ。

(27) 金学鉄・前掲『太行山麓』243ページ。なお金学鉄は別の機会に、朝鮮義勇軍の華北進出（共産党との合流）時に、密かに部隊を脱出して韓国光復軍に参加した友人のいたこと、ソウル訪問時にその友人と劇的に再会したことを記した文章も記している。そこには両者が同志愛で結ばれていたことが、感動的に記されていた。「友情半世紀」（『金学鉄文集第4巻　我が道』延辺人民出版社、1999年：朝鮮語）。

(28) 韓詩俊・同上、183～188ページ。

(29) 今日の現代史研究者でこの見解に同意する人は極めて少数であろう。何よりも朝鮮分断に対して決定的要因となった米ソ対立を過小評価していると批判されるであろう。それでも、ドイツ・ファシズムの被害者と認められたオーストリアがドイツから分離されて分割占領された後、（今日から見れば）比較的短期間に国家的統一を回復した例もあったから、「内戦」が避けられていたら、朝鮮でもオーストリア型の解決があり得たかも知れないのではないだろうか。

(30) 日本軍の全てが無抵抗に武器を捨ててソ連軍に投降したわけではない。ソ連軍の機械化部隊（スターリン時代の重化学工業化政策の成果によって、ソ連軍の装備は飛躍的に向上していて、ヨーロッパ戦線を戦い抜いていた）に無謀な抵抗を試みて、既に軍事力として空洞化していた関東軍や民間人に膨大な被害を出したのも事実であった（もし関東軍が即時降伏していたら、「シ

ベリア抑留」の悲劇は実際よりも拡大していたかも知れないが、婦女子を含む日本人の「満州」現地での犠牲者の数は遥かに少なかったであろう)。更に、日本では殆ど知られていないが、1946年2月になって吉林省（当時は通化省）通化地区で、残留日本兵数百名と国民党の一部隊が合流して、朝鮮人共産党員を中心に作られていた地方政府に対する暴動を起こしたという事件もあった（この事件については次節でも触れるが、取り敢えず崔剛・前掲『朝鮮義勇軍史』第2章第1節を参照）。

(31) 多くの朝鮮人が日本人と間違われて、あるいは「日本人の協力者」として、犠牲になった。

(32) 李海燕・前掲「第二次世界大戦後における中国東北地区居住朝鮮人の引揚げの実態について」40〜46ページ参照。朝鮮各地域からの「満州移民」が移民先の地域に出身地別にどの様に分布したかという点は、本稿の記述範囲を超える問題であるが、全体として朝鮮南部地方出身者が「北満」と呼ばれた現在の黒龍江省地域に、朝鮮中部や西北部の鴨緑江南岸地域から中国に入った人たちは「南満」と呼ばれた現在の遼寧省西南部・吉林省西部に、朝鮮最北部の豆満江南岸の咸鏡道地域からは北岸の吉林省東部（現在の延辺朝鮮族自治州および周辺）に定着するという傾向があった。参考文献として取り敢えず、鄭雅英・前掲書の第Ⅱ編第1章「朝鮮人『満州』移民政策」を挙げておく。

(33) 鄭雅英・前掲書、202ページ。但し筆者の個人的見解では、この数字には若干の疑問が残る。後に朝鮮戦争開始前後に「朝鮮人民軍への編入」「中国人民志願軍として従軍」の形で約10万人の朝鮮人将兵が動員されたとすると（次節参照）、それだけの兵員を供給するには在中朝鮮人が150万人程度は必要だったと考えられるからである。いったん朝鮮に帰還した後、朝鮮戦争迄に中国に戻った朝鮮人の数を推計することと合わせて、今後の検討課題としたい。

(34) 日本の敗戦時に日本に在留した朝鮮人は、日本軍の軍人・軍属身分の者を含めて238万人程度であったとされるが、うち180万人が数年間に帰国し、さらに後に北朝鮮への「帰国運動」で9万人余りが北朝鮮に渡った。植民地支配国であっただけに、日本からの離脱欲求がより強かったことが窺われるが、日本在留朝鮮人の場合、大部分が朝鮮南部出身者で相対的には帰国の物理的障害が軽かったことも関係したと見るべきかも知れない。

(35) この時期の中国東北における初期土地改革に関する古典的研究に、西村成雄『中国近代東北地域史研究』（法律文化社、1984年）の「第5章 東北基層政権の形成と土地改革」があり、本稿の事実認識の多くは同書に負っている。朝鮮人集住地域の具体的状況については、金美花『中国東北農村社会と朝鮮人の教育』（御茶の水書房、2007年）の「第4章 国共内戦期における土地改革と朝鮮人の教育」を参照。

(36) このことは初期土地改革に関する歴史記述の多くで強調されている。一例として、朴青山・金哲洙『中国朝鮮族歴史故事』（延辺人民出版社、2000年：朝鮮語）411〜412ページ「朝鮮族人民の参軍参戦熱潮」参照。

(37) 勿論、当初から明示的にそうだったわけではない。朱徳の命令も、「中国および朝鮮境内に進入して作戦しているソ連紅軍に協力して、朝鮮人民を解放するために、──（中略）──直ちに所属部隊を率いて八路軍と元東北軍各部隊とともに東北に進軍し、日本軍と傀儡軍を消滅させて、東北の朝鮮人民を組織して朝鮮解放の任務を達成することを命令する」（崔剛・前掲書181〜182ページ）というもので、目標は「朝鮮人民解放」であった。但し、この時点で既に八路軍および（元）東北抗日連軍との統一行動が指示されているから、飽く迄中国共産党指揮下の軍事行動であることが前提とされており、（間もなく朝鮮に入る筈の）金日成の率いる朝鮮人部隊についての言及はないから、「朝鮮解放」が独自の課題としてどの程度自覚されていたかについては疑問が残る。

(38) 文正一口述『激情歳月──文正一一代記──』（北京：民族出版社、2004年：朝鮮語、一部中国語）に収録された口述記録は、政府や党機関の刊行した公式記録ではなかなか知り得ない事実を伝える貴重な内容を含んでいるが、文正一が（現在の）内蒙古自治区承徳から瀋陽に向う過程、瀋陽から延辺に向う経過（そこではソ連紅軍との軍事的衝突さえ経験した）、延吉での漢族共産党員との葛藤などについて語った部分は、特に興味深い内容のものである。

(39) 李海燕・前掲「中国共産党の国家統合とエスノナショナリズム」19ページ。李海燕によると、この出来事は朝鮮義勇軍の主力部隊700余名が遭遇した事件であったとしているが、文正一の追憶談（前掲『激情歳月』117～118ページ）によると、朝鮮に入る前に中国側の丹東でソ連紅軍に鴨緑江渡河を阻止されたとし、その影響で自分たちも瀋陽からの前進が出来なくなったとしている。これは一例であるが当時の軍部隊移動や部隊編成過程の細部に関しては、記録によって、或いは記述した人物によって相違があるから、注意する必要がある。ともあれ、中国共産党とソ連紅軍の軍事作戦の間にある程度の齟齬や矛盾があったことは、この事実からも確認することが出来る。

(40) 李海燕・前掲「第二次世界大戦後における中国東北地区居住朝鮮人の引揚げの実態について」の関連部分、参照。

(41) 従って瀋陽集結以後の朝鮮義勇軍は、太行山根拠地から移動した部隊の単なる延長としてではなく、東北地方の朝鮮人社会で新たに編成された部隊としての性格を持つ様になったものと理解しなければならない。ハルビンから瀋陽に到着して朝鮮義勇軍3支隊として編成される朱徳海の部隊も、黒龍江省の朝鮮族部隊として新たに誕生した部隊という性格が強かった。この点、前掲『朝鮮義勇軍3支隊』を参照。朝鮮義勇軍1支隊、朝鮮義勇軍5支隊についても同様であった。

(42) 但し、各支隊を統一的に指揮する統合本部の様なものは組織されず、それぞれの支隊が独立して中国共産党の直接指示に従って軍事活動を展開するから、太行山以来の「朝鮮義勇軍」としての統一的軍隊組織はこの時点で消滅したと言わなければならない。ここには（漢族以外の）ある特定の民族が独自の軍組織を持つ事に対する、当時の中国共産党中央の警戒心が関わったのではないかと思われるが、その点を明示的に語る資料は現在迄のところ公にされていない様である。

(43) この地域区分は、それほど厳密ではなかった様である。例えば文正一の前掲口述記録によると、朝鮮義勇軍3支隊に属した彼は、延辺に向う時には5支隊の指導者として活動している。この外に吉林市周辺で活動した朝鮮義勇軍2支隊（7支隊とする記録もある）の存在が知られているが、その活動記録が乏しい為か、活動実態はあまり知られていない。

(44) 日本の降伏から「遼瀋戦役」（1947年10月に瀋陽を「解放」して東北全体を共産党支配下においた戦闘）迄は、朝鮮義勇軍の主要任務は「東北解放戦争」になる。その全体については、黄龍国主編・前掲『朝鮮族革命闘争史』、編集委員会編『156師　実戦録』（延辺教育出版社、中国語：1998年、朝鮮語：2002年。朝鮮語版は主に朝鮮族の事蹟を補充した改訂版で、本稿は朝鮮語版に依拠した）、李松徳・金哲煥『解放戦争時期朝鮮族戦闘英雄』（延辺人民出版社、2006年：朝鮮語）などを参照した。朝鮮義勇軍1支隊としての独自の活動については、崔剛・前掲『朝鮮義勇軍史』の後半部分「朝鮮義勇軍　中国人民解放戦争編」に詳しい。また本稿では文出星・徐栄華編『李紅光支隊創建50周年記念手冊』（遼寧民族出版社、1997年：朝鮮語・中国語）を参照した。

(45) 本稿の註(27)参照。

(46) 李紅光は1930年代の初めに吉林省磐石地域を中心に遊撃隊活動を展開した人物で、中国東北の朝鮮人に広く知られていた。その名前を支隊名としたのは「朝鮮人の抗日闘争」の後継者であることを宣言する意味があったと思われる。李紅光の遊撃隊闘争については、金揚『鴨緑江流域の朝鮮民族と反日闘争』（遼寧民族出版社、2001年：朝鮮語）497～518ページに詳しい。

(47) 長白県は朝鮮の恵山市と鴨緑江を挟んで中朝国境のほぼ中央に位置している。1958年にここに長白朝鮮族自治県が設置されたが、これが中国唯一の朝鮮族自治県である。

(48) 記録に依れば朝鮮義勇軍5支隊は1946年2月から「吉東保安軍」1・2団に改称されたとされるが（崔剛・前掲『朝鮮義勇軍史』208ページ）、一般的には「朝鮮義勇軍5支隊」の名称が引き続き使用された様である。この時期の延辺地方の状況については、東北の朝鮮民族一般に関する前掲諸書の他、特に金美花・前掲『中国東北農村社会と朝鮮人の教育』、延辺朝鮮族自治州文史資料委員会編・前掲『解放初期の延辺』を参照した。

(49) 黒龍江省の「北満」地域は、広大な平原の中に集落が点在するという地形を特徴とし、吉林省西部から遼寧省東南部の「南満」地域は山々の連なる間に小さな盆地や河岸段丘が点在する地形であるのに対して、延辺の「東満」地域は水田農業に適した平野を周辺の山岳が囲む地形を特徴

としている。水田地域に朝鮮人の集住する集落が形成され易いと同時に、周辺の山林地域に基礎を置く「土匪」も定着が比較的容易なのが延辺地域であった。延辺地域の民族構成において、またそれと関連する階級構成において、この自然地理的要因は無視出来ない作用を果たしていた。

(50) 朝鮮義勇軍3支隊も1946年2月には「松江軍区独立団」と改称したという記録があるが（崔剛・前掲書、208ページ）、実際には引き続き朝鮮義勇軍3支隊の呼称が使用された様である。

(51) 李希一・徐明勲主筆・前掲『朝鮮義勇軍3支隊』187～207ページ。

(52) 西村成雄先生の御教示による。〈対談記録〉西村成雄・瀧澤秀樹「東北アジア地域史研究における国家と民族――中国東北地方の近代史研究を題材に――」（大阪商業大学比較地域研究所『地域と社会』第9号、2006年10月）11ページ。

(53) 「東北解放戦争」が遼瀋戦役で共産党勝利が確定した後、海南島戦役に至る過程で、朝鮮人部隊は引き続き少なくない戦果を挙げたことが知られている。揚子江渡河作戦の先陣を切ったのも、朝鮮人部隊であった。その過程については、朴青山ほか・前掲『中国朝鮮族歴史故事』、崔明世（音訳）主筆・前掲『156師 実戦録』、李松徳ほか・前掲『解放戦争時期朝鮮民族戦闘英雄』などの書物に詳しく記録されている。中国人民解放軍の一員として参戦しながらも、朝鮮人将兵の多くは「朝鮮民族の戦果」を強く意識していたと思われ、半世紀を経た今日に至ってもこうした書物の刊行が続くことはそれを証明していると言えるであろう。

(54) 李海燕・前掲「中国共産党の国家統合とエスノナショナリズム」参照。

(55) 中国はアメリカを「美国」と呼ぶから「アメリカに抗い朝鮮を援ける」意味で「抗美援朝」をスローガンにしたが、本稿では「抗米援朝」と表記する。

(56) 中国の叫んだ「抗米援朝保家衛国」は、単に朝鮮戦争への参戦を意味したのではなく、アメリカの侵略に反撃して朝鮮を支援する中国共産党の行動の正当性を主張する、中国国内でのプロパガンダであり、大衆運動であった。それは東北地方などの朝鮮族集団居住地域だけでなく、全国的に広範に展開された、多民族国家としての中華人民共和国の国家的正統性を主張する運動であった。この点、服部隆行『朝鮮戦争と中国』（渓水社、2007年）の第5章「中国の朝鮮戦争参戦と『抗米援朝』運動」を参照。

(57) 和田春樹『朝鮮戦争全史』（岩波書店、2002年）251～253ページ。

(58) ブルース・カミングス『朝鮮戦争の起源』（第1巻、鄭敬謨・林哲訳、1989年／第2巻、鄭敬謨・加地永都子訳、1991年、シアレヒム社）。

(59) 和田春樹・前掲書13ページ。

(60) 「衛国」の「国」は、疑問の余地なく中華人民共和国を意味していた。

(61) 本稿でこれ以上論ずる余裕はないが、この問題は実は近代的国民国家としての中国という国家の成り立ちそのものに関わる問題である。辛亥革命の理念であった「中華民族」「五族共和」以来、近代中国の国家理念は複数民族の共生社会の建設にあった。ここには実は複雑な事情が絡んで来る。「複数民族」が「多民族」となる過程で、（漢民族以外の！）有力民族は「55の少数民族」の一つの地位に転落し、中国が統一された近代国家と認識されるのに伴って国家に対するアイデンティティーの単一化が強要された。それは容易に民族アイデンティティーのあり方をも規定するものとして作用する。「中華民族の一員であると同時に韓民族共同体の一員でもある」という自己規定は、「中華民族」規定の枠内では最早許容されないのである。高句麗や渤海という古代国家の性格を巡る論争に、このことは端的に顕れている。

(62) この事実は朝鮮戦争当時には中ソ朝の直接当事者以外には全く知られていなかったし、今日でも中朝両国は公式には認めていない問題である。例えば中国で近年刊行された陳忠龍等編著『抗米援朝戦争論』（軍事誼文出版社、2001年：中国語）では、この事実に全く触れていない。旧ソ連解体後、ソ連時代の秘密軍事資料の閲覧が可能になり、ソ連の一部研究者が朝鮮戦争に関する新事実解明を進める過程で、明らかになった。中国でこの事実を裏付ける画期的業績を発表したのは潘志華であるが、彼の論文「朝鮮戦争爆発的歴史真相」（『二十一世紀』2000年2月号：中国語。http://www.tecn.cn に配信。この資料を閲覧するにあたって、延辺人民解放軍医学院軍医官の朴敏氏の御協力を得た）が公表されると、延辺朝鮮族自治州を中心に、実際に朝鮮人将兵としてそ

れを体験した人々から多くの体験談が発表される様になった。ここでは体験談を集めた、延辺朝鮮族自治州文史資料委員会編『振り返る歴史』（遼寧民族出版社、2002年：朝鮮語）と延辺朝鮮族自治州文史資料学習宣伝委員会編『我が民族の将軍たち』（北京：民族出版社、2005年：朝鮮語）の2冊を本稿が直接参照した資料として挙げておく。前掲『解放戦争時朝鮮族闘争英雄』にも同じ体験をした人々についての多くの評伝が収録されている。これらの資料が登場したことで、今日の日本における朝鮮戦争史研究においては、事前に朝鮮人民軍に編入された中国人民解放軍の朝鮮人将兵が存在したことは周知の事実になっている。ここでは和田春樹・前掲書と朱建栄『毛沢東の朝鮮戦争――中国が鴨緑江を渡るまで――』（新版・岩波現代文庫、2004年）を挙げておく。その具体的経過については今日明らかにされている範囲内でではあるが、前掲拙稿58〜59ページで触れたところである。「編入」は中華人民共和国建国宣言数ヶ月前から始まり、国共内戦の全期間を通して最前線から行われ、朝鮮戦争勃発直前の海南島戦線からも朝鮮人兵士が攻撃方向を変えて朝鮮に送られたが、さらには開戦後の延辺地域でも「朝鮮人民軍兵士募集」が行われた。

(63) 和田春樹・前掲書61、115、249ページ、前掲『振り返る歴史』262〜266ページなどに記された数字を合計すると、明らかである。

(64) 前掲拙稿、59〜63ページ。

(65) 現在大阪商業大学大学院博士後期課程在学中で、延辺出身の表美善さんの案内を得た。金在万氏は朝鮮戦争で負傷した「傷痍軍人」でありながら、事業経営家としての才覚に優れ、その成功の成果を以って恵まれない人々を援ける慈善事業家として著名な人物であり、その功績を讃える劉明生著『偉大な夢を抱いて』（延吉晩報社、1999年：朝鮮語版・中国語版）という書物が刊行されている。但しその内容は氏の事業家としての活動に関するものであり、朝鮮戦争に関する事実は、当日の面談で知ったものである。

20世紀前半旧満州における日本人ジャーナリスト
―― 佐藤善雄を中心に ――

劉　愛君

はじめに

　中国旧満州における日本人経営の新聞は、1905年営口で発行する『満州日報』[1]に始まる。その後、大連『遼東新報』、奉天『盛京時報』、安東『安東新報』、また鉄嶺、遼陽、ハルピン、長春、吉林等々の地域に日本語、中国語、英語、ロシア語などで続々と数十種類以上発刊し、日本の「満州経営」の勢いが感じられるほどである。1915年日本の対中国「二十一箇条要求」が提出されて以来、日本の露骨な侵略主義と中国の民族覚醒に伴い、中国各地で反日運動が盛んに行われ、日本人経営の新聞も「文化的侵略」の急先鋒だと大いに批判されるようになった。

　確かに、戦前中国における日本人経営新聞のほとんどは、結果的には日本の大陸政策の宣伝機関となり、対中国侵略の協力者となったことは否定できないことである。しかし、当時中国を舞台としていた日本人ジャーナリストは、どのように新聞活動を展開し、どのように複雑で激動の中日関係の歴史に関わっていたのか。また、彼らの対中国認識はどんなものであったのか、日本の侵略政策に反対する新聞人の声はあったかどうか。これらの問題に関する実証的研究はまだ少ないのが現状である。

　事実、旧満州における新聞人の中には終始軍部の対中国政策に反対し、攻撃していた人物もあった。本稿の主人公、佐藤善雄はその一人である。彼は30余年旧満州の地で論陣を張っていた代表的な新聞人である。本稿では、佐藤善雄を中心に考察することによって、戦前中国における日本人ジャーナリストの一つの側面を明らかにしたい。そして、その時代のマスコミ人の言論活動は、現未来の中日関係を考える上でどんな歴史的教訓を我々に提供できるのか、これについて検討することが本稿の目的である。

1　上海同文書院から奉天『盛京時報』社へ

　1885年2月、佐藤善雄は宮城県名取郡生出村（1956年仙台市に併合）に医師佐藤今朝吉の長

男として生まれた。10歳の時から先生の下に漢文の素読を習い、1903年4月宮城県の中学を卒業した。その後、医術を身につけてほしい父親の勧告を退けて、すぐ上海東亜同文書院の選抜試験を受け、同年8月に県費留学生として上海に渡航することとなったのである。

当時、18歳の佐藤善雄はなぜ無理やり中国大陸に飛び出したのか。その「支那大陸に志す」思いについて、佐藤善雄は後年、次のように振り返っている。

「私が中学を卒業したのは明治36年4月、まさに日露開戦の前年であった。これより先3年、明治33年（西紀1900年）には支那に団匪の騒乱があり、西太后と光緒帝が蒙塵し、北京の禁城は各国軍の蹂躙するところとなり、支那の国運はまさにどん底におちいったのである。しかも北方の強ロシアは満州を併呑し、その爪牙は朝鮮半島にまで及び、東洋の戦雲いよいよ急ならんとする時であった。

こうした時代にあって、血の気のあるわれわれ日本の青年どもは、おやじの脛をかじってゆうゆう大学になどおる気がしない。しかも国論は隣邦支那の衰亡は、直ちに我国の命運にかかわりがある。いわゆる『唇破るれば歯寒し』だ。座してこれを見るに忍びない、いかにもしてこの老大国を救わねばならぬといった勢いであった。こうして多くの青年は志を大陸に向けて切歯扼腕するのであった。

この時にあたり、陸軍出身の憂国の士根津少佐らが上海に学校を造り、日本の青年に檄を飛ばし、来たりて大陸経綸の方策を学べといった。全国の青年志士らはたちまち響きの如くこれに応じた」。

以上、20世紀の初めごろにおける日本人の対中国認識、そして中日両国の歴史認識の相違を垣間見ることができるので、長く引用させてもらうことにした。

佐藤善雄が中国に渡した1903年は、日露開戦の前年、日本国内は中日甲午戦争（日清戦争）後の三国干渉によって遼東半島を取り返された恨みに対して臥薪嘗胆、断じて強露を懲らそうと、国民の意気軒昂の時であった。つまり、当時の国際情勢や中日関係に関する日本の国論は、多くの日本人若者の自国のための「愛国心」、また他国のための「義侠心」を喚起したとも言えよう。佐藤善雄にとっても例外ではなかった。

文中の、根津少佐らが上海に造った学校は、東亜同文会経営の「上海東亜同文書院」のことであり、根津は元陸軍少佐で、当時東亜同文会幹事長兼同文書院初代院長の根津一のことである。1901年に設立した東亜同文書院は、日本人学生募集のため、全国で遊説活動を展開した結果、広く「支那熱」を呼び起こし、「大陸雄飛の夢」は若き学生たちにとって大変魅力的であった。このような時代の流れもあり、1903年佐藤善雄はついにその第三期生として中国に渡したのである。

ちなみに、「中日ノ英才ヲ教エ、一ハ以ッテ中国富強ノ基ヲ樹テ、一ハ以ッテ中日輯協ノ根ヲ固ム。期スルトコロハ中国ヲ保全シテ、東亜久安ノ策ヲ定メ、宇内永和ノ計ヲ立ツルニアリ」という目的を興学の要旨として設立した東亜同文書院は、戦争中卒業生が従軍通訳をしたり、満鉄など国家の侵略機関に就職したり、書院の中国現地調査が軍部に利用されたりし

たので、日本の国策に大いに協力したことで、戦後中国では「スパイ学校」、「殖民学校」と言われ、日本でも長い間白眼視されるようになった。「愛国心」や「義侠心」に燃えて中国に渡った書院卒業生にとっては実に皮肉で、しかも不幸なことであろう。

佐藤善雄は3年間上海での書院生活を過ごし、1906年に卒業した時はちょうど日露戦争が終わった時期を迎えた。戦中通訳などで従軍した多数の先輩が戻り、それを優先就職させることもあり、また当時は戦後の不景気で就職はなかなか難しかった。そこで佐藤はしばらく日本に帰って休養した後、その年の12月、「北京に赴いてもっと深く支那を学びたい」と決めて、日本から大連を経て北京に向かったのである。途中営口に立ち寄って滞在中、書院第一期生の先輩、一宮房次郎と染谷保蔵に出会った。二人から、奉天(瀋陽)に漢字新聞を創刊することで入社するようにと勧められ、急に同年の歳末に奉天『盛京時報』社に入った。

2 『盛京時報』から『奉天新聞』へ

『盛京時報』は1906年10月に奉天で創刊された日本人経営の漢字新聞である。創刊者中島真雄は、東亜同文書院の前身に当たる上海日清貿易研究所、東亜同文会の福州支部長、福州東文学堂の創立を経て、福州の「閩報」、北京の「順天時報」、営口の「満州日報」などを創刊したり、またその経営に関与したりした人である。『盛京時報』の創刊について、30年以上『盛京時報』の主筆をしていた菊池貞二は、その回顧録において次のように記している。

> (中島が)日露戦争直後、日本は満州経営に乗り出すに当たりて、その一翼を荷う民衆の啓発向上を主とする宣伝工作や、言論機関の緊急必要性を痛感し、北京の順天時報を上野靮鞨氏に譲って、満州に入り、当時日本人移住の中心地なる営口に満州日報を創刊、奉天にあっては、漢字紙盛京時報を興した。この両紙は日満両文共に満州最初の新聞である。

佐藤善雄が入社した時は、『盛京時報』が創刊されたばかりの時期であった。当時主筆は一宮房次郎、営業部長は染谷保蔵、記者としては稲垣伸太郎と中国人記者数名、探訪記者十数名、他に事務員の斉藤峰八郎がいた。まもなく稲垣伸太郎は満鉄の満州日々新聞に去り、一宮房次郎は代議士となって帰国し、編集局で働いた佐藤は、編集長を務めるようになった。そして、中学校時代からの親友、菊池貞二(同文書院第五期生)を主筆に招いて入社させた。時は1908年であった。

創刊初期の『盛京時報』は、満州における日本の特殊権益を強調し、中国の政治、経済、法律、文化、教育、衛生など各分野における問題点を指摘したり、その改善策の提言をしたり、また日本の維新改革を紹介し、日本こそ中国内政の指導者であるように宣伝したのである。つまり、日本の満州経営政策を中心に報道した。

佐藤善雄個人にしてみれば、『盛京時報』経営の目的は、「日本国を代表して、日本の事情を支那側に訴え、言いたいこと、したいことの希望を述べて、支那側の了解を求め、以って両国親善に資すること」にあるはずだ。しかし、日本の対華21箇条要求の提出以来、その効

果は至って上がっていないため、はなはだ片手落ちの感があった。

　1914年、第一次世界大戦勃発。日本は列強が欧州の戦場に参戦しているのに乗じて、翌年1月中国に5項目21か条の要求を押しつけた。①山東省におけるドイツ権益の継承、②租借権の期限延長を含む南満州・東部内蒙古での優越的地位の確保、③鉄、石炭開発の共同経営、④中国沿岸の港湾・諸島の列強への不割譲、⑤政治、財政、軍事顧問として中央政府に日本人を採用、等々の内容であった。植民地として中国を独占し支配しようという露骨な要求であった。

　しかし、日本国内の新聞は「内容のいかんを知らずといえども」としながら、「これを賛成せざるを得ざるなり」との論陣を張った。いつも「中日親善」を標榜している東亜同文会も、この「21箇条要求」を「何れも皆正当にして、何等非難し得べき点なき」ものとして、日本政府を支持した。また、中国の強い抗議に対して、日本の新聞は「非礼の行動に出て、わが国を侮蔑」するものだと中国の行動を非難し、列国の批判に対しては、「支那人が針小棒大、何事も誇張して大言壮語する」からだと決め付けた。

　このような対中強硬論と対照的に、佐藤善雄はこの「二十一箇条要求」について、それは「わが軍部の野望を容れ、ヨーロッパがこの大戦で東洋を顧みる暇なきに乗じ、火事場泥棒的に支那大陸の利権を一手に掌握し、第二のドイツとしてアジアの覇権を握らんとする下地を作ろうとしたのであった」と軍部攻撃をした。また、中国の抗日運動がさかんとなり、列国が日本に疑心を持つのはまるで「支那を属国扱いした日本の要求」のためだと指摘した上、「ばかばかしい要求をして、日本の恥さらしをした」と断じた。

　そこで、佐藤善雄は「この際むしろ支那側の言いたいこと、したいことの希望を述べさせて、まず日本側がもっと支那側の事情に理解を持つことが肝要である」と、奉天で日本語の新聞でも作ろうと考えるようになった。つい1917年、奉天在住日本人有志の援助で小西辺門外のラマ廟の一つを借りて社屋にし、9月1日に『奉天新聞』創刊号を出した。そして、「日本が今日までのように戦勝の優越感をもって、何事も支那側に押し付けようとするのは、将来長く両国の関係を円満に保たんとする方策に反する。その実例は過去の21個条要求の失敗に鑑みれば、いかにも明らかであろう。もし両国人が平生もっと意思の疎通ができていたならば、こんなばかげた失敗の外交を繰り返すことはあるまい」と主張した。

　『奉天新聞』発刊当時、佐藤はまだ『盛京時報』の編集局の総務の要務にあり、にわかに退社することもできぬ事情もあったので、一時朝日新聞の満州特派員で朝鮮で新聞の経営にも経験のある服部暢に社長を依頼し、佐藤は主幹という名義でそばから協力した。『奉天新聞』経営一年にして多額の借金ができ、服部は辞任してしまい、佐藤善雄は盛京社を退いて『奉天新聞』社の社長兼主筆としてその経営に一身を投じた。「言論の上にようやく自分の意見、抱負を述べる機会を与えられた」と後年、佐藤は振り返っていた。

3　満州事変と『奉天新聞』の廃刊

　『奉天新聞』の創立間もない時（大正12年）、佐藤善雄は一度斉藤朝鮮総督を尋ねて朝鮮統治、日韓合併の問題について聞いてみた。朝鮮合併はすでに10年の歳月を経ている当時にあっては、独立を語ることはタブーとされていたが、総督には反問された時、佐藤はこう答えた。
　「私は国や民族の歴史というものは、その国その民族の生命である。いわば生き血が流れているものと思います。それゆえ、それを合併あるいは討伐によって抹殺、滅亡させることは決して容易なことではない。皆殺しにしてもなお他日残るものがあるのが、歴史の教えるところと思います。国民の歴史はその生命であり、人一人の生命と同じく、二つの国民の生命は二人の生命であり、これを合して一人にすることは、恐らく不可能でありましょう。二人は二人としての生命を全うさせるほかはありますまい。すなわち朝鮮はやはり朝鮮人の国として存続させ、互いに手を取り合って、兄弟の国として両立するにしくはないと思います」[22]と。
　奉天新聞社時代20年を通して、佐藤善雄が終始日本軍部の大陸政策に反対した理由はこのような「平生の持論」に立脚しているのではないかと思われる。結局、彼の軍部政策反対論は『奉天新聞』廃刊の運命をもたらした。
　1931年9月18日、満州事変勃発。関東軍はかねての謀略計画に基づいて柳条湖で中国軍を奇襲攻撃し、中国満州に対する武力侵略を開始した。しかし、日本軍部の発表では「支那兵が満鉄列車を襲い鉄道を破壊した。軍は支那軍を撃退これを追撃中」という。当時、「日本新聞連合」奉天支局長を兼任した佐藤は、それに疑いを抱き、日本国内への第一報として、中国の正式奉天軍と書かず、「匪賊らしき集団」と手加減させて東京の同盟通信社に電報を打った。残念なことに、この電報は軍部の厳しい検閲に引っかかり、後日問題となり、軍部の意図に反するものとして詰問され、佐藤善雄は新聞連合奉天支局長を辞任せざるを得なかった。
　奉天新聞は創業のはじめから紙面の主題は終始軍部の大陸政策の批判に没頭したので、満州事変後、軍部の圧迫は急激に加わり、遂に奉天総領事が中に入って、佐藤は昭和7年から9年まで軍部の弾圧を逃れて一時東京に退陣することとなった。『東方通信社史』には、

　　事件拡大を意図する軍と反対的立場にある外務省（奉天総領事館）に接近し、しかも中国側の内情に精通し、理解をもっていた『連合』が現地軍当局から暫くの間ではあったが白眼視されていたことは事実であって佐藤は軍部の圧迫のため遂に身を退いて帰国[23]

と記録されている。
　昭和9年、「満州国」が日本軍部の手で成立した。完全に失望した佐藤は遂に奉天新聞の廃刊を決意して、同9年の秋、再び奉天に舞い戻って廃刊の準備に取り掛かった。そして、周りの心配と懇切な忠告を受け入れず、強情を押し通して廃刊してしまった。やっと12年9月、在留30余年の奉天を後に、佐藤善雄は家族と共に故郷に引き上げた。軍部をはばかって、

奉天では極少数の友人たちのみ見送ったのであった。

4　佐藤善雄の軍部反対論

①　佐藤善雄の軍部反対論は、理想を語るような抽象的なものではなく、歴史的な視点と現実的な理由をあげて冷静に分析するものであった。そして、結論として軍部政策こそ日本の利益を守るどころか、国を滅ぶものだと次のように主張している。

　　当時、私の軍部政策の反対論に対し、ある者は、キリスト教信者だから平和主義、反戦思想なんだとか、ある者は、彼が「赤」だから日本の国策に反対するのだとも言って、いろいろと中傷する者もあった。然し、私は事実平和主義者でも反軍論者でもない。ただ軍部の政策がいかにも杜撰で、国家のためとはならず、かえって国家に禍するものと判断したから、反対したのであった。(24)

佐藤の挙げた軍部反対の理由を、さらにいくつか見てみよう。

　　日本が支那と交渉を開いてから早や百年になろうとするが、いわゆる「利は捨てて権のみを取る」に過ぎず、決して支那において利益は得ていない。のみならず、このために国際関係はますますわれを不利に陥れている。……この漢民族は平和の民のごとくではあるが、事実は強靭な性格の持ち主で、堅忍持久ついには必ず外敵を追い払わずにはおかない恐るべき民族である。これを日本人が一時あるいは一部地方でも統治しようなどとは、ちょうど子供が老人を統治しようとするもののごとくで、結局「腕っ節」なら知らず、その平和統治などは全く望みのないことだ。……日本が満州を支配することは、到底実現不可能なことだが、今ここに満州国を創建しようとするのは愚の骨頂である。(25)

また、「支那には鉱山も石油も殆ど見るべきものではない。多少の鉄や石炭はあっても、とても国内の需要を満たすことが出来ない。しかも国内は貧民細民が溢れていて、その食糧を満たすことさえ大変なことだから、そこから何も獲られるはずはない。もしそこに飛び込んでいくならば、かえって自分を取り上げられるか、或いは何か救恤のため残して帰るよりほかはない」(26)とも言及している。

以上見てきたように、佐藤善雄の軍部反対論は抽象的な国際正義等々の観念に基づいてではなく、もっぱら日本にとっての利害得失の現実的な計量に基づいたものであった。しかも歴史と現実の両面から軍の政策を批判し、興論の唱える「満蒙なくば我国亡ぶ」という説の誤りを解明し、具体的に満州侵略論のよって立つ根拠に対抗している。それがゆえに説得力があり、軍部にとって余計に恐ろしいものであった。

②　満州事変後、日本の各新聞社は軍部に同調する態度をとり、争って事変の速報につとめた。事変前に軍部の好戦的動向に一定の批判を加えていた日本の大新聞でも、事変が始まるとその進行に全く追随し、軍部批判をいささか示すことがなかった。『朝日新聞70年小史』には次のように記してある。

事変発生後、自由論議は許されなくなり、あらゆる新聞は満州事変に関する限り再検討または利害討究の自由を拘束され……わが社について見るも、昭和6年以前と以後の朝日新聞には木に竹をついだような矛盾が往々感じられるであろうが、柳条溝爆発で一挙に準戦時体制に入ると共に新聞紙はすべて沈黙を余儀なくされた。[27]

　軍部の強い言論統制によって報道の「自由を拘束され」たことは確かであった。しかし、軍部以上に各新聞は事変そのものを利用して報道ブームを展開し、発行部数の拡大に懸命だったのも事実であった。新聞の絶大な影響の下に、事変は中国側の攻撃に対する日本軍の正当防衛であるという日本国民の誤認が作り出され、マスコミに煽られた国民は熱狂的になり、戦争拡大に大いに支持した。

　6年後の盧溝橋事変の際も同じことが言えよう。当時各新聞は殆ど時流に便乗し、世論の先取りや紙数の売り込みに狂奔していたのに対し、『奉天新聞』を断固として廃刊させた佐藤善雄は例外的な存在であった。確かに事変の後、佐藤善雄は自分の書いた「連合」第一報を軍部の検閲に引っかかったことを知った時点で、「東京への通信の方は記者連中に任して、しかるべくやってくれ、おれは手を引くと言って、いよいよ筆を投じてしまった[28]」。それは軍部への同調、屈服というより、ジャーナリストの無言の抵抗ではないかと思われる。

　確かに、以上述べたように、佐藤善雄の軍部反対論はもっぱら自国の国益に立脚して考えるもので、他国の利益をかえりみないという一面を持っている。それは国際的視点の欠如と歴史的な局限性によるものだと言えよう。しかし、弾圧にあって新聞を廃刊させても、孤立して国に引き揚げても、軍部の政策に迎合したくない佐藤善雄の勇気は、大いに評価すべきであろうと思う。

結　　び

　「今から考えれば、だれが見ても愚のきわみであっても、大勢というのは恐ろしいもので、世の人を盲にするものである[29]」と佐藤善雄は後年振り返って言う。

　この「世の人を盲にする」ほどの恐ろしいものは、新聞が煽り立てた世間の輿論ではないかと思う。もちろん軍部の謀略、新聞操作、言論統制があったが、「日本の関東軍の謀略であることを知り得ながら『満州某重大事件』などと、奥歯にものの挟まった報道しかしなかった張作霖爆死事件。ニセ情報であるかもしれないと薄々知りつつ、中国に責任をかぶせて国民を煽った柳条湖事件。もはや軍部の情報操作を疑うこともなく、その言うがままにというよりもさらに誇大化して報道を競った盧溝橋事件。すでに新聞は戦争拡大を狙う軍部の『共犯者』であった[30]」と断言する鈴木健二の論点には、うなずくしかないものがある。

　事実を徹底して究明したうえで真実を伝えることはマスコミの基本であるが、それはなぜ堅持できなかったのか。自国民や中国、さらに世界をごまかし続けた結果、日本は自国をも滅ぼしてしまった歴史をみると、その教訓から学ぶべきものが実に多い。マスコミの責任と役割について考えることは、今後の新しい中日関係の構築には避けられない大きな課題であ

ろう。

(1) 1905年7月26日、日本の営口軍政統治1周年を記念して創刊した日刊新聞。創刊時には日・中・英の三本建紙であった。発行人兼社主は中島真雄（1859〜1943）である。中島真雄は『満州日報』のほか、北京『順天時報』、奉天『盛京時報』など多数創刊している。
(2) 佐藤善雄『新浪人の人生記』34頁、(株)編集センター、1972.7。
(3) 前掲書34頁。
(4) 1898年11月2日に東亜会と同文会との合同により成立し、初代会長は貴族院議長の近衛篤麿である。戦前期日本において対中活動の歴史が最も長い団体であった。1946年1月に解散。
(5) 東亜同文書院は、1901年5月に東亜同文会が日本人学生を集め、実務的中国エキスパートを養成する目的で上海に設けた学校であり、1939年4月に大学に昇格し、1946年に解体するまで3千余名の卒業生を世に送った。
(6) 根津一「興学の要旨」、大学史編纂委員会、『東亜同文書院大学史』、(社)滬友会、1982。
(7) 佐藤善雄『新浪人の人生記』48頁、(株)編集センター、1972.7。
(8) 一宮房次郎（1884〜1948）、大分県出身。同文書院第一期生、後日『順天時報』、『盛京時報』主筆、大阪朝日新聞社論説担当、大分県代議士、民政党総務、衆議院議員、海軍省政務次官、東亜同文会常理事、専務理事などを歴任した。
(9) 福島県二本松出身、東亜同文書院第一期生、後日『盛京時報』三代目社長、戦後奉天監獄に収容され、1947年に獄中で病死。
(10) 中島真雄（1859〜1943）、山口県出身。三浦観樹将軍の甥。日清貿易研究所、東亜同文会福州支部長を経て、1901年北京に『順天時報』を創刊。1905年営口に『満州日報』を創刊。1906年に奉天に『盛京時報』を創刊。晩年、鎌倉に隠棲し、三千余頁の『対支回顧録』を完成した。
(11) 1890年9月、元陸軍中尉の荒尾精が上海イギリス租界に創設。「対中商権拡張と日中貿易に必要な人材養成」を目的にしているが、日清戦争勃発のため閉校となった。卒業生の多くは日清戦争中従軍通訳や軍事間諜として戦場に活躍した。
(12) 菊池貞二『秋風三千里―中国四十年の回顧　菊池傲霜庵随筆』2頁、南北社、1966.9。
(13) 佐藤善雄『新浪人の人生記』117頁、(株)編集センター、1972.7。
(14) 東京朝日新聞、1915年1月21日。
(15) 東亜同文会編「日支交渉案件」、『支那』第6巻第3号3頁、1915年2月。
(16) 東京日々新聞、1915年1月21日。
(17) 東京日々新聞、1915年2月5日。
(18) 佐藤善雄『新浪人の人生記』106頁、(株)編集センター、1972.7。
(19) 前掲書117頁。
(20) 前掲書117頁。
(21) 前掲書119頁。
(22) 前掲書138頁。
(23) 池田一之『記者たちの満州事変――日本ジャーナリズムの転回点』39頁、人間の科学新社、2000.4。
(24) 佐藤善雄『新浪人の人生記』177頁、(株)編集センター、1972.7。
(25) 前掲書142頁。
(26) 朝日新聞社編『朝日新聞70年小史』214頁、朝日新聞社、1949。
(27) 佐藤善雄『新浪人の人生記』173頁、(株)編集センター、1972.7。
(28) 前掲書126頁。
(29) 前掲書178頁。
(30) 鈴木健二『ナショナリズムとメディア：日本近代化過程における新聞の功罪』143頁、岩波書店、1997。

外国人観光客への多言語サービス
――世界遺産に登録された京都の寺社の例から――

河原 俊昭

1　はじめに

　京都は日本文化の伝統を伝える都市として、外国人にはよく知られた都市である。2005年には京都市内に宿泊した外国人の数は73万人に達したという（平成17年度の京都市観光調査結果による）。外国人が訪れる場合、世界遺産に登録されているかどうかが一つの目安となる。世界遺産とは1972年のユネスコの大会で採択された「世界の文化遺産および自然遺産の保護に関する条約」（世界遺産条約）によって、国際的に保護が必要と認められた自然環境や文化財を示すものであり、指定を受ければ観光地として大きくアピールできる。

　京都では、17の寺社と城が世界遺産「古都京都の文化財」として1994年に指定された。この指定により、これらの観光地の知名度が格段に上がったが、これらの17の寺社と城すべてが等しく外国人観光客の注目を浴びるのではなくて、交通の便、宣伝広報の度合い、外国人観光客への利便性の提供の違いなどの諸事情から、外国人が多く訪れる寺社とあまり訪れない寺社とにはっきりと分かれる。

　本稿では、世界遺産として登録された古都京都の17の文化財が外国人観光客にどのように対応しているか、とりわけ言語サービスの観点から対応が十分であるかどうかを調べてみたい。そして、どのようにすれば外国人観光客を増やすことができるかという視点から、言語サービスの充実に関していくつかの提言を行いたい。

2　言語サービス

　外国人観光客は普通は訪問国の言語を理解しないことが多い。そのために、外国人にも理解できるような言語で、パンフレット、掲示、説明文、ホームページなどが作成されることが望ましい。その場合、考慮される点は、どの言語を選択するか、どの程度まで詳しくその言語を用いるか、具体的にどのように掲示や説明を行うかであるが、それは観光地ごとにその考え方は異なってくる。ここでは、世界遺産に登録された17の寺社と城の実際の外国人へ

表　世界遺産「古都京都」の言語サービス

寺社名	HP	パンフレット	入場料表示	掲示・説明文
（1）上賀茂神社	○	×	○	○
（2）下鴨神社	○	×	○	○
（3）東　寺	×	×	○	×
（4）清水寺	○	◎	◎	◎
（5）延暦寺	○	×	×	○
（6）醍醐寺	○	×	×	×
（7）仁和寺	×	○	○	○
（8）平等院	×	×	◎	○
（9）宇治上神社	×	×	○	○
（10）高山寺	×	×	×	×
（11）苔　寺	×	×	×	×
（12）天龍寺	×	×	×	×
（13）金閣寺	×	◎	◎	◎
（14）銀閣寺	×	○	○	○
（15）龍安寺	○	○	○	○
（16）西本願寺	○	○	○	◎
（17）二条城	◎	◎	○	◎

の言語対応の状況を調べて、一覧表にて評価をしてみたい。

　評価の方法だが、3段階として、×、○、◎とした。その基準として、例えばHPならば、HPが存在しないかあるいは日本語のHPだけならば×、日本語と英語のHPがあるならば○、日本語、英語、韓国語、中国語の3あるいは4カ国語でのHPがあるならば◎とする。なお言語の表記が正しいかどうか、言語の説明の分量が適切であるかどうか等の質的なことに関しては判断を下さず、あくまでも単に外国語でのHPがあるかどうかだけが判断の基準である。

　他の項目も同様に行った。項目の「パンフレット」とは、入り口で配布される入場券やパンフレットに外国語の表記があるかどうかに注目している。「入場料表示」とは、入口で入場料という重要な情報がどれくらい外国語で示してあるかに注目している。「掲示・説明文」とは境内で掲示・説明文にどれくらい外国語が使われているかを示す。使われる言語の数によって、HPの場合と同じように×○◎を付ける。

3　具体的な言語サービスの概要

　上記の17の寺社と城の言語サービスの様子を個別に述べてみたい。

（1）上賀茂神社

　神道の神社であり、日本人の参拝客へ対応することを中心においている。掲示は日本語がほとんどであり、英語が若干目に付く程度である。外国人観光客への対応は遅れていると言えるだろう。

有名な葵祭のパレードの到着地であるので、その時期は大勢の観光客で賑わい、外国人の姿も見えるが、普段は外国人観客の姿は少ない。

(2) 下鴨神社

上記の上賀茂神社と同じく神道の神社である。参拝・祈禱をする日本人を主に対象としていて、外国人への対応はあまり意識していないようである。絵馬を見ると日本人の書いた日本語の祈願文ばかりであり、この点、後述の清水寺の絵馬と異なる。京都駅から比較的交通の便がいいので、さらに葵祭の中継地でもあるので、上手にアピールすれば、外国人観光客はもっと増えるのではないかと思われる。

写真1

(3) 東寺

空海と縁が深く、五重の塔で有名であり、この塔は京都のシンボルになっている。荘厳な仏像も多くて、京都駅からも近いので、言語サービスを充実させれば、外国人観光客にアピールすることは間違いないだろう。現状は、日本語のHPさえもないのでは、この寺の存在を国際的にアピールするのは難しいだろう。

(4) 清水寺

外国人にもよく知られ、実際、外国人観光客の姿をよく見かける。境内の絵馬だが、ハングルや中国語や英語で祈願文が書かれている絵馬もよく見かける。おみくじも日英中韓の4言語による。案内や説明もこの4カ国語で書かれているものが多い。また標準語、京都弁、英語、中国語、韓国語の5言語による音声ガイドの貸し出しもしている。「人形祓い」(写真1) も英語が併記してあり、宗教的な行事にまで外国人が関心を示すようになっている。

清水寺の特徴の一つとして、入場料が300円と手頃な値段であることが挙げられる。多くの寺社を比較的短期間で回ろうとする外国人観光客にとって、廉価な入場料は、その観光地の魅力を倍増させるものである。

このように、多くの点で言語サービスが充実しているのだが、清水寺のホームページは日本語版だけであり今後は各国語版の作成が望まれる。

(5) 延暦寺

京都駅からかなりの時間がかかる。山頂の景色などが魅力であるが、短期間にいろいろな観光地を回ろうとする外国人にはアピールしづらい。延暦寺自体の方針として、宗教的な聖地としての地位を保ち、日本人参拝客を主に対象にしようという姿勢が見られる。

(6) 醍醐寺

京都駅から不便なところにある。観光地の中央からやや離れており、どちらかと言えば地

味な寺院になるだろう。標識やパンフレットは主に日本語ばかりである。駐車場やトイレの表示も日本語ばかりである。少なくともトイレの表記は英語を併記すべきである。

(7) 仁和寺

　ホームページは日本語版のみで、外国人への配慮は見られない。境内での表示は、英語と日本語の掲示がいくつかあるが、中国語・韓国語の表記は見られない。

　正門近くにある境内全体の案内図は日本語の表記だけであったが、ふりがなが振ってあった。ある程度は日本語を解する外国人に取っては、ふりがなの併記は大いに手助けとなる。

写真2

(8) 平等院

　宇治市内へ行く途中の国道上の道路標識に、「宇治源氏物語のまち」とあり、その下には、Tales of Genji との標識があった。源氏物語を活用して観光の振興に役立てようとの宇治市の意気込みが見られる。

　平等院境内には、外国人観光客の姿もよく見られた。平等院は、入り口は英語の表記での入場料が記されていた。鳳凰堂の内部への入場料の掲示は日英中韓の4言語で記されてあった。しかし他の掲示案内はほとんど日本語ばかりであった。中心に位置する鳳凰堂は外国人受けする壮大な建物であるので、もう少し工夫をすれば外国人観光客の数は増えると思われる。

(9) 宇治上神社

　ここも源氏物語とゆかりの深い神社である。所在地がやや分かりづらいところにある。駐車場が完備しておらず、大型バスが駐車できるスペースもない。

　ここは源氏物語の宇治十帖に関心を持つ日本人が訪れるようである。外国人観光客への対応はあまり進んでいない。例外的に、入り口の所に、日英中韓の4言語による掲示と音声案内があった（写真2）。

(10) 高山寺

　京都の西北部にあり、外国人観光客が訪れるには不便なところである。掲示もほとんど日本語だけであるが、一個所だけ日本語・英語・中国語・韓国語の4カ国語で記された掲示があった。パンフレットも日本語版だけであった。トイレの位置は重要な情報であるが、ここでは古い木の板に「手洗」と縦書きに記されているだけだった。これでは外国人観光客にはトイレの場所は分からない。ホームページだが、この寺は、日本語のホームページさえも存在しない。

　この寺は深山にあるので、外国人のみならず、日本人観光客も訪れにくくなっている。そ

のために、シーズン期以外は、観光客の殺到から免れていて、そのことが、かえって大きな魅力になっている。このあたり、ひたすら観光を振興すべきか否かという問題とも関わり一概に結論は出せない。

(11) 苔寺

　訪問（参拝）するためには、一週間前までに往復葉書にて申し込みをする必要がある。入り口にその旨を記した看板が立っているが、英語の表示部分は薄くなっていて読みづらい。将来は、ホームページを開設して、日本語でも英語でもホームページを介して参拝申し込みができるようになればと思われる。参拝志納は一人3,000円となっている。そのために外国人観光客の多くには敷居が高い場所となっている。

　この寺の方針として、あまり観光客が来るのは好まないようである。宗教色を強め、信者のための禅宗の寺という宗教色を強く出しているようである。京都の西にあり比較的中心から離れていることもあり、本当に参拝したい人だけを受け入れるという方針を維持していくことは可能であり、それも一つの見識と考えられる。

(12) 天龍寺

　日本語でのホームページさえもない。西北部にあり、観光のメインの場所からはずれている。境内は日本語の表示ばかりであり、外国人観光客への対応は遅れていると考えられよう。

(13) 金閣寺

　この寺は外国人の姿をよく見かける。そのために、外国人への言語サービスも充実している。パンフレットは日本語・英語・中国語・韓国語の4言語で書かれ、外国人観光客への配慮がなされている。境内には至る所に日英中韓の4言語での掲示が目立つ。面白いのは、おみくじも日本語、英語、中国語、韓国語の4つの言語で選べることである。境内の言語サービスはこのように進んでいるのだが、その意味では、ホームページは日本語版だけしかない点は残念である。

(14) 銀閣寺

　ホームページは日本語版のみである。本堂の入り口には外国人向けに、英語、中国語、韓国語の3言語のパンフレットがおいてあった。境内は時々外国人観光客がいるが、掲示にはあまり外国語の表記は見られない。同じく臨済宗相国寺派に属する金閣寺と比較すると、やや地味であり、その分、外国人観光客の入りが少ないようである。

(15) 竜安寺

　ホームページの冒頭の頁を開くと、そこから英語版と日本語版を選択できるようになっている。ホームページの英語版は格調高くなかなか充実している。境内も多くの表示説明が日英の2言語で行われている。なお、石庭の入り口で、視覚障害者のために、箱庭の形をしたミニ石庭がおいてある。視覚障害者は手で触れながら、同時に横にある点字で説明を読み、石庭の意義を理解できるようになっていた。石庭を視覚障害者にも何とか説明しようとする工夫が見られる。

(16) 西本願寺

　ホームページは、日本語と英語があり充実している。境内もところどころ日英語による掲示があり、比較的便利である。境内の各建物を示す掲示は、4カ国語で示されていた。京都駅から近いこともあって、外国人観光客も訪れやすい。

(17) 二条城

　ホームページの日本語版は懇切丁寧に作られている。正式の外国語版はない。もっとも、サイトの下から、英語・中国語・韓国語の説明にリンクできるようになっているが、パンフレットを写真でとったものを PDF 版にしてアップしただけであり見づらい。しかし、それでも外国人観光客にとっては、大いに参考になることは間違いない。

　場内の掲示などは、英語・中国語・韓国語によるものも多く充実している。京都駅からバスで簡単に行けること、建物が壮大であり内部が豪華であるので、外国人観光客にもアピールすると思われる。事実、この城内では外国人観光客の姿をよく見かける。

3　まとめ（今後の展望）

以下箇条書きにして今後の展望と提言を示す。

（1）　外国人観光客の数が少ない寺社であっても、入口や出口の表記、入場料や順路やトイレの表記は日本語・英語の併記が必要である。あるいは絵文字（ピクトグラム）での表記を取り入れることは有効である。

（2）　今まで調査した範囲内では、中国語の表記はすべて大陸中国で使われる簡体字であったが、台湾からの観光客のことも考えれば繁体字でも表記されることが望ましい。

（3）　これら世界遺産として登録された寺社を訪れる外国人観光客の多くはバスや地下鉄を利用する。地下鉄駅のアナウンスはまだ日本語だけである。また普通のバスでは日本語だけが使われる。そのために、外国人観光客にはバスや地下鉄は使いづらい。観光客用の一部のバスでは日本語と英語の2言語によるアナウンスがある。日本語と英語によるバイリンガルのアナウンスが広く普及することが望まれる。

（4）　個々の寺社では掲示物の外国語化の作業は荷が重すぎるかもしれない。京都市か観光協会が掲示物の見本を英語・中国語・韓国語版で作成してはどうだろうか。それに基づいての外国語化ならば、個々の寺社での作業は軽減できるのではないか。

（5）　京都における外国語表示は、主に英語・中国語・韓国語の表記だけであったが、仁和寺と竜安寺の間の道で、英語・フランス語・日本語による3言語の掲示があった。フランス語による表記は珍しいが、今後はフランス語を含めて多言語による言語サービスが必要となっていくのではないか。

（6）　京都では、主に寺社が有名であるが、寺社以外の新しい観光名所を売り出す必要がある。梅小路蒸気機関車館（Umekoji Steam Locomotive Museum）などは外国人観光客にアピールすることは間違いない。蒸気機関車が毎日数回走っており、実際に乗ることが可能なの

で、子供連れの外国人観光客にアピールするだろう。現在では、ホームページは日本語版だけだが、将来は多言語のホームページに拡大して広く弘報すべきと思う。このような寺社以外の場所も今後は紹介していけば、京都が世界にますますアピールするようになるだろう。

（７） 建築物ならばいつでも存在しているが、祭りは、時期的に限られているので外国人観光客が見るのは難しい。外国語表示のホームページなどで時期を明示すれば、時代祭、葵祭、祇園祭などの時期を狙って外国人観光客が訪問することが増えるだろう。

（８） 音声の多言語化も今後は必要である。清水寺や宇治上神社などですでに開始されている。これは興味深い試みと思われる。

（９） 観光地では自動販売機を見かけることが多い。自動販売機にも外国語表記をするべきである。外国では自動販売機は少ないので、使い慣れていない外国人観光客が多いだろうが、飲み物の種類などの説明を外国語で行えば、外国人にとって使いやすくなる。

以上9点を提言としてあげたが、まとめれば、外国人観光客の増加に対応して、言語サービスは、①日本語だけの表記→②日英語表記→③日英中韓語による表記→④多言語表記へと進んでいくが、現在は②から③へと進んでいるという段階である。将来は、④へと進むことが望まれるが、それには寺社同士での情報の交換、外国語掲示物のテンプレートの共同開発などが有効であろう。

また、一般的な傾向として、外国人観光客の姿が見られる清水寺、金閣寺、二条城などは、外国人向けの言語サービスは充実している。逆に、京都の中心から離れていたり、日本人の参拝客を対象とする宗教色の強いところでは、観光客の数は少なくて、言語サービスの充実はまだまだである。

今回は、世界遺産に登録された17の文化財を調査したが、この17の文化財だけが外国人にアピールするということではない。これ以外には、三十三間堂や平安神宮などのように外国人観光客にもアピールしそうな所がたくさん京都にあるので、京都の観光地全体が多言語化への対応をしていく必要があると思われる。

〔参考文献〕
古都京都の文化財　http://www.pref.kyoto.jp/isan/
平成17年度の京都市観光調査結果について
http://www.city.kyoto.jp/koho/mayor/press/2006/pdf/20060621-01.pdf

日本飛鳥、白鳳、天平婦女服飾与敦煌比較研究

廬　秀文

1　概　　述

现存于日本飞鸟、白凤、天平时期的几副女性图，有中国南朝和唐代的特征。其代表作是：法隆寺"百济观音"及金堂壁画"飞天"等；正仓院东大寺屏风画中的"鸟毛立女"；药师寺麻布着色的"吉祥天女"，高松冢古坟壁画中的"仕女"。

下面笔者拟将上述女性服饰与唐代妇女、敦煌壁画中的妇女服饰作一比较。一方面，由此追溯日本——飞鸟、白凤、天平艺术、中国唐朝艺术、敦煌艺术的历史联系，另一方面，通过对中国画样向日本地区输出的历史考察，揭示了7至8世纪以敦煌壁画艺术为代表的中国绘画技法在中亚地区的影响。

①法隆寺"百济观音"像

法隆寺的百济观音，在形象、服饰上都有南朝和初唐的特征，百济观音是彩绘木雕，头饰宝冠，体形为"瘦骨清象"，衣服贴身下垂，有"轻纱透体"之感，姿态接近于中国南朝佛教造像，是中国的特征，宝冠妆饰则有唐草的纹样。法隆寺金堂壁画的菩萨（图一），是奈良盛期佛教内容的代表作。菩萨穿璎珞，串耳环，戴手镯，有中国初唐的特征。日本法隆寺菩萨的发冠，在敦煌莫高窟初唐57窟（图二）、盛唐23窟菩萨发冠上出现。

②法隆寺金堂壁画"飞天"。

法隆寺金堂壁画飞天，是在内殿柱梁上的二十面《飞天图》，二身飞天，发式平形，面相丰满，长飘带，凌空飞舞，表现出衣纹和面部化妆的多样性及肌肉结构，因而成功地塑造了极自然的女性形体。从形象上看，它们的服饰和动势、肉体特别是骨骼，在写实方面出现飞跃和发展更臻成熟，为佛教肖像画特征。

③高松冢古坟"仕女"。

高松冢古坟壁画中的侍女服饰以及所持团扇和中国唐代永泰公主墓壁画也极其相似（图三）。壁画所用颜料有石绿、石黄、朱砂等，这些也都是唐墓壁画所常用的，其中的朱沙，是敦煌壁画所常用的颜料，古坟东壁的一副仕女图中，几位妇女梳唐式的发型，面部丰满，半长衣下着

图一

图二

图三

长裙，这种妆饰在唐朝墓出土妇女中出现。

④正仓院"鸟毛立女"。

日本正仓院藏《东大寺献物帐》，曾记载了其中的100迭屏风画，上面绘有唐朝风格的仕女，是天平盛期世俗画的代表作品。

长期以来，被称为"观音像"、"树下美人图"或"树下的仕女图"，直至明治时期才确认"它们就是《东大寺献物帐》上所说的"鸟毛立女屏风"。这幅《鸟毛立女图》，为以后日本绘画的发展奠定了基础。

鸟毛立女屏风画最直得注目的是，因为它是现存奈良时代唯一的美人画，妇女的头发、面相、服装，以及树木、花草均不着彩，而是用羽毛贴饰为羽衣与唐代贵妇人中流行的羽裳有关。画中妇女的脸部丰满，人体比例丰腴，服饰和头饰上，以前曾覆盖有彩色羽毛，似美女在羽毛中显现，可惜今已脱落，露出起稿的墨线。其它的几副画上的6个美女，均眉平，眼秀，鼻曲，樱嘴，姿态大方，神情恬静。此画主题是仕女有坐姿态、立姿，呈盛唐审美情趣，服装、化妆，焕发长安风采（图四1）（图四2）。

⑤药师寺"吉祥天女"。

现藏正仓院药师寺奈良时代的吉祥天女像，画面绘了一位身姿丰腴的妇女。面相丰满，高髻

图四 1

图四 2

戴冠，头上插花，服饰大袖，宽襦裙，花色臂披，裙上绘菱形妆饰图案，手中执一圆珠，仪态清气朗，超凡脱俗，面容风度呈现出唐朝推崇的"丰腴"之美的妇女形象。

吉祥天女像，又称"吉祥天"、"功德天"、"宝藏天女"等等。其名最早见于印度教经典《梨俱吠陀》。吉祥天女尊为护法天神之一，佛教中描述的吉祥天女身份高贵，容貌美丽，并能施众生以福德，多部佛经中描绘了吉祥天女的形象和服饰。吉祥天女是一位地位尊贵，带给人们吉祥、幸福的女神形象。吉祥天女的原型源于现实生活中的年轻贵族妇女形象，如帝王和后妃、公主，或王公贵族之妻，通过人们的想象，赋予她女神的身份，造福众生的广大神通。吉祥天女实际上是人们心目中理想女性的升华。由于人们对女神的尊崇和喜爱，在创造中对吉祥天女的服饰也给予充分美化，用华丽的妆饰，将吉祥天女装扮成无比庄严美丽的女神。正仓院吉祥天女服饰和形象正是现实中美丽女性的形象，也是中国唐代"贵妇"的形象。

上述妇女，肯定了日本飞鸟、白凤、天平时代的菩萨、飞天与中国南朝及唐代出土仕女像相似，肯定了7至8世纪的女性图，是中国唐朝的样本。法隆寺鸟毛立女屏风、吉祥天女像它是奈良时代8世纪绘画，是中国盛唐作品的模仿；高松冢古坟壁画中的仕女，相当与唐代武则天——唐中宗时期，她们是7至8世纪中国女性的特征。法隆寺百济观音像为七世纪作品；法隆寺金堂壁画菩萨是奈良前期佛教内容的代表作；法隆寺飞天为7至8世纪的作品代表初至盛唐时期的风格。日本僧侣不仅从中国带回了佛像，更重要的是他们在日本开始按照这些样本进行复制和创作，丰富了日本文化。

鉴真和尚把中国的佛教传到日本，这些妇女绘画反映了日本画家对唐绢画、屏风画的浓厚兴趣，也反映了唐朝对日本的通好行动，更反映了中国画对日本的输出，反映了唐艺术在日本奈良等地区的影响。

2 服饰特征

下面主要对上述妇女服饰作重点探讨，日本飞鸟、白凤、天平时期的妇女绘画，在中国吐鲁番和西安唐墓中也发现有类似的绢画或壁画内容。吐鲁番喀喇和卓古墓出土绢画中一位少妇，面相丰腴白润，轻施妆靥，她身穿襦裙及臂披与鸟毛女服饰同类[1]，陕西西安唐鲜于庭海墓出土三彩女俑也与此类似。吉祥天女穿梭格图案的长襦裙及半臂花色臂披（图五）。这种装饰在新疆阿斯塔娜唐墓出土，泥头木身装俑，穿襦裙及联珠纹锦半臂的唐代妇女，还有陕西乾县唐永泰公主墓壁画中的妇女穿襦裙及半臂的初唐宫女亦同此类。[2]

妇女下身穿裙是汉以后流行起来的一种服饰。东汉以后穿裙的妇女增多，裙子的款式也日新月异。裙子和襦等结合起来，成为中国服装形制中最为基本的一种形式。古代女裙的基本形式，一般多作一片，穿时由前绕后，在后背部分交迭，新疆阿斯塔娜唐墓出土有这种样式，现藏新疆博物馆女俑，可看出身上裙子被解开后的情况（图六），高松冢古坟妇女下裙似这种样式。裙子长度，也有不少变化，大凡着在里面的裙子，都做的较短，而着在外面的裙子，则比较长，有的托地，特别是隋唐时期，妇女穿裙，无不以长为美。当时的妇女，为达到这样要求，妇女将裙腰束至胸部，有的干脆束至腋下，并将裙子下垂托地。鸟毛女、吉祥天女、高松冢古坟妇女就是这种样式，这是中国唐风的代表。这种风格不断发展，成为当时日本妇女服饰的主要格调。通过妆饰的唐式女性，显示了日本画师摹绘的中国唐人塑造的女性美，这几位女性形象有很强的妆饰感，它展现在人们面前的不只是一幅披了服装的骨架。而是一个活生生的妇女实体。

图五

图六

图七

图八 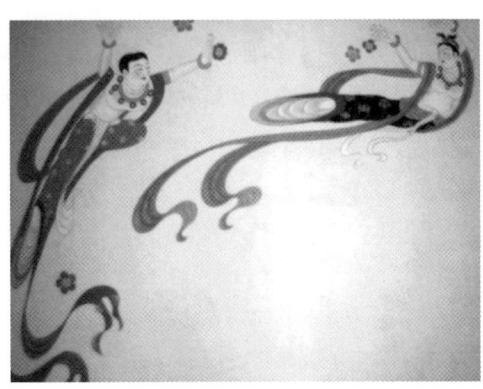　　　　　　　　　　　　图九

唐人虽然好妆饰，但唐人的各种妆饰，展现了美丽女性的形象，反映了那个时代的审美时尚。

天宝年间妇女的形象已变为服装宽肥，人物形体也随之肥胖，脸部的神情也不同与开元年间，显示了很强的时代风貌。我们试把日本绘画中的妇女与敦煌壁画唐代妇女服饰略作比较，从敦煌壁画实物来认定。这是将敦煌壁画妇女服饰与日本绘画中的妇女服饰进行比较研究的有意义的尝试。

佛教东汉时传入中国，早期中国佛教造像有外来的特征，到了唐代就完全汉化了，现实中的女性如此，佛国中的女性亦如此。这时的菩萨面相，一副唐代贵妇人的形象。法隆寺壁画飞天（图七），面部丰满接近于敦煌的绘画。这种画风在敦煌初唐至盛唐壁画中见到。如敦煌莫高窟初唐第321窟（图八）、盛唐130窟飞天。敦煌盛唐320窟的双飞天画在南壁《西方净土变》中，阿弥陀佛头顶华盖的两侧，每侧两身飞天。这四身飞天以对称形式，围绕华盖，比例准确，身体比例丰腴，发式饰冠。飞天服饰上均为长飘带。姿态轻盈。线描流畅有力，色彩丰富艳丽，是唐代精美的代表作，四身飞天中的后两身飞天风格与日本法隆寺飞天风格类同（图九）。

"鸟毛立女""吉祥天女"、"高松冢古坟仕女"服饰是一种"大袖襦裙"。长裙宽袖，此服饰与《事物纪原》中所说的"大袖襦裙"制较合。鸟毛立女着宽服的鸟毛衣，与唐中宗时代追求时尚密切相关，《新唐书·五行志》记载：

"安乐公主使尚方合百鸟毛织二裙，正视为一色，旁视为一色，日中为一色，影中为一色，而

百鸟之状皆见,以其一献韦后。公主又以百兽毛为鞯面,韦后则集鸟毛为之,皆具其鸟兽状,工费巨万。钢珠初出降,益州献单丝碧罗笼裙,缕金为花鸟,细如丝发,大如黍米,眼鼻嘴甲皆备,瞭视者方见之。皆服妖也"。

这样华丽的毛裙,价格昂贵。自安乐公主做毛裙,贵官家庭的妇女,多使织工仿制,南方羽鸟,被猎获几乎绝了种。由此可见,唐代妇女穿鸟毛做成的衣服,是很流行的一种时尚。从日本绘画中的鸟毛女服饰看出,唐代裙衣的织造技术有很大的提高,其式样也发生了很大的变化,无论是质料之贵,色彩之艳,式样的特点,装饰之精,都大大超过了前代。

在中国用鸟的羽毛做衣服的历史悠久,古时人们,希望登天,神游太极。而到了唐代,这仍然是人们迫切追求的理想。从某种意义上来说,人

图十

希望能够像鸟儿一样自由飞翔,虽然,这些想象与"道教"有关,道教的理想归宿就是乘虚御风和"羽化成仙"——但是这种想象也正是古时人们梦想的一个组成部分。因此,对于古人来说,鸟羽能够用于装饰,同时它还可以转化人的存在,或者说至少在美化人们的身体同时,激发起人的想象的能力。[3]

用鸟的羽毛作装饰是为了满足人们的爱美之心,所以幽雅的羽毛必须要有艳丽悦目的色彩。翠鸟的羽毛,是最重要的装饰品,一般用来美化人体,或作为服饰上的妆饰。从古时起,翠鸟的羽毛就被用来当做富丽堂皇的装饰品。唐代的文学作品中提到了大量的与翠鸟羽毛有关的物品,如帐幕或华盖,例如八世纪时,王涯为了向皇帝"讽谏",曾写过一首《翠羽帐赋》[4]。翠鸟的羽毛除了用作帐幕,妇女还使用它,作多种妆饰。

鸟羽还被用来"绘画",上述日本正仓院的屏风中的"鸟毛立女",站立在一棵树后面(图十),屏风上还书写着格言,仕女和格言都是用羽毛作成的。这幅作品,从特征上看,它是中国的画样,日本画家的作品。

古时,人们在身上穿上羽衣,就像自由飞翔的鸟一样,带来无限的力量和自由,实现人们的理想,带来幸福和希望。所以,以天鹅少女为主题的故事广为流传,在这类故事中,天鹅女可以随意变成飞翔于天空的小鸟。但是这类天鹅的故事,只不过是将鸟想象为精神的表现形态。变化为女性的鸟及其同类的传说在中国早期的文学作品中是很常见的。

《酉阳杂俎》卷16:

夜行游女,一曰天帝女,一名钓星。夜飞昼隐如鬼神,衣毛为飞鸟,脱毛为妇人。无子,喜取人子。胸前有乳。凡人饴小儿不可露处,小儿衣亦不可露晒,毛落衣中,当为鸟祟,或以血

点其衣为志。或言，产死者所化。在这些古老的神话传说中，除了想象的成分之外，在中国疆域以外的地区也确实存在这种神话的现实的原型：唐玄奘亲自观察了印度的湿婆教徒，据他记载这些人中间还有"衣孔雀羽尾"的苦修者。

上述的唐朝安乐公主，裁制了两条用各种鸟的羽毛做的裙子。古时有人将这种新式服装称为"服妖"，但是羽毛裙却在社会上受到了人们极度的羡慕，以至于"贵臣富室多效之，江、岭奇禽异兽毛羽采之殆尽"。据说，唐玄宗宫里的许多饰物都用金黄色羽毛制成的凤羽金锦，这种金锦装饰，到了晚上，会发出亮光。后宫的嫔妃中，只有杨贵妃才有资格得到足够的这种锦来制作衣物和帐帷。

而著名的"霓裳羽衣曲"，广为世人流传，杨贵妃为了取悦玄宗，常常踏着这首曲子起舞。就这支舞曲而言，羽毛的服装不仅是十分适宜的，而且非羽衣不足以舞此曲。虽然根据传说记载，玄宗皇帝最初是在渺远的夜空中的月宫里见到仙女在表演这支舞蹈，于是以仙女的服饰取名为"霓裳羽衣曲"，但实际上这支曲子原来是古代中亚的"婆罗门曲"，后来经过玄宗润色、改名而成。

图十一

总之，虽然霓裳羽衣舞的舞、曲现在都已经亡佚，但是这支舞曲的名称及其与月宫中的仙女、禽鸟、唐玄宗、杨贵妃的联想，则仍然留存在世上。类似的传说不仅在中国世代相传，而且在日本被称之为"能剧"中也保存了下来。在日本的诗剧中也汲取了《霓裳羽衣舞》的成分。[3]

根据上述羽毛衣的历史分析，可以肯定日本的鸟毛立女画的源流来自中国。鸟毛女衣服系一种软裹，服袖宽大，实为唐代形制，下着长身袍，无腰身，体姿态，是典型的唐朝宫女。与敦煌壁画比较，鸟毛立女服饰与初唐第107、220窟，盛唐第45窟（图十一）、130窟女供养人服饰略似。

日本正仓院吉祥天女，穿大袖宽襦，梭格图案的长裙，花色半披肩，袖宽大约有三、四尺，属上层贵妇形象，为宫延的时世装。这种服饰的式样在敦煌莫高窟盛唐45窟《观音普门品》妇女中出现。莫高窟盛唐第205窟等均穿大"大袖襦裙"，这种服饰制，到天宝年间广为流行。敦煌的吉祥天女画出现较早，初唐220窟绘于贞观十六年（642年）的《维摩变》中的天女，身穿大袖襦领袖边缘还配以织锦，白练裙，束腰，面部丰满。这种装饰，在其它洞窟则少见。《维摩诘经变》是唐代敦煌壁画最流行的题材之一。这幅经变画在画面构思上宏伟丰富、天女形象和气质刻划上，其艺术水平都远远超过以往同类题材的描绘，从而成为初唐绘画的代表。隋代，曾遣中使来敦煌兴造佛窟，在莫高窟中突然出现不少在画面结构上类似云冈、龙门维摩诘经变的早期表现形式，而在新疆境内的魏晋石窟中从未见到维摩诘题材的描绘，因此，可以肯定敦煌壁画维摩诘经变中的天女，从开始出现起就带有中原绘画的浓厚色彩，因而，此画中的女性服饰与中原相连。

高松冢古坟仕女，下着裙，外罩一件对襟大袖衣与敦煌莫高窟唐窟中妇女之等比较。段文杰

先生认为：敦煌"唐代壁画中贵族妇女形势日益增多，重要服饰有：大袖裙襦　汉晋以来，妇女的服装即以襦与裙组成。承袭前代遗制，以大袖裙襦为贵族妇女的礼服，但仅见于经变中。如初唐第334窟《维摩变》中的天女，着红罗襦。盛唐172窟"未生怨"中的韦提希夫人，着绿襦，白缘裙，襦袖之大约有三四尺。这是两晋以来一脉相承的贵族妇女的上等礼服"裪衣"[5]，敦煌的这种服饰与鸟毛立女、吉祥天女性服饰类似。以此来界定鸟毛立女、吉祥天女、高松冢古坟妇女与敦煌有密切关系。

中国魏晋以来，妇女裙子上升日高。这种上衣形加外褂，便于服卸，名为"上襦"。晋末到齐梁时，又走上另一极端，衣袖加宽到二三尺。上行下效，南北同风。直到隋统一，上层官僚及部分舞者，还是重视大袖；但妇女常服，为求便于活动，小袖又开始占上风。且有把两种截然不同的式样统一起来的，即大衣做三四尺大袖，以为美观。初唐"胡服"在长安流行，直延续到武则天和睿宗时期。

天宝以后，胡服的影响逐渐减弱，女服的式样也随之变化，比较典型的是衣衫加宽，袖子放大。后来衣袖竟大过四尺，衣长拖地四五寸，所以李德裕任淮南观察使时，曾奏请用法令加以限制，规定妇人衣袖四尺者，皆阔一尺五寸；裙曳地四五寸者，减为三寸。[6]

《新唐书·车服志》也提及当时对全国的禁令；"妇人裙不过五幅，曳地不过三寸。"但是"诏下，人多怨者。"可见这时人们以喜好穿宽袖的风尚了。到了中晚唐，这种特点更加明显，一般妇女服装，袖宽往往超过四尺。

总之，大袖裙襦　在中国魏晋以来至天宝以后是中国服制的特点，中原内地首先在京城贵妇中流行，后来群而效仿，敦煌虽处在边垂，但京城的流传很快传到敦煌，为此壁画上出现类似上述妇女的服饰。

下面笔者似将上述妇女发式与敦煌壁画略作比较，鸟毛立女发式为唐时的发型，发前饰结作妆饰，这种发式在，西安小土门村唐墓三彩女俑出现。又与吐鲁番出土绢画上的仕女发型相似。这种发式与敦煌莫高窟盛唐45窟观音普门品中妇女发式相同。

唐朝发式有多种形式，其中有高髻、半翻髻、椎髻、抛家髻等。贞观十三年（639）段元哲墓出现的可称之为"半翻髻"，髻形高大，上下宽度相近，这是新出现的发型，与鸟毛立女同类。《妆台记》载："唐武德中，宫中梳半翻髻，又梳反绾髻，贞元中梳归真髻，帖五色花子"。鸟毛立女发式是其中之一种，为半翻髻。这种发式还出现在莫高窟第445、130、205等窟中，莫高窟盛唐130窟，都度夫人礼佛图中一妇女发式近似鸟毛女的半翻髻（图十二），这位妇女与鸟毛立女发式相同，所不同是，发前有六辩叶组成一束小花作为装饰，而鸟毛立女在发前系似装饰结，莫高窟第205窟此类妇女发式出现在供养人发式上。

从初唐开始，吉祥天女的发式变为高髻。早在两汉时期，贵族妇女就开始流行高髻，汉代流传有"城中好高髻，四方高一尺"的句子，并流行用假髻使发髻进一步增高，自唐代始，敦煌壁画中同为女神的吉祥天女，有梳高髻形象的，说明中国传统审美的连继性，敦煌莫高窟吉祥天女出现在初唐321、217、335窟；盛唐45、103等窟，唐代吉祥天女的服饰已完全中国化了。敦煌莫高窟第220窟吉祥天女高髻，发上饰一大金钗（图十三），而日本的吉祥天女梳平发，把

图十二　　　　　　　　　　图十三

发以往后梳，戴花钿饰高髻，发前还插有金钗和花朵，是用颗大的金钿作成的花髻，饰在头顶上，这种妆饰为假式高髻，妆饰出的妇女华丽而高贵。

隋唐时期，皇后以下至女御及皇太子良娣的首饰及等级。"花"，花钗。按制度规定，帝王的后妃，五等诸侯夫人及品官命妇等，除服饰不同外，发髻上所簪之花钗的数量亦不同，以区身份和有别尊卑。花钗有大小之别，小花则如大花之数。如皇后首饰"花十二"，即十二株。其他妃、夫人、命妇等依次递降。

《旧唐书·舆服志》记载：

"内外命妇服花钗，（施两博鬓，宝钿饰也，）翟衣青质，（罗为之，绣为雉，编次於衣及裳，重为九等而下。）第一品花钿九树，（宝钿准花数，以下准此也。）翟九等。第二品花钿八树，翟八等。第三品花钿七树，翟七等。第四品花钿六树，翟六等。第五品花钿五树，翟五等"。

六品以下无，以后各朝亦多沿用此制。关于"金钿"，诗中也有不少描写：岑参《敦煌太守后庭歌》："侧重高髻插金钿"；白居易《琵琶行》："钿头云篦击节碎"；温庭筠《游胪寺》："宝梳金钿筐"等。唐代敦煌妇女将首饰作为华贵的像征。因此她们在梳好的发髻上饰多种妆饰，以簪花、插梳、戴冠为特点，用金、银制成的金钿为妆饰。发髻上簪各种花卉的式样，敦煌出土绢画《仕女图·引路菩萨》[7]中的仕女是天宝年间贵族妇女生活的写照，发髻插金钿。以簪花饰首为"时世妆"，盛行于开元天宝年间。敦煌虽远在边陲，但女子的妆饰与中原妇女妆饰息息相关，宫廷里流传的首饰，不仅能很快在长安城中风行，同时会很快地流传到敦煌，绢画中仕女的首饰颇为特殊，高髻上有一金钿，白花、红蕊为菊花状，并插有三个黄色金钗，花的边沿插梳，妆饰华丽与周昉《簪花仕女图》相同（图十四）。绢画中仕女的"簪花饰首"来自京城长安及中

图十四　　　　　　　　　　　　　图十五

原地区的仕女画与日本吉祥天女为同类。

高松冢古坟仕女把发往后梳，发尾稍翘。这种发式称"椎髻"，这种样式在敦煌莫高窟初唐第431窟女供养人发式上出现。高松冢古坟妇女完全是依据中国画样绘制的一幅中国妇女图。

上述鸟毛立女、吉祥天女和高松冢古坟妇女发式，又可在唐墓中找到大量实例。鸟毛立女发式在西安土门村唐墓出土三彩女俑发式上出现（图十五），唐代出土女俑的形象，发式多样、服饰艳丽。考古发掘出土的女俑的发髻式样既多，又具有一定的时代特点，是可供断代的依据之一。唐代妇女发式，总的都称作为髻。

七世纪末至八世纪中，是唐代女俑发髻的全盛时期，仅永泰公主墓壁画中至少有十几种之多，有的在顶部盘成复杂的花苞状小髻，略向前倾，似由武则天时的小髻进一步演变而成。开元晚、天宝初涌现了一批式样新颖的发髻。有的把发完全上梳，在额顶梳成高大球状之髻，有的在顶上梳成一朵含苞待放的莲花状髻，有的梳成椎髻等花样繁多。杨思勖墓所出的女俑发髻有代表性[8]。

总之，这一期髻形也是唐代全盛时期的代表。髻形既多且美。富于个性。女俑脸型也崇尚丰腴健康，再加之三彩器大量涌现，使女俑的造型、色彩都达到了完美无暇的地步，天宝后，妇女发式类型减少脸型趋于肥胖，制作也不如前精致，明显地在走向衰落[9]。日本的鸟毛立女、吉祥天女"高松冢古坟仕女"均是天宝之前的发型样式。

日本奈良、飞鸟、白凤时代的妇女，都显示着女性的纯朴雅洁的精神品格。妇女和吉祥天女形象都形秀色润，容颜美丽，雍容华贵，品性深沉内向，气质大度磊落。所见佛国菩萨、飞天、吉祥天女和民间妇女共同展现了青春活力女子的容颜秀美、形象妆饰美、人体丰腴美、意态娇

柔美，具有强烈的时代性。女子的服饰同化妆美和人体的丰腴美，在此各显其美妙的神韵，二者契合而达美的极致。

鸟毛立女、吉祥天女都是宫廷贵妇的摹仿，画像华贵而又庄严大气，天女像，透过她的面貌，似乎还可以看到内心潜藏的活泼稚气，两幅画中女性给人以妆饰华丽、健康的美感，这种画风正是由于画师社会地位及其社会生活感受的结果，使其画像具有相同气质。

因此，日本正仓院、法隆寺妇女的服饰是日本服饰艺术吸收唐代艺术创作水平的提高，日本画家在表现女性的服饰时，不是靠夸张，而是靠自然，这种写实的风格与艺术家们心目中美人儿的标准相结合，从而形成了日本妇女的妆饰美，反映出显得女性亲切、自然的时代风格。从人类美学角度看，人的妆饰有无限的美，尤期是女性的服饰更是装饰美的精华。可是，美好的艺术价值，也只有在适当的环境和氛围下，才能显现出其应有的魅力。

3 历史渊源

总观日本妇女图，说明日本飞鸟、白凤、天平时期的女性服饰饰，都反映了女性的不同特点，为此有一个问题值得讨论，即唐装特有的女性质究竟属何种女性？

"鸟毛立女"、吉祥天女、高松冢古坟壁画仕女为唐代妇女形象，既适合日本的情况，也适合中国的情况。可以认为这种妇女形象来自中国中原内地的重要集聚地之一的长安。"鸟毛立女"吉祥天女是唐代长安的贵妇形象，而高松冢古坟壁画妇女代表着宫廷妇女，她们的服饰均为一种唐人的特征。她们的形象又与敦煌壁画中的妇女有相似之处。说明它们之间有影响之关系。自隋代统一中国以后，中原文化对敦煌石窟的影响与日俱增。唐代建国以后，僧侣和使者等的往来更加频繁，中原寺院的壁画样稿不断传到敦煌，藏经洞曾出土大批绘画的粉本，妇女形状都已毕具，画工即以此为创作的依据或参考。

敦煌服饰艺术受多方影响，说到敦煌妇女服饰问题，自然与敦煌的佛教艺术有直接关系，敦煌艺术是佛教艺术，它的发展自然离不开外来和周边地区佛教艺术的影响。以往对于敦煌佛教艺术的形成和发展有过"西来说"和"东来说"的论争。一般学者认为，敦煌佛教艺术的形成和发展无可质疑地受到了印度、中亚佛教艺术的影响。同时敦煌以东的中原佛教艺术也深刻地影响敦煌佛教艺术的形成和发展。有学者认为，敦煌系统之佛教艺术印度之影响，也有波斯萨珊式或西藏风趣的，还有学者认为，敦煌的佛教美术又可以说是中国各地佛教美术的源泉等等。[10]

学界的诸说法都提到了一个重要的方面，就是除了这些佛教艺术本身所具有的艺术特征和创造的艺术成就外，都对周边或更远地方的佛教艺术产生过大和深远的影响，也就是说具有强烈的影响力、辐射力和示范作用。敦煌佛教艺术汇总与代表中原汉地佛教艺术是当之无愧的，[11]而中原艺术又影响了敦煌艺术与日本绘画艺术。为此日本绘画中的妇女服饰，则为一种唐人的特征。据吐鲁番所出高昌时期的妇女，身着一种肥大的长裙，与隋时的长衫不同，阿斯塔那出土骑马俑女服饰和新疆喀喇和卓古墓出土妇女臂披（图十六）与鸟毛立女屏风中的仕女，是典型的唐时贵妇服装。这些妇女服装不属于隋时的服制，而是初唐至盛唐朝之间的妇女服饰，所描述的的确是唐玄宗天宝以前的妇女服饰。这些壁画反映了日本画家对唐画的浓厚兴趣，也反

映了唐朝对日本的通好行动，更反映了中国画样对日本的输出，反映了唐艺术在日本奈良等地的影响。

日本国在飞鸟、白凤、平安时代初期，主要的国家制度大都移植中国唐代制度，服饰制度也不例外，「衣服令」就是奈良时代模仿唐代制定的制度之一。奈良时代服装色彩较简单，到了平安时代（九世纪以后），由于受到当时国风影响，衣服色彩开始多样化，衣袖也向宽大方向发展。

图十六

日本和敦煌艺术都离不开历史渊源的发展。妇女服饰是属于艺术的范畴。几十年来对日本飞鸟、白凤、天平艺术的研究，使人们对日本历史和服饰文化史有耳目一新的感觉。日本学者井上清先生说："从原始的蒙昧时代直到现代文明的第一流水平为止，日本人的社会和文化是没有间断地连续发展下来的。这是日本历史最大的特点之一。直到公元三世纪，当时日本社会几乎还是完全独立在列岛上。从那以后，通过朝鲜接触了中国的文明，在中国文化的巨大影响下，到公元四至五世纪就渡过了野蛮阶段，进入了文明阶段"[12]。

日本妇女服饰的发展与日本艺术史的发展密切相关。日本艺术有它的特点，关于"日本艺术的特色"，这一概念是刘晓路先生在《日本美术史话》[13]一书中提出的。他说："日本美术长期形成了延续性和追赶性的特点"。越是中国风味的，就越受古代贵族们的喜爱。由此可见，反而可以这样说，越是中国式的东西才是古代日本的贵族文化。他们的头脑一刻也不忘记"大唐国"。他们醉心于此，只要是唐朝的东西，不论什么都要尽快地传进来——这是企图让人们看到，日本也是不亚于唐朝的文明国家。佛教艺术和哲学的传入，就是这种努力的表现[12]。

日本艺术史上的奈良时代，早在迁都平城京以前的7世纪后期就已现端倪。由圣德太子培育的飞鸟时代艺术主流，由于其中国寺院的烧毁而丧失主导地位。以这件大事为契机，日本出现新的大规模寺院建设高潮，受到新传入的唐朝艺术的强烈影响。因此，通常将法隆寺烧毁的670年视为美术史上飞鸟和奈良时代的交接点。

日本自630年起就多次派遣唐使去中国吸取先进文化，至贞观末期（约7世中叶），形成初唐风范，画家阎立本就是活跃于该时，大明宫以及长安都城建设也在此时，日本天武时期以后的美术深受其影响，形成唐文化圈。

法隆寺的重建于711年大体完成。进入天平年间，又兴建了东大寺。752年，作为奈良鼎盛期——天平时期的象征，东大寺大佛开光，标志着奈良时代的艺术创造力达到顶峰，终于完成了日本美术史上堪称第一次高峰的天平样式。

这时候的中国适逢开元天宝盛世，服饰艺术上形成高度成熟和全国繁荣的盛唐风范。日本的天平样式在其影响下出现了相应的服饰艺术发展的高度成就。

刘晓路先生在涉及日本美术史的问题时，得出一个结论："日本美术始终以追赶世界潮流为目标，日本美术长河不断受到外来潮流的冲刷，但因冲刷而扩大了的河床更以广阔的胸怀容纳百川。它既注入每个时代世界最优秀的文化，又与本民族前代甚至最原始的传统一脉相承；它随外来的潮流而动，潮流底层潜在着民族传统的河床。无论在全盘唐化的奈良时代，或脱亚入

欧的明治年代，外来潮流总是成为民族美术复兴的前奏"[13]。日本妇女服饰艺术正是继承中国服饰艺术的。日本学者秋山光和先生指出，"无论在敦煌还是在日本，对唐朝中原文化的接触，大体从同一时期开始，都大大地稀疏起来，并开始显著地表现出各自的地区特性，这是引人注目的情况。所以，如果想在日本绘画和敦煌绘画之间去寻找样式上的关联（哪怕是间接的），则只能限于八世纪后半叶以前（就敦煌来说，是吐蕃占领以前）；那时，对于二者来说具有支配地位的，是作为它们共同母体的盛唐绘画样式"[14]。

结　　论

第一、上述日本飞鸟、白凤、天平妇女画无疑采用了来自中国唐画样的影响；鸟毛立女、"吉祥天女"、"高松冢古坟仕女"的服饰，其服饰形制较准确地反映了初唐、和盛唐之风貌，也反映了唐人生活的情趣。这种风貌，也多见于中原美术作品中，也见于敦煌壁画，从画样的服饰观察，这些画是出自日本画工之手，它之所以能准确地反映唐朝服饰特征，明显地是依据了从中国传去的画样绘制，说明中国画样传到了日本。日本出土的文物就是这种输出的证据。中国妇女形象在日本出现也证明了中国画稿输出到日本，日本画家绘出各种妇女服饰与生活场景，是作为一种信息参考。

第二，从飞鸟、白凤、天平妇女绘画，可以看到敦煌式中国绘画技法的影响。应该注意到，日本七——八世纪绘画与敦煌壁画有相似之处，鸟毛立女、吉祥天女、高松冢古坟妇女服饰，都是重视线的勾勒，采用重量感和平涂两种方法。敦煌盛唐第130窟妇女服饰的轮廓线，也是重视勾勒，两相比较，我们得见，无色彩的鸟毛女在羽衣、发式、妆饰上均用线勾勒，与中国唐永乐公主墓壁画中的妇女略似。吉祥天女衣褶的线描，笔墨非常接近盛唐时期的中国笔墨。而高松冢古坟仕女，衣纹线的勾勒，真使人有一种"吴带当风"的感觉。中国以线描为主的绘画技法的发展过程中，有一个不容否认的事实，即：在南北朝时期，中国画风汲取了于阗画派的长处。南北朝及盛唐前期许多著名画家是于阗籍的。正因为这样，在七世纪时，这种画派又是最容易接受中国画法影响的。中国绘画在吸取了于阗画派营养后，在唐前期形成了阎立本——吴道之为代表的集大成的风格，反过来又于七——八世纪影响到日本。

第三、"鸟毛立女"、吉祥天女、高松冢古坟仕女，属中国唐朝的妇女形象，既适合日本的情况，也适合中国的情况。可以认为这种妇女形象来自中国中原内地的重要集聚地之一的长安。鸟毛立女、吉祥天女是唐代长安的贵妇形象，而高松冢古坟壁画妇女代表着宫廷仕女，她们的服饰均为一种唐人的特征。她们的形象又与敦煌壁画中的妇女有相似之处。说明它们之间的影响关系。敦煌佛教艺术汇总与代表中原汉地佛教艺术。而中原艺术又影响了敦煌艺术与日本绘画艺术。为此日本绘画中的妇女服饰，则为一种唐人的特征。

第四、日本和敦煌艺术都离不开历史渊源的发展。妇女妆饰是属于艺术的范畴。几十年来对日本飞鸟、白凤、天平艺术的研究，使人们对日本历史和服饰文化史有耳目一新的感觉。日本妇女服饰艺术长期形成了延续性和追赶性的特点。日本妇女服饰艺术正是继承中国艺术的。无论在敦煌还是在日本，自对唐朝中原文化的接触后，都开始表现出各自的地区特性。所以，如

果想在日本绘画和敦煌绘画之间去寻找绘画艺术的关联，主要在八世纪后半叶以前，在敦煌相当于吐蕃占领以前。对于日本和敦煌绘画来说，也就是说盛唐时期的绘画艺术占主导地位。

注释：
[1] 李肖冰著《中国西域民族服饰研究》新疆人民出版社，1995年。
[2] 周汛、高春明《中国历代妇女妆饰》学林出版社，1991年。
[3] [美]爱得华·谢弗著 吴玉贵译《唐代的外来文明》陕西师范大学出版社，2005年。
[4] 宋欧阳修 宋祁撰《新唐书》卷76，中华书局，1995年。
[5] 段文杰著《敦煌艺术论文集》甘肃人出民出版社，1994年。
[6] 周峰编著《中国古代装参考资料》（隋唐五代部分）北京燕山出版社，1987年。
[7] 此绢画，现藏伦敦大英博物馆，原作可参见斯坦因《西域考古记》卷前插图。
[8] 秦洁著《隋唐考古》南京大学出版社，1992年。
[9] 《西安郊区隋唐墓》科学出版社，1966年；《唐长安城郊隋唐墓》文物出版社，1980年；《唐永泰公主墓发掘简报》《文物》1964年1期；《唐李寿墓发掘简报》《文物》1974年9期。
[10] 常书鸿《敦煌艺术特点》《敦煌艺展目录》1948年9月；周一良《敦煌壁画与佛经》《文物参考资料》1952年第2卷第4期；金维诺《敦煌艺术在美术史研究上的地位》《艺术家》1991年第4期；北京大学《敦煌考古工作展览概要》《北京大学五十周年纪念》北京大学出版，1948年。
[11] 霍旭初著《考证与辩析——西域佛教文化论稿》新疆美术摄影出版社，2002年。
[12] [日本]井上清著《日本历史》（上册）天津人民出版社，1974年。
[13] 刘晓路著《日本美术史话》人民美术出版社，1998年。
[14] [日本]秋山光和《唐代敦煌壁画中的山水表现》《中国石窟敦煌莫高窟》（第五卷）文物出版社，1987年。

日本における飛鳥・白鳳・天平時代の女性の服装と敦煌との比較研究

盧　秀文

1　概　　論

　現存する日本の飛鳥・白鳳・天平時代の数幅の婦女図には中国の南朝と唐代の特徴がある。その代表作は、法隆寺の百済観音や金堂壁画の飛天、正倉院所蔵の屏風に描かれた鳥毛立女、薬師寺の麻布に着色された吉祥天女、高松塚古墳壁画に描かれた仕女図などである。

　次に、上述した女性の服装と唐代の女性、敦煌壁画に描かれた女性の服装を比較してみよう。それは、一つは日本の飛鳥・白鳳・天平時代の芸術と中国唐代の芸術や敦煌芸術との歴史的なつながりを追求することであり、もう一つは中国絵画様式の日本への伝来の歴史的考察を通じて、7世紀から8世紀にかけての敦煌壁画芸術を代表とする中国絵画技法の中央アジアにおける影響力を示すことである。

①法隆寺"百済観音"像

　法隆寺の百済観音は形象の面においても服飾の面においても南朝と初唐の特徴をもつ。百済観音は色彩を施した木造で、頭部に宝冠を飾る。体形はやせてほっそりとし、衣服は肌に密着して緩やかに下垂し、薄い紗をまとって体が透けて見えるという感があり、その姿態は中国南朝の仏教の造像に似ている。これは中国の特徴で、また宝冠の装飾には唐草模様がみられる。法隆寺金堂壁画の菩薩（図1）は奈良時代の最盛期における仏教文化の代表作である。菩薩は瓔珞と耳璫（イヤリング）を付け、腕輪をはめていた。これは中国の初唐の特徴である。法隆寺の菩薩の宝冠に似ているものが、敦煌莫高窟の初唐の57窟（図2）にも、盛唐23窟の菩薩の宝冠にもある。

②法隆寺金堂壁画の"飛天"

　法隆寺金堂壁画の飛天は金堂内側の梁の上に描かれた二十面《飛天図》で、二体ずつの飛天は髪型が平型で、顔はふくよかで、帯は細長く、空高く舞い上がる。衣の襞や顔の化粧の多様性および肌や肉づきを表現することできわめて自然に近い女性の姿をうまく造形することに成功している。こうした形象から見れば、彼女たちの服飾や動き、肉体、特に骨格は、

写実的な面において飛躍的な発展と成熟を見せているとはいえ、仏教肖像絵画の特徴となっている。

③高松塚古墳壁画に描かれた"仕女"

高松塚古墳壁画に描かれた仕女の服飾と手に持っている団扇は、中国唐代の永泰公主墓の壁画と非常に似ている（図3）。壁画に使われた顔料は、孔雀石で作った緑色、石黄、辰砂などで、これらの顔料は唐代の墓の壁画にもよく使われ、なかでも辰砂は敦煌壁画にもよく使われる顔料である。古墳の東壁の仕女図のなかで、仕女たちは唐風の髪型を結い、顔がふくよかで長めの上衣と長い裙を身にまとっている。このような装飾は唐代の墓から出土した婦人にも共通してみられるものである。

④正倉院の"鳥毛立女"

正倉院所蔵《東大寺献物帳》は、その中に100帖の屏風を記載しているが、屏風に唐風の仕女が描かれ、天平期における世俗画の代表作といってよい。

長い間、"観音像""樹下美人図"または"樹下仕女図"と呼ばれていたが、明治時代に入ってから《東大寺献物帳》に記載された"鳥毛立女屏風図"と確認された。この《鳥毛立女図》はその後の日本の絵画発展の基礎を築いた。

鳥毛立女屏風図のもっとも注目すべきところは、現存する奈良時代の唯一の美人画であることである。女性の髪、顔、服装、樹木と花草などは彩色を施していない。羽毛を貼りつけた羽衣は唐代の貴婦人の間に流行っていた羽裳との関連をうかがわせる。画中の婦人の顔はふくよかで、バランスのとれた肉付きのよい体型である。服飾と髪飾りに鮮やかな羽毛を飾り、美女が羽毛の中から現れるように見える。惜しいことに、今では羽毛はすでに脱落し、当時の下書きした墨線が露出している。他の数幅の屏風画に描かれた六人の美女は、みな平たい眉と綺麗な目、通った鼻すじ、小さな口で、姿はおっとりしていて表情が穏やかである。仕女たちが座ったり立ったりするこの絵画の主題は、盛唐の美意識を示し、その服装や化粧は長安風の様子を現している（図4-1・2）。

⑤薬師寺の"吉祥天女"

奈良時代の薬師寺吉祥天女像は、画面にふくよかな体つきを持つ女性が描かれている。顔つきも豊満で、高髻に冠をつけ、頭上に花を挿す。大きな袖の衣服に、ゆったりとした長い裙、肩に色々の領巾をかけ、裙に菱形模様が描かれている。手に丸い宝珠を持ち、顔つきは清朗で超凡脱俗の風である。容貌や風格は、唐代に流行した豊満さという美をもつ女性像を示している。

吉祥天女は"吉祥天""功徳天"または"宝蔵天女"などとも呼ばれている。その名称は、最も早いものではヒンドゥー教経典の《梨倶吠陀》（ラクシュミー）に見られる。吉祥天女は仏法の守護神として崇敬され、仏教に描かれた吉祥天女は身分が高く、容貌も美しい。人々に幸福を施すことができ、数多い仏教経典に吉祥天女の形象とその服飾を描いている。吉祥天女は位が尊く、人々に吉祥をもたらす幸福の女神の形象である。吉祥天女の原型は、現実

に生きた若い貴族婦人、たとえば帝王の王妃・公主や王公貴族たちの妻のような形像に基づいている。そして想像から女神の身分を与えられ、人々に幸福を施すために何でもできる不思議な神通力を備えさせた。吉祥天女は実際に心の中の理想的女性像を昇華させたものといえる。崇敬され、好まれることによって、創造中の吉祥天女の服飾を更に華麗にさせ、華麗な装飾品を使って吉祥天女をこの上ない荘厳で美しい女神にさせたのである。薬師寺の吉祥天女の服飾と形象は、現実の美しい女性像でもあり、中国唐代の"貴婦人"のイメージでもある。

上に述べた女性像から、飛鳥・白鳳・天平時代の菩薩や飛天が中国の南朝及び唐代の出土した仕女像に似ていること、7世紀から8世紀にかけての婦女図が中国唐代を見本としたことが認められる。鳥毛立女屏風と吉祥天女像は奈良時代8世紀の絵画で、中国盛唐の作品の模倣である。高松塚古墳壁画に描かれた"仕女"は、唐代則天武后（唐の中宗の時期にあたる）、即ち7世紀から8世紀にかけての中国女性の特徴に相当する。法隆寺の百済観音像は7世紀の作品として、法隆寺金堂壁画の菩薩は奈良時代前期の仏教芸術の代表作として、法隆寺の飛天は7世紀から8世紀にかけての作品として盛唐の風格を代表する。日本の僧侶は中国から仏像を持ち帰ったばかりではなく、重要なのは持ち帰った見本に基づいて日本で複製したり創作したりすることによって、日本文化を発展させたことである。

鑑真和尚は中国の仏教を日本に伝えたが、これらの婦女図は、日本の画家が唐代の絹絵・屏風画に対して深い興味をもっていたこと、唐と日本との間で友好往来があったこと、中国画を日本に輸出したこと、そして日本の奈良などの地域において唐代芸術が影響を及ぼしていたことを反映している。

2 服飾特徴

次は、主に上述した女性の服飾を重点的に検討してみよう。飛鳥・白鳳・天平時代の婦女図は、中国トルファンや西安の唐代墓にも類似した絹絵または壁画内容が発見されている。トルファンのカラホジョ古墳から出土した絹絵に描かれた婦人は、顔がふくよかで色が白く、顔に紅を軽く施している。婦人は肩に領巾をつけ、ゆったりとした長い裙を穿いていること[1]は、鳥毛立女の服飾と同類であり、陝西西安の唐代鮮于庭海墓から出土した唐三彩の女俑もこれと類似する。吉祥天女は格子模様のゆったりとした長い裙を履き、片肩に花模様の領巾をつけている（図5）。この服飾は、新疆アスターナの唐代の墓から出土した俑（泥頭木身）が、ゆったりとした裙をはき、片肩に花模様の錦の領巾をつけた唐代婦人の姿であり、また陝西乾県の唐代永泰公主墓の壁画に描かれた女性が、長めの裙を穿き、片肩に花模様の領巾をつけた初唐の女官の姿であることと同類である[2]。

婦人たちが裙を穿くのは漢代以後に流行しだした服飾である。東漢以後に裙姿の婦人が増えてきた。裙のデザインも日ごと月ごとに新しくなる。裙に短い上着という組み合わせができてきて、中国の服装の最も基本的な形となった。古代の女性の裙の基本的な形としては、

一般的に一枚余分に作り、穿くとき前から後ろに引いて、背中で交差して結ぶという形である。新疆アスターナの唐代の墓から出土した女俑にもこのようなスタイルがある。現在、新疆博物館に所蔵する女俑から、裙を脱いで、解き広げられた様子を図6で見ることができる。高松塚古墳壁画に描かれた仕女の裙もこの形に似ている。裙の長さも絶えず変化し、大体において内側の裙が短く、外側の裙が比較的長く、長い裾が地上に下垂して引きずるものもある。特に隋・唐時代における女性の裙は、長いものを美とする。当時の女性はこの要求を満たすために胸部に裙を付けたり、あるいは腑の下に付けたりしており、裙のすそが下垂して地上につくようにしている。鳥毛立女・吉祥天女及び高松塚古墳壁画に描かれた仕女はこのような形であり、これは中国唐代の風格を代表的な様式である。この風格は絶えず進歩し、当時の日本女性の服装の主要なスタイルとなった。装飾を施した唐代風の女性を通し、日本の画家は唐の人によって創造された女性美を模倣した。これらの女性像は装飾性が強く、現在の人々の前にただ骨組み的に服装をつけてみせるのではなく、生き生きした女性の実体を見せている。唐の人々は装飾を好んだけれども、各種の装飾は、たんに美しい女性の形象をみせただけのものではなく、当時の美しさの基準を反映したものである。

　天宝年間の女性の形象は服装がゆったりとしたものになり、人物の体形もふくよかになり、顔の表情も開元年間とは違い、時代の強い風貌を示している。日本の絵画の女性の服飾を敦煌壁画の唐代女性の服飾と簡単に比較してみよう。敦煌壁画の女性の服飾と日本のそれとを比較研究することは有意義な試みである。

　仏教は東漢時代に中国に伝来したが、早い時期の中国仏教の造形は外来の特徴があり、唐代に入って完全に漢民族化された。現実の女性もそのようになり、仏教絵画の女性もそのように変化してきた。この時期の菩薩の顔は、完全に唐代の貴婦人の形象であった。法隆寺金堂壁画の飛天（図7）の顔はふくよかで敦煌の絵画に近い。このような画風は敦煌の初唐から盛唐にかけての壁画に見られる。たとえば敦煌莫高窟の初唐第321窟（図8）、盛唐130窟の飛天、敦煌の盛唐320窟南壁の《西方浄土変》に描かれた二体ずつの飛天、また阿弥陀仏の頭頂の華蓋の両側には二体ずつの飛天がある。この四体の飛天は対称形となって華蓋を囲み、正確に比例し、身体はふくよかで髪には冠を飾る。飛天の服飾は長い飄帯をつけ、姿態は軽やかで美しい。線描は流暢で力強く、色彩は豊富であでやかであり、唐代を代表する傑作である。四体の飛天のうち後の二対ずつの飛天は日本法隆寺の飛天に似ている（図9）。

　"鳥毛立女""吉祥天女"および"高松塚古墳の仕女"の服装は大袖に広い裙であった。長い裙と広い袖という服飾は《事物紀原》にいう"大袖襦裙"と類似している。鳥毛立女のゆったりとした羽毛の衣は唐中宗時代の流行と密接に関連していた。《新唐書・五行誌》の記載によると、「安楽公主は尚方に百羽の鳥の羽毛を集め、二着の裙を作らせた。正面から見ると一色で、側面から見ると別の色に、さらに日中に見ると他の色に、影で見ると色がまた他の色に変わる。百羽の鳥色が全部見られるようにし、これを葦氏皇后に献上した。その後、安楽公主は百獣の毛を使って鞍の下じきを作り、葦氏皇后も鳥の羽毛を集めて鞍の下じ

きを作った。その鳥や獣の形状で準備するために巨額な費用を費やした。鋼珠が生まれたばかりのとき、益州は絹の単糸による碧色の薄絹の裙を献上した。金糸によって縫いとられた花鳥は、髪の毛のように細く、米粒のような大きさで、耳鼻と嘴が全部揃っていた。遠くからこれを見ると非常に艶やかに見えた」ということである。

　この華麗な羽毛の裙は非常に高価で、安楽公主が羽毛で裙を作って以来、貴族や高級官僚の婦人たちは織工にこれをまねて作らせたために南方の綺麗な鳥を大量に捕獲し、絶滅させた。これによって唐代の婦人は羽毛で作った衣服を着ており、それが当時相当流行っていたことがわかる。日本の絵画の鳥毛立女の服飾からは、唐代の衣服の織物技術が非常に進歩し、スタイルも大きく変化し、質の高さ、色彩の鮮やかさ、スタイルの特徴に、また装飾の精巧さにおいても、前代をはるかに超えていたことがわかる。

　中国では鳥の羽毛で衣服を作る歴史は長かった。昔、人々は天に昇って空中を飛翔することに憧れ、唐代に入ってからもこのような理想を強く求め続けていた。ある意味で、人々は鳥のように大空を自由自在に飛翔することを望んでいて、これは道教に関係するといえる。道教の理想は、結局、"羽化成仙"ということである。このような想像は昔の人々の夢の一部であった。したがって古代の人々にとっては、鳥の羽毛は装飾に使うこともできるし、さらに人間の存在を転化させることもできる。あるいは、少なくとも体を美化すると同時に、想像力を大いに喚起させるものであった[3]。

　鳥の羽毛を用いて装飾するのは、人々の美意識を満足させるためであり、それゆえ優雅な羽毛は綺麗な色彩を持たなければならない。カワセミの羽毛はもっとも大切な装飾品として、よく人体の美化に使われたし、あるいは衣服の装飾としても用いられた。古代からカワセミの羽毛は華麗で立派な装飾品として使われてきた。唐代の文学作品の中には、帳や華蓋など、カワセミの羽毛に関係するものが多く出てくる。例えば、8世紀、王涇は皇帝を風刺して、一首の《翠羽帳賦》[4]を書いている。カワセミの羽毛は帳幕に用いる以外にも、女性たちがさまざまな装飾をするためにも用いられる。

　鳥の羽毛は"絵画"にも使われた。上述した正倉院の屏風に描かれた"鳥毛立女"は一本の木の後ろに立っており（図10）、さらに屏風には格言が書かれている。仕女と格言は羽毛によって制作されたものである。この作品はその特徴から、中国画法によって日本画家が制作した作品であると判断できる。

　古代、人々は体に羽衣をまとい、自由に飛翔する鳥のように、無限の力と自由を得て、人々の理想を実現し、幸福と希望をもたらした。それで「天鵝少女」を主題とする物語が広く伝わっている。この物語では「天鵝少女」は空を飛ぶ小鳥に随意に変わることができる。しかし、この類の「天鵝少女」の物語は、鳥を精神的表現として想像しているにすぎない。鳥が女性に生まれ変わったり、それに類似する伝説は中国早期の文学作品によく見られる。

《酉陽雑俎》16巻；

夜行遊女は天帝女と言い、別名は釣星である。鬼神のように夜は飛び、昼は隠れる。毛を衣として飛鳥となり、毛を抜けば女となる。子はなく、喜んで人の子を捕って自らの子となす。胸の前に乳があり、およそ赤ん坊のいる家は子を外に出さず、赤ん坊の衣服も日に晒さない。毛が衣に落ちると、鳥の祟りとなる。あるいは血をたらしてその衣服に印をつけるといわれ、或いは死んだ産婦が化せるものであるといわれる。これらの古い神話伝説のうち、想像した部分以外は、確かに中国疆域以外の地域にこのような神話の現実的な原型が存在している。唐の玄奘は自らインドのジャイナ教徒を観察したが、玄奘の記載によると、これらの人々の中に孔雀の尾羽を着けた熱心な修行者がいたという。

上述した唐代の安楽公主は、いろいろな鳥の羽毛で裙をつくることを制御した。昔の人は、この新しいスタイルの服装を「服妖」と呼んでいたことがある。確かに羽毛の裙は、世の人々に極端に羨ましがられたため、「貴族や高級官僚たちが羽毛織人に羽毛の裙を模倣させるため、川や山にいた綺麗な鳥の羽や珍しい獣や毛を大量に集めさせ、これらの鳥や珍獣は殆ど捕り尽くされてしまった」といわれるほどになった。一説によると、唐の玄宗の宮殿には、黄金色の羽毛によって織られた羽毛の金錦が装飾として数多く使われた。この羽毛の金錦の装飾は夜になると光る。後宮の妃のなかで、楊貴妃以外には、この錦によって織られた衣や帳幕を自由に使う資格がないということである。有名な「霓裳羽毛曲」は、世の中に広く知られている。楊貴妃は玄宗を喜ばせるために、よくこの曲にあわせて踊った。この舞踊曲は、羽毛の衣服に十分に似合っていたばかりではなく、羽毛の衣服でなければ、この曲に合わせて踊る価値がない。伝説によると、玄宗は最初はるか離れた夜空の月宮殿で仙女たちがこの舞踊を踊ってるのをみたといい、仙女の服飾の名をとって「霓裳羽毛曲」と名づけた。実はこの曲はもともと古代中央アジアの"バラモン曲"で、玄宗はこの曲に手を加え曲名を変えたということである。

要するに「霓裳羽毛曲」の舞踊と曲はすでに失われたが、この曲名および月宮殿の仙女、禽獣、唐の玄宗、楊貴妃との関連性などが今に伝わっている。類似した伝説は中国で広く伝わっているのみならず、日本では"能楽"の中に保存されてきた。日本の詩劇にも《霓裳羽毛曲》の要素が取り入れられている[3]。

上述した羽毛衣の歴史的分析によると、日本の鳥毛立女絵画の原型は中国から伝えられてきたと認めることができる。鳥毛立女の衣服は裏地が柔らかく、袖がゆったりとしたもので、唐代のスタイルであった。下半身に長い裙をはき、腰部がみえない体の姿態は典型的な唐代の宮廷の女性である。敦煌壁画と比較してみると、鳥毛立女の服飾は初唐第107・220窟、盛唐第45（図11）・130窟の女供養人像の服飾に大体類似している。

日本の薬師寺の吉祥天女は大袖の上着を着て、梭格子模様の長い裙を穿き、片肩に花模様の領巾をつけている。袖の幅は三、四尺と広く、上流階級の貴婦人の形象であり、宮廷で流行した服装である。この種の服飾スタイルは敦煌莫高窟の盛唐45窟の《観音普門品》の女性

にみられる。盛唐205窟等は全て"大袖の上着に長い裙"という服装である。この種の服飾形式は天宝年間に広く流行していた。敦煌の吉祥天女の絵画の出現はきわめて早かった。初唐220窟の貞観16年（642）の《維摩変》に描かれた天女は大袖の上着を着、袖縁には錦を織り、白い裙を穿き、腰を縛り、顔はふくよかであった。このような服装は他の洞窟にはめったに見られない。《維摩詰経変》は唐代の敦煌壁画で最も流行していた題材の一つである。この経変画は画面の構想が雄大で豊か、天女の形象と精神の描写における芸術レベルも、それまでの同類の題材の描写を遥かに超えており、初唐絵画の代表作となった。

　隋の時代、遣中使が敦煌に来て仏教洞窟を掘り始め、敦煌莫高窟に画面構成において雲崗や龍門石窟の維摩詰経変と類似した早期の表現形式が現れた。新疆領域における魏、晋時代石窟には維摩詰経変を題材とした絵画が見当たらなかった。このことから敦煌壁画の維摩詰経変に描かれた天女は、中原地域の絵画の濃厚な色彩をもって出現し始めたということができる。したがって、この絵画の女性の服飾は中原に関連しているといえる。

　高松塚古墳の"仕女"は下に長い裙を穿き、大袖で襟を重ねた上着を着る。これを敦煌莫高窟の唐代の仏教洞窟の女性と比較してみたい。段文傑氏によると、敦煌の唐代壁画の貴族婦人の間で日増しに増える重要な服飾があり、それは大袖の上着に長い裙という服装である。漢・晋時代以来、女性の服装は上着に裙という組み合わせである。前代の形式を継承し、大袖の上着に長い裙という服装を貴族女性の礼服としてきたが、しかし経変画の中にしか見られない。たとえば初唐334窟の《維摩変》に描かれた天女は赤い緞子上着を着ている。盛唐172窟の"未生怨"の韋提希夫人は、緑の上着を着、白い縁の裙を穿き、上着の袖の長さが三、四尺である。これは両晋時代以来、幾代もの間受け継がれてきた貴族女性の上等礼服"掛衣"である。[5] 敦煌のこの種類の服飾は、日本の鳥毛立女、吉祥天女の服飾に似ている。したがって鳥毛立女、吉祥天女と高松塚古墳の仕女は、敦煌と緊密に関連しているものとしてまとめることができる。

　中国魏・晋時代以来、女性の裙の上部分がだんだん上がってきた。こうして上着を外套のようにすることは服を脱ぐのを便利にするためであり"上襦"と名づけられた。晋末から斉・梁時代にかけて、この様式はまた別の方向に広がり、袖の幅をよりいっそう二、三尺広くした。上層部が実行すれば、下層部の人々はすぐ真似るため、南北は服飾のスタイルが同じになった。隋の統一まで上層部の官僚たちと舞踏芸人は、まだ大袖を重視していたが、女性の普段着を活動しやすくするために、小袖の衣も多くを占めるようになってきた。また、全然違う二つのスタイルを統合し、上着に三、四尺の大袖をつけるのが美しいとされた。初唐の長安では"胡服"が非常に流行しており、則天武后と叡宗時代まで続いた。

　天宝以後、胡服の影響はだんだん弱まり、女性服装のスタイルもこれに伴って変化し始めた。典型的な様式は衣を広くし、袖も大きくした。その後、袖の大きさは四尺に達し、衣の裾の四、五寸ぐらいが地を引きずっていた。したがって、李徳裕が淮南観察使に就任したとき、婦人の服の袖の長さは四尺、幅は一尺五寸、裙の四、五寸ぐらい地に引きずっていたの

を三寸まで減らすと、法律で制限してもよいと上奏されたことがあった。[6]

　《新唐書・車服誌》にも「婦人の裙の長さは五幅を超えず、引きずる長さは三寸を超えない」という禁止令が、当時全国に出されたことがある。しかし「詔書を出したが、反対する人が多かった」。当時の人々は広い袖の服装を好んだことが明らかであった。中・晩唐に至りこの特徴はさらに明確になり、庶民の女性の服装は袖の幅が常に四尺を超えていた。

　つまり、大袖の上着に長い裙という様式は、中国魏・晋時代から天宝以後にかけて中国の服装様式の特徴として、まず中原内地の都の貴婦人の間で流行しだすと、庶民たちは次から次へと模倣していった。敦煌は辺境に位置しているが、都の流行は迅速に敦煌に伝わってきたため、敦煌壁画にも上述した女性服飾に類似したものが現れたのである。

　次に上述した女性の髪型を敦煌壁画と簡単に比較してみよう。鳥毛立女の髪型は唐代の髪型で、髪の前を結び飾りとする。この髪型は西安小土門村の唐代墓の唐三彩の女俑に現れ、トルファンで出土した絹画に描かれた仕女の髪型と似ている。さらにこの髪型は敦煌莫高窟の盛唐45窟の観音普門品の女性の髪型と同じである。

　唐代の髪型はさまざまな様式がある。その中には高髻、半翻髻、椎髻、拋家髻などがある。貞観13年（639）、段元哲墓に現れた所謂"半翻髻"は髻形が高く、上下の幅が大体相似していた。これは新しく現れた髪型で、鳥毛立女の髪型と同類である。《粧台記》の記載によると、「唐の武徳期に、宮中では"半翻髻や反綰髻を結った。貞元期には帰真髻を結い、五色の花鈿を刺した」という。鳥毛立女の髪型は、そのうちの一種で半翻髻の類に入る。このような髪型は敦煌莫高窟第445・130・205窟にも現れ、敦煌莫高窟の盛唐103窟の都度婦人礼仏図の女性の髪型が鳥毛立女の半翻髻（図12）という髪型に似ており、この女性の髪型は鳥毛立女の髪型と同じであるが、異なるところは六枚の花びらをもつ小さい花束を飾りとしていたのに対して、鳥毛立女は髪前に飾り結びをつけていることである。この女性の髪型は敦煌莫高窟第205窟の供養人の髪型にもみられる。

　初唐のころから、吉祥天女の髪型が高髻に変わりはじめる。漢代時代早くから貴族婦人たちの間には高髻が流行し始めた。漢代には"城中高髻を好み、四方一尺高い"という言葉があり、カツラを使って髪型をさらに高くすることも流行していた。唐代から、敦煌壁画には女神としての吉祥天女と同じく高髻を結い上げた画像がある。これは中国の伝統的な美の基準の連続性を証明し、敦煌莫高窟の吉祥天女は初唐第321・217・335窟、盛唐第45・103窟などに現れ、唐代の吉祥天女の服飾は完全に中国化されたといえる。敦煌莫高窟の第220窟の吉祥天女の高髻は、髪前に大きな金釵をさしている（図13）。一方、日本の吉祥天女は平たい髪型を結い、髪を後ろで束ね、高髻に花鈿をさし、髪前に金釵と花びらをさす。大きい金鈿で花髻を作り、頭の飾りとする。この髪型は造り高髻として、女性の華麗さと高貴さを演出した。

　隋・唐時代において、皇后以下の女御及び皇太子の妹に至るまで髪飾りにはランク付けがある。"花"は花釵を意味する。規定によると、帝王の妃、五等諸侯夫人及び官僚夫人などは、

服装を除けば同じではない。髪につける簪と花釵の数も違うので、それで身分と尊卑を区分する。花釵には大小の違いがあり、小花は大花の数に則る。皇后の髪飾りは"花十二"つまり十二本である。その他の妃、夫人及び命婦は、順を追って数が少なくなる。

《新唐書・興服誌》の記載によると、「女性の服と花釵について内外に命じ、(両側に広い鬢をつくり、宝鈿を飾る)翟衣は濃い青の生地である(薄絹でつくり刺繍は雉で、衣や裳を順に配列し、九等にする)とした。第一品は花鈿九本で(宝鈿は花数に従い、以下はこれに准ずる)翟は九等、第二品は花鈿八本で翟は八等、第三品は花鈿七本で翟は七等、第四品は花鈿六本で翟は六等、第五品は花鈿五本で翟は五等とする」という。

第六品以下は規定がない。その後、各王朝はこの制度を受け継いできた。詩歌には"金鈿"に関する描写が多く見られる。岑参の《敦煌太守後庭歌》:"高髻の両側に金鈿をさす"、白居易の《琵琶行》:"鈿頭の雲篦は節を撃って砕ける"、温庭筠の《遊汿寺》:"宝櫛は金鈿の筐につける"等という描写がある。唐代の敦煌の女性は髪飾りを華麗さの象徴とした。したがって、彼女たちは結い上げた髪にさまざまな飾り、簪花、挿し櫛、冠などをつけ、特徴とした。金銀によって製作された金鈿を装飾とし、髻に挿した簪にはさまざまな花の型式がある。敦煌から出土した絹画《仕女図、引路菩薩》[7]に描かれた仕女は、天宝年間における貴族女性の生活画像であり、髻に金鈿をさす。簪花という髪飾りが"流行のスタイル"として、開元・天宝年間に大流行した。敦煌は辺境の地に位置しているが、女性の服飾は中原地域の女性の服飾と密接に関連していた。宮廷で髪飾りが流行しだすと、都の長安に迅速に広がり、同時にすばやく敦煌にも伝わってきた。絹画の仕女の髪飾りは特殊なもので、高髻に金鈿をさし、白い花、菊花状の赤い花しべ、さらに黄色い金釵を三本挿し、花の縁に櫛を挿す。華麗な服飾は周昉の《簪花仕女図》に似ている(図14)。絹画の仕女の"簪花の髪飾り"は都の長安から中原地域の仕女図や日本の吉祥天女に及び、同類となっている。高松塚古墳の"仕女"は髪を後ろに束ね、髪の先が少し反っていた。この髪型を"椎髻"という。このような髪型は敦煌莫高窟の初唐第431窟の供養人の髪型にもあらわれている。高松塚古墳の仕女は完全に中国画の様式に基づいた一幅の中国婦女図である。

上述した鳥毛立女、吉祥天女、高松塚古墳の仕女の髪型は、唐代墓に大量の実例を見ることができる。鳥毛立女の髪型は西安小土門村の唐代墓から出土した唐三彩の女俑の髪型に現れている(図15)。唐代墓から出土した女俑の形象は髪型がさまざまで服飾も鮮やかであった。発掘によって出土した女俑の髪型様式は多く、一定の時代特徴をもつため、時代を判断する根拠の一つとなる。唐代の女性の髪形のすべては髻という。

7世紀末から8世紀半ばまでは唐代の女俑の髪型は最大の隆盛を見せ、永泰公主墓の壁画だけで少なくとも十種類以上の髪型がある。あるものは頭上に髪をぐるぐる巻きつけて複雑なつぼみ形の小髻を作り、少し前に傾けていた。これは則天武后時代の小髻からさらに変化してきたものである。開元晩期から天宝初期にかけて新しい髪型が多く現れ、髪をすべて上向きに結い上げ、額前に高い球状の髻を作ったり、頭上につぼみを持つ蓮のような形に結い

上げた髻、椎髻に結い上げたのもなど。意匠はさまざまであった[8]。楊思勗墓から出土した女俑の髪型は代表的である。

　要するに、この時期の髪型は唐の全盛時を代表している。髻形は美しくて種類も多く、個性豊かである。女俑の顔はふくよかで健康的である。これに加えて唐三彩が大量に生産され、女俑の造形や色彩も完璧な境地にまで達した。天宝以後、女性の髪形の種類が減少し、顔つきはふっくらとしてきた。造形の精緻さは前より劣り、明らかに衰退を見せ始めた[9]。鳥毛立女、吉祥天女、高松塚古墳の仕女はみな天宝時代の前の髪型様式である。

　日本の奈良・飛鳥・白鳳時代の女性は、純朴で優雅な精神的品格を示している。女性と吉祥天女の造形は形が優れて色に潤いがあり、顔は美しく高貴な容姿で、品性は深く内向的であり、気質が寛大で大らかである。仏教の菩薩、飛天、吉祥天女と民間女性たちは、若々しい活力に満ちた女性の容貌の美しさ、形象の装飾美、ふくよかな体つき、艶やかな姿態を共通して表現するとともに、強烈な時代性をもつ。女性の服飾と化粧の美しさ、体軀のふくよかな美しさのそれぞれが優美な趣をあらわし、それらがぴったり合って美の極致に達するのである。

　鳥毛立女と吉祥天女は宮廷の貴婦人を模倣し、画像は高貴で荘重でおおらかである。天女像はその顔を通して、内心に潜んでいる活発さといとけなさが、まるで見えるようになっている。二幅の絵画に描かれた女性は、装飾の華麗さと健康美を与えてくれた。こうした画風は、画家たちの社会的地位及びその社会生活を感受した結果によるもので、描かれた画像に同じ気質を持たせた。

　したがって、正倉院・法隆寺の女性の服飾は、日本の服飾芸術が唐代の芸術を取り入れてその創作レベルを高めたものである。日本の画家たちは女性の服飾を表現するとき、誇張ではなく、自然にそうしている。この写実的な画風と芸術家の内心に潜んでいた美人の基準とが結合して、日本女性の服飾美を形成し、女性たちに現れた丁重さと自然の時代の風格を反映している。人類の美学の観点から見ると、人の服飾には無限の美があり、とりわけ女性の服飾は美の結晶となる。しかし、美しい芸術の価値は相応しい環境または雰囲気のもとでこそ、その魅力を現すことができる。

3　歴史的な根源

　日本の婦女図を総括して見ると、日本の飛鳥・白鳳・天平時代の女性の服飾は女性のそれぞれ違う特徴を反映していることが分かる。ここで一つの問題を検討しなければならない。すなわち唐代の服装をつけた女性はいったいどんな女性像なのだろうか。

　鳥毛立女、吉祥天女、高松塚古墳壁画の仕女は唐代の女性の形象となっているが、日本の状況に適合している上に、中国の状況にも適合している。これらの女性像は中国の中原内地における重要な集散地である長安から伝わってきたと考えられる。鳥毛立女と吉祥天女は唐代長安の貴婦人像を、高松塚古墳壁画の仕女は宮廷の女性像を代表し、この女性たちの服飾

はみな唐代の特徴をもつ。これらの女性たちの形象と敦煌壁画の女性は似ているところがあり、互いに影響しあう関係にあったことを物語っている。隋朝が中国を統一して以来、中原文化は敦煌石窟に絶え間なく大きな影響を与えていた。唐の建国以来、僧侶と使者との往来はさらに頻繁になり、中原寺院壁画の絵画見本は絶えずに敦煌に伝わり、蔵経洞から出土した大量の絵画の下絵には女性の形象が揃っており、絵師はこれらを根拠または参考にして創作していた。

　敦煌の服飾芸術は多方面の影響を受けた。敦煌女性の服飾の問題は、おのずと敦煌の仏教芸術と直接に関係してくる。敦煌芸術は仏教芸術であり、その発展は外来または周辺地域の仏教芸術の影響から切り離せない。以前、敦煌の仏教芸術の形成と発展について、"西来説"と"東来説"の論争があった。一般の学者は、敦煌の仏教芸術の形成と発展が、インド・中央アジア仏教芸術の影響を受けたことは疑問の余地がないと考え、同時に敦煌以東の中原仏教芸術も敦煌の仏教芸術の形成と発展に深く影響を与えたと考えている。ある学者は、敦煌系統の仏教芸術がインドの影響を受け、ペルシャ或いはチベットの趣をもっていたと考える。ある学者は敦煌の仏教美術を中国各地の仏教美術の源流としたと考える。[10]

　学界の諸説はさまざまであるが、皆一つの重要な方向性を示している。すなわち敦煌の仏教芸術はこれらの仏教芸術自身のもつ芸術的特徴と創作された芸術的成果を除いて、すべて周辺あるいは遠方の仏教芸術に重要で深い影響を与え、言い換えれば、強烈な影響力、輻射力と模範作用をもっているということである。敦煌の仏教芸術の集大成は、中原漢族地域の仏教芸術の代表としてそれに恥じない価値があり、[11]中原芸術はまた敦煌芸術と日本の絵画芸術に影響を与えた。このため、日本絵画の女性の服飾は唐代の人の特徴をもつ。トルファンから出土した高昌時期の女性は、ゆったりとした長い裙を穿き、隋の時代の長い上着と違っていた。アスターナの墓から出土した騎馬俑の女性の服飾、新疆カラホジョ古墳から出土した女性の肩につけた領巾（図16）と鳥毛立女屏風図の仕女は、典型的な唐代の貴婦人の服装である。これらの女性の服装は隋時代の服装様式ではなく、初唐から盛唐にかけての女性の服装、所謂、唐玄宗の天宝以前における女性の服装である。これらの壁画では、日本の画家が唐代の風格の絵画に高い関心をもっていたことや、唐朝と日本との友好往来を反映しており、さらに中国画の画法が日本に伝わったこと、唐代芸術が日本の奈良など地域に影響を与えたことを反映している。

　日本の飛鳥・白鳳・天平時代初期、主な国家制度は多くを中国唐代の制度を移植してきたが、服飾制度も例外ではなかった。「衣服令」はすなわち奈良時代に唐代の制度を模倣して制定した制度である。奈良時代の服装の色彩はわりに簡単で、平安時代（9世紀以後）になってから、当時の唐代の風格の影響を受けたため、衣服の色彩は多様化し始め、衣服の袖の幅も広くなってきた。

　日本と敦煌芸術は歴史源流の発展から切り離すことができない。女性の服飾は芸術の範疇に入る。数十年にわたる日本の飛鳥・白鳳・天平芸術の研究は、日本の歴史と服飾文化史に

対する感覚に一新させた。日本の学者・井上清氏によると、「原始的蒙昧時代から現代文明のトップレベルまで、日本の社会と文化は絶え間なく連続して発展してきたわけではなく、これは日本の歴史の最大の特徴である。紀元3世紀に至るまで、当時の日本社会は列島で完全に独立していた。その後、朝鮮を通して中国の文明に触れ、中国文化の強力な影響下で4世紀～5世紀に至り、野蛮な時代から文明時代に入った」とされる。[12]

日本の女性の服飾の発展は日本芸術の発展は密接な関係をもつ。日本の芸術は独自の特徴がある。"日本芸術の特色"という概念は劉暁路氏が《日本美術史話》[13]に始めて提示した言葉である。同氏は「日本美術は長期にわたって継続性と追随性との特徴を形成してきたと言われた」。日本の古代の貴族たちは中国風であればあるほど、これを好んだ。逆に言えば、中国的な中国式のものこそ古代日本の貴族文化といえる。彼らの脳裏から「大唐王朝」が離れることは一刻たりともなく、彼らはこれに心酔した。唐代のものでさえあれば、何であれ早く日本に伝えて欲しいということで、要するに、日本は唐王朝に劣らぬ文明国家を見せようと思っていた。仏教芸術と哲学が日本に伝来したのは、この種の努力のあらわれだといえる。[14]

日本の芸術史における奈良時代は平城京に都を移す前、7世紀後期にすでに始まっていた。聖徳太子は飛鳥時代の芸術の主流を育ててきたが、その大陸風の寺院の焼失によって主導的地位を失った。この大事件を契機として、新しく伝来してきた唐代芸術の強烈な影響を受けたため、日本には大規模な寺院を建設するという新しいブームが現れた。したがって、通常、美術史において法隆寺の焼亡した670年を飛鳥時代と奈良時代との接点としている。

日本は630年から十数回も中国に遣唐使を派遣し、進んだ文化を吸収した。貞観末期（大よそ7世紀中葉）までに初唐の文化は形成された。画家閻立本はこの時期に活躍していた。大明宮や長安の都城建設もこの時期に当たる。日本の天武時代以後の美術は唐文化の強い影響を受け、唐文化圏を形成していた。

法隆寺の再建は711年に大体完成した。天平年間に入り、さらに東大寺が建立された。奈良時代最盛期の752年、天平期の象徴である東大寺の大仏が開眼した。これは奈良時代における芸術の創造が頂点に達したことを示し、日本美術史上の第一次高峰と称される天平様式がついに完成したことを意味する。

この時期の中国は、開元・天宝の隆盛期にあたり、服飾芸術は高度に爛熟し、盛唐文化が全国で盛んに流行していた。日本の天平様式はその影響下に現れ、それに伴って服飾芸術は発展し、高度に成熟した。

劉暁路氏は日本美術史の問題に対して一つの結論を出した。「日本美術は一貫して世界の潮流を追いかけることを目標とし、日本美術という大河は絶え間なく外来の潮流によって押し流されていたが、押し流されたことによって河床を広げ、広々とした胸に更に百本もの川を受け入れた。即ち時代ごとに世界の最も優秀な文化を受け入れ、その上日本民族の前代から果ては最も原始的な時代までの一脈相承の伝統を受け継ぐ。外来の潮流にしたがって動いており、潮流の底には民族の伝統的河床が潜んでいた。すべてが唐風となった奈良時代にお

いても、脱亜入欧の明治時代においても、外来の潮流は常に民族美術復興の前奏となった」[13]。日本の女性の服飾芸術は中国の服飾芸術を継承してきたものである。日本の秋山光和氏は「敦煌においても日本においても、唐代中原文化との接触は大体同じ時期から始まり、その後、ばらつきが起こり、そしてそれぞれの地域の特徴を顕著に表現し始めた。これは注目すべきことである。したがって、もし日本絵画と敦煌絵画との間に様式のつながりを見出したいのであれば、（たとえ間接的にでも）8世紀後葉以前に限るほかない（敦煌についていえば吐蕃に占領される以前）。その時、二者にとっては支配的な地位を持つのが共同母体となる盛唐絵画様式である」[14]とされた。

結　論

　第一に、上述した日本の飛鳥・白鳳・天平時代の婦女図は中国の唐代風の画法を取り入れていることは疑いない。鳥毛立女、吉祥天女および高松塚古墳の仕女の服飾は、その服飾様式が正確に初唐と盛唐期の風貌を反映し、さらに唐代の人々の生活の趣きも反映している。この風貌は中原地域の美術品に多く見られ、敦煌壁画にも見られる。絵画の服飾からみると、これらの絵画は日本の絵師の手で制作されたのである。それが正確に唐王朝の服飾の特徴を反映したのは、中国から伝わってきた画法様式によって制作されたからに相違なく、中国の画法様式が日本に伝わってきたことを証明している。日本の出土品はすなわち中国から輸出されたことの証拠でもある。中国女性の形象が日本に現れたことは、中国の絵画の下絵が日本に輸出されたことを証明し、日本の画家によって描かれたさまざまな女性の服飾や生活場面はこうしたことの参考情報の一つとなる。

　第二に、飛鳥・白鳳・天平時代の婦女図からは敦煌様式の中国絵画技法の影響が見られる。注目すべきことは日本の7～8世紀の絵画は敦煌壁画に似ているところである。鳥毛立女、吉祥天女および高松塚古墳の仕女の服飾は、線の輪郭を重視し、重量感と平塗りの二つの方法を使っていた。敦煌の盛唐第130窟の服飾の輪郭線も輪郭描写を重視していた。二つの画像を比較してみると、無色彩の鳥毛立女は羽衣、髪型、装飾などを線で輪郭を描き、中国唐代の永泰公主墓の壁画に描かれた女性と大体似ていることが分かる。吉祥天女の衣の襞の線描と筆致は、非常に盛唐の中国の筆致に似ている。高松塚古墳の仕女の衣紋線の輪郭描写は、まるで"呉帯は風に靡かせる"という感覚である。中国では線描を主要な絵画技法として発展してきたことは否定できない事実であり、すなわち南北朝時代において中国絵画の画風は于闐画派の長所を吸収したものである。南北朝および盛唐前期には于闐画派出身の著名な画家が多くいた。従って7世紀には、この絵画流派は中国画法に大きく影響を与えた。中国絵画は于闐画派の長所を吸収した後、唐代前期において閻立本・呉道之を代表とした中国絵画を集大成する文化を形成し、この文化が逆に7～8世紀の日本に影響を及ぼしていた。

　第三に、鳥毛立女、吉祥天女および高松塚古墳の仕女は、中国唐代の女性の形象に属するが、日本の状況にも中国の状況にも適合している。これらの女性の形象は中国の中原内地に

おける重要な集散地の一つである長安から伝わってきたと考えられる。鳥毛立女、吉祥天女は唐代長安の貴婦人の形象であり、高松塚古墳壁画の女性は宮廷の仕女を代表し、これらの服飾はみな唐代文化の特徴をもつ。この女性たちの形象と敦煌壁画の女性は似ているところがあり、互いに密接な関係にあることを証明している。敦煌仏教芸術のすべては中原漢民族地域の仏教芸術を代表しているが、中原漢民族地域の芸術は敦煌芸術や日本の絵画芸術に影響を与えた。従って日本絵画の女性の服飾は唐の人々の特徴をもっている。

第四に、日本と敦煌芸術は歴史源流の発展から切り離すことができない。女性の服飾は芸術の範疇に入る。数十年来の飛鳥・白鳳・天平芸術の研究は、日本歴史と服飾文化史について人々の耳目を一新させた。日本の女性の服飾は長期にわたって継続性と追随性との特徴を形成し、日本女性の服飾は中国芸術を継承してきた。敦煌においても日本においても、唐王朝の中原文化に触れたからこそ、各地それぞれの特色が現れはじめたのである。もし日本絵画と敦煌絵画との芸術的関連を求めるのであれば、それは主に8世紀後葉以前、つまり敦煌では吐蕃に占領される以前の時期にあたり、日本と敦煌絵画にとって、盛唐期における絵画芸術が支配的な地位を占めていたということができる。

（翻訳：趙忠・高市洋介）

注

[1] 李肖氷著 《中国西域民族服飾研究》、新疆人民出版社、1995年
[2] 周汛、高春明著《中国歴代女性粧飾》、学林出版社、1991年
[3] （米）愛得華・謝佛著、呉玉貴訳《唐代的外来文明》、陝西師範大学出版社、2005年
[4] 宋欧陽脩、想祁撰《新唐書》巻76、中華書局、1995年
[5] 段文傑著 《敦煌芸術論文集》、甘粛人民出版社、1994年
[6] 周峰編著 《中国古代装参考資料》（隋唐五代部分）、北京燕山出版社、1987年
[7] 此絹画、ロンドン大英博物館蔵、原作はスタインの《西域考古記》の挿絵による
[8] 秦潔著 《隋唐考古》、南京大学出版社、1992年
[9] 《西安郊区隋唐墓》、科学出版社、1996年；《唐長安城郊隋唐墓》、文物出版社、1980年；《唐永泰公主墓発掘簡報》、《文物》1964年1期；《唐李寿墓発掘簡報》、《文物》1974年9期
[10] 常書鴻《敦煌芸術特点》、《敦煌芸展目録》、1948年9月；周一良《敦煌壁画与佛教》、《文物参考資料》1952年第2巻第4期；金維諾《敦煌芸術在美術史研究上的地位》、《芸術家》1994年第4期；北京大学《敦煌考古工作展覧概要》、《北京大学五十周年記念》、北京大学出版社、1948年
[11] 霍旭初著 《考証与弁析―西域仏教文化論稿》、新疆美術撮影出版社、2002年
[12] （日本）井上清著 《日本歴史》（上冊）、天津人民出版社、1974年
[13] 劉暁路著 《日本美術史話》、人民美術出版社、1998年
[14] （日本）秋山光和 《唐代敦煌壁画中的山水表現》、《中国石窟敦煌莫高窟》（第五巻）、文物出版社、1987年

[図版出典]

図一・七　朝日新聞社編『法隆寺金堂壁画』（1994年）
図三　『日本美術全集第3巻　飛鳥・白鳳の美術』（学習研究社、1980年）
図四1・図十　正倉院事務所編『正倉院宝物』1（毎日新聞社、1994年）
図四2　『新編小学館ギャラリー・名宝日本の美術』第5巻（小学館、1990年）
図五　『図説日本文化史大系3　奈良時代』（小学館、1965年）

敦煌莫高窟早期三窟述论

蔡　伟　堂

莫高窟第268、272、275窟，是学术界公认莫高窟现存最早的三个洞窟。长期以来，这三个洞窟一直为学界所关注，发表了不少论文，取得了丰硕的研究成果。近几年，我们在现场详细调查记录并撰写《敦煌莫高窟第268、272、275窟考古报告》的过程中，充分利用和参考前人相关的历史文献记录与研究成果，得益匪浅，启发良多。本文拟在先贤研究基础上，结合撰写莫高窟早期三窟考古报告所得，对这三个洞窟的形制、彩塑、壁画内容及其特点进行比较全面地简要叙述，同时就有关一些问题发表浅见，请方家指正。

1　莫高窟早期三窟概述

莫高窟早期第268、272、275窟，其中的第268窟包括有五个编号，即第267、268、269、270、271窟，以第268窟为主室，其他4个编号属于该主室南壁和北壁的4个禅室；第272窟也包括2个小窟，即第272A、273窟，分别位于第272窟外壁的门南和门北；第275窟也包括一个小窟，即第274窟，位于第275窟外壁门南侧。换言之，一般所说的莫高窟早期三窟，实际上包括第268、272、275窟学术界公认敦煌石窟时代最早的这3个主要典型洞窟和它们外壁附属的几个小窟。

第268、272、275窟位于莫高窟南区窟群中段自下而上第三层洞窟崖壁上，左右毗邻，坐西向东。其窟外门下方崖面上凿有一排孔眼，说明原来在窟前曾架设过栈道。现存第268、272、275窟皆无前室。甬道仅第272窟保存较好，第275窟只残存南壁一部分，第268窟因毁坏，有无甬道不得而知。这三个洞窟均经后代不同程度地进行过重修或改造，有的经过一次重修，有的历经二次或三次改造和重妆。在此，以初建窟时洞窟内容为主，兼及后代重修内容分述如下。

第268窟，是由一个主室（第268窟）和四个禅室（第267、269、270、271窟）组成的禅窟，主室平面纵长方形，面积窄小，南北宽仅1米余，东西进深3米余，高1.68～1.88米，平顶，正壁（西壁）开一圆券形龛，两侧壁（南、北壁）各凿出两个禅室，南北对称。禅室平面方形，面积不足1平方米，高1.6～1.7米，大致为平顶。主室前壁（东壁）仅残存南侧少许壁面，窟门形制不明。

正壁龛内塑主尊佛像，交脚坐，肩宽，腰窄；头部被后代重刷泥浆，但仍能看出面相浑圆，

广额，高鼻，大眼，大嘴，薄唇，头上有波浪形发髻；双臂残，无法判别其手印。内穿僧祇支，外罩偏袒右肩土红袈裟，刻阴线衣纹。

龛内主尊身后壁面绘头光和身光，龛顶绘伞盖。主尊两侧绘侍立的二胁侍菩萨及胡跪礼佛供养菩萨各一身。龛外两侧壁面各自上而下绘一飞天和三身胡跪礼佛供养菩萨。正壁龛下绘男女供养人，着胡装和汉胡混合装。南北两侧壁壁画未明确分段，大体上部绘飞天，中部绘跌坐人物、门楣门柱，下部绘力士，布局稀疏。壁画菩萨和飞天上身袒裸，肩披长巾，装饰项圈、璎珞，系长裙。面部和躯体均以西域"凹凸画"技法表现立体感。窟顶塑出斗四平棋，填绘莲花、飞天、化生、火焰等纹饰。正壁上段龛内外及窟顶均为土红地色，正壁下段（龛下）为白地色；两侧壁未敷地色，四个小禅室内原为素壁无画。

现存主室南北壁表层壁画和四禅室内表层壁画均系后代重新绘制，其中南北壁绘千佛、说法图，四禅室内绘千佛、说法图、坐禅图、供养人、装饰图案等。属窟内第二层壁画，为后代重修。

第272窟，单室，平面方形，约2.7～3米见方，高约2.3米，正壁（西壁）中央开圆券形大龛，窟顶近似穹窿形，与四壁相接处无明显边界。前壁（东壁）正中开甬道通向窟外，但经后代改建，甬道原形不明，壁画重绘。窟外甬道口两侧崖壁上各开一个圆券形小龛，南北对称，编号为第272A、273窟。

正壁龛内塑主尊佛像，倚坐（善跏坐）于方座上，跣足，踏于座前长方台上；头部经重修，臂残，但从右臂抬起，左臂稍屈肘的姿势看，似作说法印；肩宽，腰窄，服饰与第268窟主尊佛像相似，但上衣纹表现使用了凸起的方形泥条加刻阴线。

龛内主尊身后壁面绘头光和身光，光环内饰有化佛、飞天、忍冬纹、火焰纹等；龛顶绘圆形伞盖。主尊两侧绘侍立的二胁侍菩萨及胡跪礼佛的供养菩萨和弟子数身。四壁壁画分上下两段布局。正壁上段龛两侧各绘菩萨四排，每排五身，结跏趺坐、半跏趺坐或胡跪，动态身姿各异，其中下排菩萨坐于莲花座上，莲花出于绿色水池中。其余南北东三壁上段均绘排列有序的千佛，南北两侧壁正中相对称各绘小幅说法图，图中间佛结跏趺坐于双狮方座上作说法状，两侧侍立二胁侍菩萨、二弟子，上方有伞盖和飞天。四壁下段壁画多被后代绘供养人覆盖，约略可见原绘边饰和三角垂帐纹。窟顶中央浮塑斗四藻井，井心绘莲花，三角形岔角饰火焰纹、飞天，其边框绘不同结构的忍冬、星云等纹样。藻井外四周绘天宫伎乐一周，外围南北东三面绘飞天，正面绘供养菩萨一排。

甬道顶部绘立姿的接引佛和跌坐佛，北壁绘不空绢索观音变、在南壁绘如意轮观音变，属窟内第二层壁画，为后代重绘。

窟外两侧崖壁上所开的圆券形龛（即第272A、273窟）内，各塑一身跌坐禅僧，身穿通肩袈裟，两手相叠于腹前作禅定印。

第275窟，单室，平面纵长方形，宽约3.5米，进深6米余，高3.58米，正壁（西壁）前塑像。南、北两侧壁分上中下三段布局，三段间以凸棱和边饰相间隔，上段两壁各开两个阙形方龛和一个双树圆券形龛，中、下段绘画。前壁（东壁）北侧和上部已坍毁，仅残存南侧部分壁面。

通向窟外的甬道大部坍毁，形制不清，仅存甬道南壁下部少许壁面。窟顶呈纵向人字披形，中间起脊较宽，其南北两侧斜披浮塑脊枋、椽子。窟外南侧崖壁上开一个小型洞窟，编号为第274窟，窟内人字披顶，正壁（西壁）开圆券形浅龛。

正壁中央依壁塑主尊菩萨交脚像，坐于双狮方座上，身后壁面浮塑三角形靠背。菩萨右臂抬起前伸，右手残毁；左臂稍屈，左手垂至左膝上仰掌，应作说法印；肩宽，腰窄；头部表面虽经后代重刷泥浆并敷色，大体仍保持原有造型，面相浑圆，额广，眼鼓，鼻直，嘴大、唇薄，头戴化佛三珠宝冠；头后塑出圆形头光，双肩披巾，颈饰项圈，胸挂璎珞、臂饰钏，下系长裙，衣纹贴凸起的方泥条加刻阴线。主尊全身及头光均经后代重绘。主尊方座两侧塑双狮，组成双狮座。南北两侧壁上段后部四个阙形方龛内各塑一菩萨像，交脚坐于方座上，身后浮塑三角形靠背，其造型、面相、服饰等与主尊类似，作说法印或双手相叠于胸前。两壁上段前部双树圆券形龛内各塑一半跏坐思惟菩萨像，坐下束腰圆座。半跏思惟菩萨及其圆座经后代重绘。

正壁主尊两侧壁画分上下两段布局，上段绘侍立的二胁侍菩萨及数身供养菩萨，供养菩萨均结跏趺坐，作礼佛或供养状。南北两侧壁上段后部四阙形方龛内，除北壁西起第二龛外，均在交脚菩萨塑像两侧绘二侍者，侍者高举拂尘或花枝，或举手上指，其余壁面绘忍冬、云气纹。双树圆券龛内壁面经后代重绘。两壁上段诸龛之间各绘一立姿菩萨和数尊跌坐佛。南侧壁中段绘佛传四门出游，佛传图之下绘立姿供养菩萨行列。北侧壁中段绘佛本生故事毗楞竭梨王身钉千钉本生、虔阇尼婆梨王剜身燃千灯本生、尸毗王割肉贸鸽本生、月光王施头本生、快目王施眼本生等，本生图之下绘供养人行列。前壁（东壁）南侧残存的中段画面经后代重绘。四壁下段均绘边饰和三角垂帐纹。窟顶南北两披残存少许椽间望板莲花忍冬图案，其余均经后代重绘。

前壁（东壁）南侧中段壁画，我们暂定为本窟第二层壁画。画面为一座上下两层的大型建筑，上层绘屋顶、瓦垄，屋檐下开六个双扇式门窗，门窗半启，前设勾栏；下层屋檐下绘斗拱、立柱、横枋，以及大殿等，大殿内有二排供养比丘，上排中央绘主尊，南北两侧的供养比丘均身着右袒式袈裟，朝向中间主尊，跪于方几之上，双手合十拱于胸前。建筑物上方残存少许崇山峻岭，下方绘一条绿色波状水池，水中残存童子四身。在此层壁画之上，后代又重绘坐佛，残存二身，当为第三层壁画。

后代在窟室中部偏前砌筑隔墙[1]，将窟室分隔为东西（即前后）两室，隔墙中间开门，隔墙的东西两面绘画。现仅存隔墙的西向面壁画，东向面壁画漫漶无存。隔墙西向面作三段布局，上段（即窟门上方）绘三铺说法图，中段南北两侧分别绘如意轮观音变和不空绢索观音变；下段绘供养人。在隔墙分出的前室，也重新装銮南北两侧壁，即重绘两壁上段双树圆券龛、重妆龛内塑像，在两壁中段分别绘天请问经变和弥勒经变，下段已漫漶。窟顶重绘藻井图案、千佛、飞天、椽子、边饰等。此层壁画为本窟第三层壁画。

2　莫高窟早期三窟塑像

第268、272、275窟现存的雕塑有佛像、菩萨像、禅僧和狮子，它们均属开窟时原作，经后代不同程度地进行过重妆。

佛像　　2身。均为坐像，坐姿不同，分别为交脚坐和倚坐。其中交脚坐佛像1身，塑在第268窟正壁龛内；倚坐佛像1身，塑在第272窟正壁龛内，均为窟内主尊，皆为开窟时的原作，经后代重修。

菩萨像　　7身。均为坐像。菩萨坐像坐姿不同，分别为交脚坐和半跏坐。交脚坐菩萨5身，均塑在第275窟内，大小不同，其中1身高达3.2米，塑在正壁前，为窟内主尊；另4身，高约0.8米，分别塑在北壁和南壁后部西起第一、二龛（阙形方龛）内，作说法相或双手交于胸前。半跏坐菩萨2身，分别塑在第275窟北壁和南壁前部即西起第三龛（双树圆券龛）内，均作思惟相。以上菩萨像均为开窟时的原作，经后代重修。

禅僧像　　2身。结跏趺坐，作禅定印，塑在第272窟外两侧崖壁上二龛内，即第272A窟和第273窟中。

狮子　　2身。分别塑在第275窟正壁主尊方座两侧，左右对称，身躯后部隐入方座内，为开窟时的原作。

塑像多属圆雕，但依壁塑造，背后隐在壁中，由残破处可知其塑造过程，均用木棍捆扎成骨架，裹以当地生长的芨芨草或芦苇，外敷以澄板土（由附近河床沉积下来）加麦草掺和而成的粗泥，塑出形体大样，然后用细泥做出形体表面的肌肤、五官、衣饰、褶纹等，雕琢细部；细泥由澄板土、细沙，再加麻刀或棉花掺和而成；最后进行彩绘。塑像的衣褶处理有两种方法：一种为阴刻线，深浅适度，纹路清晰；另一种为贴泥条式，即在体面上压贴凸起的扁平泥条，并在泥条上面及泥条之间凹面加刻阴线，后者多用于洞窟主尊塑像上。塑像的敷彩简朴沉着，大面积的服饰一般施土红色，肌肤裸露部分呈肉粉色，衣饰边缘、发髻等部位施绿、黑等色彩，菩萨像的披巾与长裙用土红、黑色或石绿，衣缘和装饰物一般用土红、石绿、白、黑、褐色等多种颜色，搭配组合上各不相同。

3　莫高窟早期三窟壁画内容

第268、272、275窟现存的壁画主要有五类：尊像画、故事画、经变画、供养人画像和装饰图案等，它们分属于不同时代的三层。

(一)尊像画

尊像画有佛、菩萨、弟子、飞天、天宫伎乐、力士、侍者、禅僧等。

佛形象在各窟中所见最多，主要有千佛、接引佛。

千佛，见于第272窟南、北、东壁上段及窟顶和第275窟南北壁上段，属窟内第一层，为开窟时的原作。第268窟南北壁及四禅室第267、269、270、271窟各壁，属窟内第二层；第275窟外第274窟南北两壁，属窟内第一层。另见于第275窟顶部，属窟内第三层；第274窟南、北、东壁及窟顶，属窟内第二层，为后代重绘。早期三窟所见千佛，形象划一，排列规整，其中运用颜色的规律变化产生韵律感，不同层位所绘在格局和技法上颇多同一性，也具有值得注意的不同特征。以第272窟第一层和第268窟第二层为例，前者的千佛所著袈裟分别有通肩和交领两种形式，交领式袈裟内可见僧祇支，后者则均为通肩式袈裟。更大的区别在于头光、背光、袈裟、

莲座的颜色搭配和排列组合，前者八身为一组，后者四身为一组，呈现简化的趋势；前者用与红、黑、绿、土、白五色搭配，后者则使用了蓝色，若与同期的第267～271、274窟第二层一并观察，可见颜色组合呈现多样化，既有红、白、黑、土、蓝五色（第266窟），又有红、白、黑、灰、青五色（第268窟），红、绿、黑、土、白五色（第271窟），红、土、黑、蓝、白五色（第270窟），以及红、土、黑、白四色（第267、274窟）和红、蓝、黑、绿四色（第269窟）。千佛行列的两端有时以莲蕾代替坐佛，似表明千佛与化生佛之间存在某种联系。更晚的层位出现的千佛样式与上述迥异，描绘粗糙，不再有颜色的组合变化，无法比拟早期生动的装饰意匠。

接引佛，1身。立姿，见于第272窟甬道顶部，属窟内第二层，为后代重绘。

菩萨有胁侍菩萨、供养菩萨等。

胁侍菩萨，均立姿，见于第268窟、第272窟正壁龛内和第275窟正壁的主尊两侧，各1身，属窟内第一层，为开窟时的原作；另见于第275窟左右两壁前部双树圆券龛内塑像两侧，各1身，属窟内第三层，后代加绘。

供养菩萨，分坐姿和立姿。坐姿变化颇多，有结跏趺坐、半跏坐、交脚坐、跽坐、胡跪等，形态自由，见于第268窟正壁龛内外，第272窟西壁龛内外及窟顶西披、东披，第275窟西壁主尊两侧；立姿则见于第275窟南北壁上段龛与龛之间、南壁中段，以上均属窟内第一层，为开窟时的原作。供养菩萨多围绕在主尊的左右。其中排列在第272窟正壁龛外两侧壁面上的48身菩萨，姿态各异，栩栩如生，研究者或以为是菩萨以伎乐舞蹈供养主尊，或以为是聆听主尊说法而欣喜万状。第275窟南壁中段下边的39身立姿供养菩萨，姿态较单一，排列整齐，与北壁同样位置的供养人相对称，形成两壁朝向正壁主尊的礼拜行列。在南壁东端供养菩萨行列的最后，绘坐佛2身，与供养行列的关系有待研究。

弟子，分跪姿和立姿。其中跪姿为胡跪，见于第272窟正壁龛内主尊两侧，立姿见于第272窟南北壁说法图中，均属窟内第一层，为开窟时原作；第274窟正壁龛内外，窟内第二层，为后代重绘。

飞天，见于第268窟正壁、北壁、南壁及窟顶平棋，第272窟正壁龛内主尊背光及窟顶北、南、东披，第275窟南北壁故事画中，均属窟内第一层，为开窟时的原作；又见于第275窟顶，属窟内第三层，为后代重修。

天宫伎乐，见于第272窟顶部四披，属窟内第一层，为开窟时的原作。绕窟顶一周绘天宫栏墙，栏墙上为圆券龛式天宫建筑，建筑内各绘一伎乐天，东披北端建筑内绘一比丘头像，研究者多称之为"大头仙人"或"劳度跋提"；北披西端伎乐天深目高鼻、身形高大，与众不同。

力士，6身。见于第268窟南、北壁下段，属窟内第一层，为开窟时的原作。

侍者，6身。见于第275窟北壁上段西起第一龛内，南壁上段西起第一、二龛内，属窟内第一层，为开窟时的原作。

禅僧，1身。见于第271窟南壁坐禅图，属窟内第二层，为后代加绘。

(二) 故事画

故事画有本生图、佛传图，均属窟内第一层，为开窟时原作。

本生图共五种，均见于第275窟北壁中段，自西向东列举如下。

毗楞竭梨王本生，1幅，单情节。绘毗楞竭梨王身钉千钉故事。[2]

虔阇尼婆梨王本生，1幅。单情节。绘虔阇尼婆梨王剜身燃千灯故事。[3]

尸毗王本生，1幅。两个情节。绘尸毗王割肉贸鸽故事。[4]

月光王本生，1幅。两个情节。绘月光王施头故事。[5]

快目王本生，1幅。绘快目王施眼故事。[6]

上述五幅本生故事画，均见于公元5世纪中叶以前的汉译诸多佛经，譬如《佛说菩萨本行经》、《大智度论》、《六度集经》、《贤愚经》、《大方便佛报恩经》、《佛本行经》、《撰集百缘经》等。其中，《贤愚经》的相关记载与画面情节比较相符，更为接近。[7]

佛传仅一种。见于第275窟南壁中段。

太子四门出游，1幅。自西向东以四个城门阙楼为标志，分为四个场面。第一、二场面保存较好，分别表现路遇老人和遇比丘。第三、四场面破坏严重，画面模糊，但太子骑马出城门的画面均可辨识。[8]

(三)经变画

经变画有说法图、弥勒经变、天请问经变、不空绢索观音变、如意轮观音变，共五种。

说法图，15铺。[9]见于第272窟北壁、南壁，属窟内第一层，为开窟时的原作；另见于第268南壁西侧下部、第271窟北东西三壁及窟顶、第270窟北东西三壁、第267窟南壁、第269窟南壁，各1铺，均属窟内第二层，为后代加绘；又见于第275窟隔墙西向面上段3铺，属窟内第三层，为后代筑隔墙时绘。说法图构图和内容组合有所不同，人物多少不一。较早的第272窟说法图中绘一佛二菩萨四弟子四飞天。稍晚的说法图数量增多，内容有简化的趋向，多数仅绘一佛二菩萨，此外第270窟顶部说法图绘一佛四菩萨，第267窟说法图绘一佛二菩萨二弟子二飞天，第269窟说法图绘一佛二菩萨十二弟子。晚期的说法图与经变似有融合，第275窟内第三层的3铺说法图形成组合，中间一铺作正面、左右对称构图，南侧一铺佛稍侧向右，北侧一铺佛稍侧向左，均朝向中铺主尊，三铺中的坐佛身前均有供案，与经变中弥勒三会场景颇多相似。

弥勒经变，1幅。见于第275窟北壁前部中段，属窟内第三层，为后代重绘。

天请问经变，1幅。见于第275窟南壁前部中段，属窟内第三层，为后代重绘。

不空绢索观音变，2幅。分别见于第272窟甬道北壁，画面较残，属窟内第二层；第275窟隔墙西向面中段门南侧，属窟内第三层，为后代筑隔墙时绘。

如意轮观音变，2幅。分别见于第272窟甬道南壁，画面较残，属窟内第二层；第275窟隔墙西向面中段门北侧，属窟内第三层，为后代筑隔墙时绘。

(四)供养人画像

供养人，见于第268窟正壁龛下、第275窟北壁，属窟内第一层，为开窟时的原作；另见于第268窟南壁西侧下部说法图下、第271窟四壁、第270窟四壁、第267窟东壁、第269窟南西东三壁、第274窟北壁，均属窟内第二层，为后代重修；还见于第272窟西壁，属窟内第二层，以及第275窟隔墙西向面，属窟内第三层，均为后代筑隔墙时绘。供养人形象中表现出不同的身份，除男

供养人和女供养人外，有作为前导的比丘和比丘尼，以及跟随的侍者和侍女；形体大小的不同可能意味着身份的高低或者年龄、辈份的长幼。早期的供养人身着游牧民族的"胡服"，具有作为时代和地域的表征意义。第275窟北壁中段本生图下边的供养人行列，引人注目；其与南壁中段的供养菩萨行列略相对称，整齐排列的供养人演奏乐器或举花枝供养主尊。

(五)装饰图案

装饰图案一般分布于各窟上段下边或下段上边，经变图周边，窟顶藻井、平棋边框、椽间望板上，龛楣龛柱和尊像的头光、背光、华盖、靠背上。构成图案的纹样有莲花纹、忍冬纹、火焰纹、星云纹、棋格纹、千佛、飞天、兽面、龙纹、涡纹、锯齿纹、三角垂帐纹等。其中以莲花、忍冬、火焰为最普遍纹样。

从残破处也可以看出壁画的制作过程。泥壁地仗分两层，下层是澄板土加麦草合成的粗泥，上层是细澄板土加毛或碎麻合成的细泥层。彩绘在细泥层上实施，首先以土红色起稿，然后赋彩，最后勾勒定形线。壁画大多以土红涂地，色种较少，一般为土红、石绿、白、黑、土色等，形成了明快、浑厚、朴实的暖色调。画稿完成后，按物像所需和审美规律一次施色。画人物形体多用明暗法（即凹凸法）表现立体感，笔触粗犷奔放，根据肌理的大面分块，施以圆圈形晕染，并以白粉涂鼻梁和眼球等隆起部分。

因年代久远，原来的肉粉色变成了灰黑色，晕染色变成了粗壮的黑褐色线，原来并不明显的白眼睛和白鼻梁，在整体变暗之后愈显分明，原来描绘精细、色彩柔和、精致优美的画风，变得造型粗犷、色彩沉厚。

4　莫高窟早期三窟特征

第268、272、275窟南北比邻，有以下共同特征：

(一)第268、272、275窟，规模大小不同，洞窟形制各异，但都建有与禅修有关的禅室或禅龛。[10] 第268窟在其主室内的南北两侧壁对称地开有四个小禅室，即第267、269、270、271窟，供修禅者坐禅之用；原素壁无画，现存壁画为后代所绘。第272窟在甬道外两侧崖壁上对称地各开一圆券形龛，即第272A、273窟，内塑禅僧像各一身，无壁画。第275窟外，窟门北侧崖壁连同甬道北壁、窟室前壁（东壁）北侧均已坍毁，现存南侧崖壁上开有一小型窟，即第274窟，方形平面，正壁开龛，人字披顶内现存后代壁画，壁画绘制与第267、269、270、271窟壁画同期；原来窟外北侧崖壁情况已无法得知，但从第272窟在窟外崖壁上成对开凿禅僧龛的布局推测，在第275窟窟外北侧崖壁上也可能开凿与第274窟相对称的小窟，同样有可能是禅室或禅僧龛。

(二)第268、272、275窟的主尊分别为交脚坐佛像、倚坐佛像和交脚坐菩萨像，应都是弥勒像。[11] 这些佛陀形象和菩萨形象的弥勒造像是十六国晚期、北朝早期弥勒信仰盛行的反映，与禅僧禅修时观佛，见弥勒，请弥勒菩萨决疑有关。第268、272、275窟的禅窟、禅僧龛和塑造的禅僧表[12]达了禅僧"凿窟以居禅"的内容。坐禅时需要观洞窟中的弥勒，还要请弥勒菩萨决疑。《付法藏因缘经》卷六云："尔时罗汉即入三昧，深谛思惟，不能解了，便以神力，分身飞往兜率陀天，至弥勒所，具宣上事，请决所疑。"[13] 第275窟南、北两侧壁上段有四身交脚菩萨像，分坐于四个

92

阙形方龛内，阙形建筑代表天宫大门，第275窟的阙形方龛无疑象征了弥勒菩萨所居住的兜率天宫。不仅此窟内开窟时的壁画原作突出弥勒信仰的主题，而且这一主题同样受到后代重修施主和工匠的认同，在重绘、改绘的壁画中也不乏弥勒信仰的内容。第275窟前壁上段三铺说法图的构图形式与弥勒经变中"弥勒三会"有相似之处，北壁东侧西起第三龛下重绘《弥勒上生下生经变》。第272窟中，正壁龛内造主尊弥勒佛说法像，龛外两侧众菩萨分坐出于绿色水池中的莲花之上，象征着弥勒佛在弥勒净土世界说法，与正壁弥勒佛龛相呼应的南北两壁说法图，似应考虑属于弥勒三会的内容。[14]

（三）第268、272、275窟还有一些共同的特征。

①第268、272、275窟的塑像都是单身造像，两侧的胁侍菩萨、弟子和供养菩萨均画在龛壁上。

②第268、272、275窟壁画飞天形体相对粗壮，动态相对笨拙僵硬，身躯折转多呈"V"字形。

③第268、272、275窟窟顶都采用浮塑手法，表现仿木结构建筑的构建。

④第268、272、275窟壁画中的人物形象都采用凹凸画的晕染法晕染面部和躯体，使人物形象具有立体感。

虽然第268、272、275窟之间相异之处甚多，但主要方面趋向一致，基于上述共同特征，可以认为三窟是相同时代的遗存。

5　莫高窟早期三窟的意义

第268、272、275窟的一些特征具有独特的意义，主要表现在：

（一）第268、272、275窟的洞窟形制虽各不相同，但在石窟的内涵和功用方面表现出不同的侧重，相辅相成，以不同的建筑空间、不同的尊像和壁画内容，比较充分地满足信仰者礼拜和修禅的需要。这样的组合建窟和三种窟形尚别无他例。

（二）第268、272、275三窟具有不少明显属于早期的特征。

①第268窟的禅窟形制与西魏大统四年（538年）的禅窟第285窟相比，明显表现出简率和建筑形式的初级状况。

②第268窟左右两壁不施其他地色，径直在白色地上描绘飞天、趺坐人物和力士，构图相对自由，布局疏朗，与以后规整而严谨的分段壁画格局明显不同，表现出壁画绘制的初级状况。

③第272窟的窟顶形制表现为覆斗式窟顶的初级状况，四披与四壁分界不清，转折圆缓，似处于早期穹隆形顶向规整的覆斗式顶过渡的阶段。与建筑构造相比，窟顶壁画似已先期具备覆斗式窟顶壁画的基本格局。覆斗式窟与寺庙殿堂建筑形式有关，大体在北魏以后发展为石窟的主要建筑形式之一。

④第268、272、275窟供奉弥勒的不同形式，与以后定制为在中心柱正面（东向面）大龛内塑弥勒像的格局形成对照。

⑤第268、272、275窟中的佛和菩萨像皆面相浑圆，额宽，鼻直，嘴大唇薄，嘴角上翘。

⑥第268、272、275窟中佛像着右袒式袈裟；菩萨袒裸上身，披巾，着裙。三窟佛像、菩萨像的服饰相对简单。

⑦第268、272、275窟壁画中身躯折转呈"V"字形的飞天见于永靖炳灵寺第169窟西秦壁画和大同云冈石窟北魏早期浮雕以及肃南金塔寺等早期石窟遗存。

⑧第268窟男供养人像身着交领大袖长袍，女供养人身着交领右衽长衫和长裙。第275窟男供养人像头裹巾帻，身着交领窄袖衣，腰束带，宽腿裤，足蹬靴。其中出现"胡服"，应属于北魏太和十八年孝文帝改革服制之前的特征。

⑨第275窟北壁本生故事画，以横卷式并列五个以上的故事，每个故事以最富有特点的一两个典型情节合在一个场面中表现故事的主题，自成一幅独立的画面。

⑩装饰图案中有单叶波状忍冬纹。

以上这些特点应可说明第268、272、275窟是敦煌石窟中年代最早的一组洞窟，此点为学术界所公认[15]。尽管在具体年代上目前仍然存在分歧，但是，无论哪一种观点，都承认它们是敦煌石窟中时代最早的，其底层（第一层）遗迹是莫高窟最早的石窟寺遗存。

6　莫高窟早期三窟时代诸说

莫高窟第268、272、275窟，均无明确开窟纪年题记，学术界根据其洞窟形制、题材内容、壁画布局、佛经依据、人物造型、衣冠服饰、绘画技法、使用材料，以及图像学比较和相关的历史背景材料等，从不同的角度进行分析、排比、分期和研究，对于这组早期洞窟的建造时代提出了各种不同的看法，20世纪80年代以来，对这一问题的讨论尤其活跃，研究仍在继续深入。其中具有代表性的观点，列举如下。

①北魏说

此说始于20世纪40年代张大千先生[16]。至80年代初，包括敦煌研究所在内，学术界均持此说[17]。其中，宿白先生运用考古学的方法，参证历史背景材料，自1956年以来经过不断深入、细化研究，考定第268、272、275窟等开凿于北魏，相当于云冈第二期洞窟，即公元471～494年，为"北魏说"做了进一步的科学论证[18]。

诚然，在"北魏说"中，还有从不同角度进行研究，对三窟的具体年代提出了多种不同的意见[19]。

②北凉说

此说以20世纪80年代初敦煌研究院对莫高窟北朝洞窟的分期所持观点为代表。这是在对莫高窟三十余个早期洞窟进行分期、排年的基础上认定的。研究论文将莫高窟北朝石窟分为四期，其中将第268、272、275窟排定为第一期，确认相当于北凉统治敦煌时期，即公元421～439年左右[20]。此说发表后，使用于敦煌研究院的多数学术成果之中，还有不少学者亦持相同观点。在目前尚未发现新的确凿证据或具有很强说服力的研究成果发表之前，我们仍倾向于此说。

③西凉说

此说主张第268、272、275窟一组洞窟的开窟时代为西凉，即相当于公元400～421年西凉统治敦煌期间[21]。

此外，有的学者认为莫高窟开凿时代在3世纪末或4世纪初[22]；又有的学者认为第268、272、

275窟开凿于西凉至北凉[23];也有的学者推测第268、272窟的开凿更早,有可能是《李君莫高窟佛龛碑》(武周圣历元年,公元698年)和《莫高窟记》(见于第156窟及遗书伯3720号卷背,晚唐。)中记载的乐僔、法良所开之窟[24];还有的学者认为第268、272、275窟的上限为公元433年,下限不晚于460年[25],等等。

7　莫高窟早期三窟的创建与重修时代

根据对第268、272、275窟调查、各窟遗存的层位叠压关系,可大致按相关时代分为三期。

第一期

包括第268、272、275窟的第一层(第267、269、270、271、272A、273窟均在内),为第268、272、275窟的开窟时代,有关内容及特征均已作重点陈述,具体时代亦如上述。20世纪40年代以来,普遍认为成于北魏。自80年代以来,在《敦煌莫高窟内容总录》等资料中定为十六国时代北凉时期。另有多种不同意见。需要注意的是,第一期的层位关系存在一些复杂因素,诸如,第268窟正壁龛下供养人壁画有重层迹象,现存供养人覆盖了下层2身供养人画迹;另,第274窟依据其所在位置和洞窟性质并参照第272窟的窟外崖面布局可认定其开窟与第275窟同期,但窟内整体业经第二期改造,第一期遗迹已无可分辨;此外第268、272、275三窟,尽管具备一系列共同特征,它们之间的差异也是难以忽略的,其中的一些因素分别具有"幼稚"或"成熟"的性质,足以导致对时代早晚的不同判断,至少没有充分理由断定三个洞窟是"一蹴而就"的;因此,对于第一期时代的确定,在学术上的复杂性显而易见。

包括第272窟窟外门两侧崖壁上开凿的二龛,即第273、272A窟内塑禅僧像各1身,时代曾被认定为北魏[26]。据现场对迹像的观察,上述遗迹禅僧像的塑作应与二龛的开凿同时,二龛在形制上存在与第272窟的组合关系。因此,我们将它归入第一期。

第二期

包括第268、275窟的第二层,如第268窟南北两壁千佛和四个禅室(即第267、269、270、271窟)内的壁画,第275窟主室东壁门南侧中段壁画,以及第275窟外门南侧崖壁上残存第274窟内的第一、二层壁画。据《敦煌莫高窟内容总录》和樊锦诗、关友惠、刘玉权《莫高窟隋代石窟分期》[27]等资料,定为隋代。第二期也存在壁画层位上的复杂性,例如在第268窟南壁禅室即第269窟的西壁,在千佛画层之下似隐约可见说法图以及人、马等重层画迹;又如出于推理,第274窟南北两壁的两层千佛壁画归入于同一时代。

第三期

包括第272窟的第二层、第275窟的第三层。在第272窟四壁下段绘供养人,在甬道两壁画不空绢索观音变和如意轮观音变,在甬道顶画接引佛。在第275窟进行了较大规模的重修和改建,在窟室中部砌筑一堵土坯隔墙,主要对隔墙以西部分重新彩绘,窟顶及北、西、南壁上部画藻井图案、飞天、千佛、边饰、垂幔,在隔墙西向面画说法图、不空绢索观音变、如意轮观音变,以及女供养人、边饰图案等,以及隔墙以东的南、北壁上段画双树圆券形龛(西起第三龛)及龛内塑像、壁画重妆、重绘,在龛下中段绘弥勒经变、天请问经变等。其中身着回鹘装的女

供养人，与明确为曹氏归义军时代开凿的第98、61窟所见回鹘装女供养人服饰相同，又据《敦煌莫高窟内容总录》等资料，第三期的时代应为五代至北宋。此外，据考古调查，在莫高窟南区中段崖面第三层，曾发生过较大范围的洞窟坍塌，波及到相关的早期272、275窟。在此范围之内，曹氏归义军时代曾进行过相当规模的重修、重建，其中第454窟即建成为归义军节度使曹延恭及其夫人慕容氏的功德窟，时值宋开宝九年（公元976年）。上述洞窟坍塌的时间当在此之前，重修时间，包括第275窟内修造隔墙、补绘壁画及第272窟甬道的重绘，应都与第454窟建成的时间相去不远。[28]

在第268、272、275窟所在的崖面上，其下方有一排岩孔，推测是为解决洞窟之间交通而架设栈道所留下的梁孔遗迹，时代约历经五代、宋、西夏。这样推断应符合这些洞窟及上下左右邻窟不同程度的重修情况，同时也与曹氏归义军时代和西夏时在莫高窟南区大规模修缮洞窟和构筑窟前建筑的事实相符。[29]

注释：

［1］ 1991年，由敦煌研究院保护所对该隔墙进行了技术性拆除搬迁，将隔墙西向面壁画剥离后，粘贴于被修缮加固的本窟北壁东端和东壁砌体上。

［2］《贤愚经》卷一《梵天请法六事品》，《大正藏》第四卷，第350页。

［3］《贤愚经》卷一《梵天请法六事品》，《大正藏》第四卷，第349～350页。

［4］《贤愚经》卷一《梵天请法六事品》，《大正藏》第四卷，第351～352页。

［5］《贤愚经》卷六《月光王头施品》，《大正藏》第四卷，第387～390页。

［6］《贤愚经》卷六《快目王眼施缘品》，《大正藏》第四卷，第390～392页。

［7］ 参见樊锦诗、马世长《莫高窟北朝洞窟中的本生因缘故事画补考》《敦煌研究》1986年第一期。贺世哲《敦煌图像研究·十六国北朝卷》，甘肃教育出版社，2006年6月。

［8］ 此画面，另有学者提出不同的新说法：①明月王本生故事等（张学荣、何静珍《莫高窟第275窟内容初探》，《1990年敦煌学国际研讨会文集·石窟考古编》，辽宁美术出版社，1995年）；②天宫伎乐图（郑汝中《新发现的莫高窟275窟音乐图像》，《敦煌研究》1992年第2期）；③弥勒兜率净土（赖鹏举《丝路佛教的图像与禅法》，圆光佛学研究所，2002年）。

［9］ 说法图均表现佛在某特定场合说法的场面，似有经典根据，其画面内容与经变中的说法会内容相类似，但由于画面缺乏鲜明的特点，无法判定其题材内容，或只作单一场景的表现，未穿插经文诸品内容，故仍归入经变画类。

［10］ 关于敦煌北朝石窟与禅法、石窟性质，请参阅贺世哲《敦煌莫高窟北朝石窟与禅观》，《敦煌研究文集》，甘肃人民出版社，1982年；又，《敦煌图像研究·十六国北朝卷》，甘肃教育出版社，2006年。

［11］ 关于第268、272、275窟主尊的名号，大多数学者认为是弥勒。但是，也有少数学者持不同意见，譬如，对于第275窟主尊，有学者认为是成佛前的释迦（张学荣、何静珍《莫高窟第275窟内容初探》，《1990年敦煌学国际研讨会文集·石窟考古编》，辽宁美术出版社，1995年）；也有学者认为是转轮王（古正美《再谈宿白的凉州模式》，《1987年敦煌石窟研究国际讨论会文集·石窟考古编》，辽宁美术出版社，1990年）；还有学者认为是观音（高田修《ガンダーラ美術における大乘の征證——彌勒像と觀音像》，《佛教藝術》(125)，日本每日新聞社，1979年）。对于第272窟主尊，有的学者认为是释迦。

［12］ 参阅汤用彤《汉魏两晋南北朝佛教史》，中华书局，1983年。

［13］《大正藏》第50卷，第320页。

［14］"弥勒三会"的说法，请参见《中国石窟·敦煌莫高窟一》（东京，平凡社，1980年日文版）图版说明；林保尧《敦煌艺术图典》，台北艺术家出版社，1991年。东山健吾先生将本窟主尊佛与南北壁说法图中的主尊佛结合起来考察，定名为三世佛（东山健吾文、贺小萍译《敦煌莫高窟佛树下说法

图形式的外来影响及其变迁》，《敦煌研究》1991年第 1 期），贺世哲先生持赞同意见（贺世哲《敦煌图像研究·十六国北朝卷》，甘肃教育出版社，2006年）。

[15] 有关论述参见：

李浴：《莫高窟各窟内容之调查》：张大千编第233窟（即敦煌文物研究所编第275窟）"以时代而论，当为莫高窟现存壁画最早者。"手稿，藏敦煌研究院资料中心，1944～1945年。

阎文儒：《洞窟内容说明》："此窟（即敦煌文物研究所编第275窟）可断为莫高窟北魏最初期之代表窟。"手稿，藏敦煌研究院资料中心，1946年。

谢稚柳：《敦煌艺术叙录》："以窟而论，第二百三十三窟（即敦煌文物研究所编第275窟）为最古"（第 5 页）。又，张大千编第233窟（即敦煌文物研究所编第275窟）"窟内诸画，率野之极，其他魏窟画，无有过此者，当为莫高窟最早之魏画"（第309页）。上海古籍出版社，1996年。

樊锦诗、马世长、关友惠：《敦煌莫高窟北朝洞窟分期》，以考古学方法排比、分期，确定第268、272、275窟为莫高窟第一期洞窟，相当于北凉统治敦煌时期。载《中国石窟·敦煌莫高窟》第 1 卷，文物出版社，1981年。

宿白：《敦煌莫高窟早期洞窟杂考》：认为第275、272、268窟属于莫高窟现存最早的洞窟；又，《莫高窟现存早期洞窟的年代问题》："敦煌莫高窟第268（包括267、269、270、271四个禅窟）、272（包括273和另一个未编号的小龛）、275三窟左右毗连，是大家公认莫高窟现存最早的一组洞窟。"二文均辑入《中国石窟寺研究》，文物出版社，1996年。

[16] 张大千：《漠高窟记》，台北·国立故宫博物院，1985年；谢稚柳：《敦煌艺术叙录》，上海古典文学出版社，1957年。

[17] 敦煌文物研究所：《敦煌千佛洞各家编号对照表》，《文物参考资料》第 2 卷第 5 期，1951年；福山敏男：《敦煌石窟编年试论》，《佛教艺术》第19期，《中央アジア特集》1953年；水野清一：《敦煌石窟ノート·北朝窟について》，《佛教艺术》第34期，1958年，后收入水野清一《中国の佛教美术》，平凡社，1968年。

[18] 宿白：《参观敦煌莫高窟第285窟札记》，《文物参考资料》1956年第 2 期；《敦煌莫高窟早期洞窟杂考》，《大公报在港复刊三十周年纪念文集》卷上，香港大公报社，1978年；《莫高窟现存早期洞窟的年代问题》，香港中文大学《中国文化研究所学报》第20卷，1989年；三文均辑入《中国石窟寺研究》，文物出版社，1996年。

[19] 譬如，水野清一：《敦煌石窟ノート·北朝窟について》，《佛教艺术》第34期，1958年；黄文昆：《麦积山的历史与石窟》，《文物》1989年第 3 期；《十六国的石窟寺与敦煌石窟艺术》，《文物》1992年第 5 期。

[20] 樊锦诗、马世长、关友惠：《敦煌莫高窟北朝洞窟分期》，《中国石窟·敦煌莫高窟》第 1 卷，文物出版社、平凡社，1981年。参见杜斗城：《关于河西早期石窟的年代问题》，《敦煌学辑刊》1994年第 2 期。

[21] 王泷：《甘肃早期石窟的两个问题》，《1983年全国敦煌学术讨论会文集》石窟·艺术编上，甘肃人民出版社，1985年；金维诺：《敦煌窟龛名数考补》，《1987年敦煌石窟研究国际讨论会文集》石窟·考古编，辽宁美术出版社，1990年。

[22] 阎文儒：《莫高窟的创建与藏经洞的开凿及其封闭》，《文物》1980年第 6 期；《中国石窟艺术总论》，天津古籍出版社，1987年。

[23] 史苇湘：《关于敦煌莫高窟内容总录》，敦煌文物研究所《敦煌莫高窟内容总录》，文物出版社，1982年。

[24] 贺世哲：《从供养人题记看莫高窟部分洞窟的营造年代》，敦煌研究院《敦煌莫高窟供养人题记》，文物出版社，1986年；马德：《敦煌莫高窟史研究》，甘肃教育出版社，1996年。

[25] 殷光明：《从北凉石塔看莫高窟早期三窟的建造年代》，《2000年敦煌学国际学术讨论会文集》石窟考古卷，甘肃民族出版社，2003年。参见《北凉石塔研究》，台北·觉风佛教艺术文化基金会出版，2000年。

[26] 敦煌文物研究所：《敦煌莫高窟内容总录》，文物出版社，1982年。

[27] 参见樊锦诗、关友惠、刘玉权：《莫高窟隋代石窟分期》《中国石窟·敦煌莫高窟》第二卷，文物

出版社，1984年。
[28] 樊锦诗、彭金章、王旭东：《从莫高窟的历史遗迹探讨莫高窟崖体的稳定性》，《宿白先生八秩华诞纪念文集》，文物出版社，2002年。
[29] 潘玉闪、马世长：《莫高窟窟前殿堂遗址》，文物出版社，1985年。

敦煌莫高窟早期における三窟に関して
―――莫高窟第268・272・275窟―――

蔡　偉　堂

はじめに

　莫高窟第268・272・275窟は学界において公認されている現存する莫高窟の中で、最も早い時期の三つの石窟である。長期にわたって、この三つの石窟は常に学界の注目を集め、数多くの論文が発表され、研究面で実り多い成果を挙げてきた。ここ数年、われわれは現場を詳細に調査・記録し、さらに《敦煌莫高窟第268・272・275窟に関する報告》を作成した。先学の歴史文献記録と研究成果を十分に生かすことができ、また啓発されるところも多かった。
　本稿は、先学の研究基礎の上で、著述した莫高窟の前期における三つの石窟に関する報告から得たものを加えて、この三石窟の形と構造、色彩の塑像、壁画の内容及び特徴を全面的に概述し、さらに関連する問題について私見を発表したい。

1　莫高窟の早期における三窟に関する概要

　莫高窟第268・272・275窟のうち、第268窟は五つの通し番号を含む。すなわち第267・268・269・270・271窟のうち、第268窟は主室として、他の四つの番号はこの主室の南北壁に設けた四つの禅室である。第272窟は二つの小さな窟をもつ。すなわち第272A・273窟で、それぞれ第272の外壁門の南北に位置する。第275窟は一つの小さな窟をもち、すなわち第274窟で、第275窟の外壁門の南側に位置する。言い換えると、一般に莫高窟前期と言われる三つの洞窟は、実際には公認されてきた莫高窟時代前期の第268・272・275窟という三つの主な典型石窟とそれぞれ外壁に位置する幾つかの小さな石窟を含んでいるということになる。
　第268・272・275窟は、莫高窟南区中央の下から数えて第3層洞窟断崖にあり、左右は隣り合い、東向きで西にある。その洞窟外側の門の下に一列の穴が掘られたことは、昔、石窟の開鑿される前に桟道を設けていたことを証明している。現存する第268・272・275窟には前室がない。甬道は第272窟だけ保存状態がよいが、第275窟には南壁の一部しか残っていない。第268窟は崩壊したため、桟道があるかどうか未知のままである。また、この三つの石窟は

後代に、ある程度に修復されたり改造されたりしたことがある。ある窟は一回だけ補修し、ある窟は二回或いは三回も補修と補彩をされたことがある。そこで、石窟の開鑿された初期の内容を中心として、後代に修復されたものを加えて下記のように分けて論じる。

　第268窟は、一つの主室（第268窟）と四つの禅室（第267・269・270・271窟）からなる禅定窟である。主室は長方形で面積が狭く、南北の間口はわずか1メートルあまり、東西の奥行きは3メートルあまりで、高さは1.68～1.88メートルである。平天井で正面の壁（西壁）に丸い龕が開き、両側の壁（南・北壁）に二つずつの禅室をほりこまれ、南北は対称である。禅室は正方形で、広さは1メートル平方に満たず、高さは1.6～1.7メートルで、大体、平天井である。主室の前壁（東壁）には南側のわずかな壁面しか残っていないため、窟門の形と構造はまだ不明のままである。

　正面の龕には交脚仏坐像を安置し、肩が広く、腰が狭い。頭部は後世の人によって泥を塗りなおされたことがあるが、丸みのある顔、広い額、高い鼻筋、大きな目、大きな口に薄い唇で、波状の髪型である。右臂と左臂の先は欠けているため、その手印を識別することができない。中に僧祇支を着けて、外に赤土色の大衣を右肩を脱いでまとっている。

　龕内の本尊仏像の後ろ壁に円光と光背が、龕の上方に傘蓋が描かれた。本尊の両側に侍立の脇侍菩薩と交脚坐式の供養菩薩が一体ずつ描かれている。龕の外両側に上から下へ飛天と三体の交脚供養菩薩が描かれている。龕の下方に男女供養者像が描かれ、そのうちの供養者は胡服と漢式の服装を重ねて着ている。南北両側の壁面に段を分けずに上方に飛天を、中部には趺坐人物、龕楣と門柱が、下部には力士が描かれ、その配置はまばらであった。壁画の菩薩と飛天は、上半身が半裸、肩には帯状の衣を掛け、下半身は裙を着け、首輪、瓔珞や胸飾りをつける姿である。面目と軀体は西域の"凹凸画"技法によって立体感を表現する。窟頂の浮き彫り式の三角持ち送り天井と四平棋を作り、蓮華・火炎・飛天・化生紋などで装飾されている。正面壁上段と龕内外及び窟頂は土紅色、正面壁下段（龕の下）は白色で、両側壁に色は塗られず、四つの小さな禅室内はもともと素壁で壁画がなかった。

　現存する主室の南北壁表面の壁画と四つの禅室内表面の壁画はいずれも後代によって描きなおされたものであり、その中の南北壁には千仏、説法図を描き、四つの禅室内には千仏、説法図、座禅図、供養人、装飾図柄などが描かれた。これらは窟内の第二層の壁画であり、後代によって補修されたものである。

　第272窟は方形プランの単室で、高さは2.3メートルで、約2.7～3平方メートルの広さを持つ。正面壁（西壁）に大きな円拱龕を開き、窟頂はアーチ型に近く、四壁とつなぐ箇所は明確な境界線がない。前壁（東壁）の中央に甬道が窟外につながっている。この甬道は後代に補修されたため、その原形は不明のままで、壁画も描きなおされた。窟外の甬道口両側断崖におのおの二つの小さな円拱龕を開き、南北は対称とする。番号は第272A・273窟である。

　正面壁の龕には主尊仏像を安置し、方形台座に腰を下ろし、素足は座前の長方台におく。頭部は補修され、両臂の先は欠けている。右臂のあげ方と左臂のひじ曲げから見ると、説法

印をとったと考えられる。肩は広くて腰は狭く、服飾は第268窟の主尊仏像に似ており、衣襞表現は縄上の泥を貼り付ける手法を用いた方形泥線に陰刻線を施している。龕内の主尊仏像の後ろ壁に円光と光背を描き、光背には化仏、飛天、忍冬文、火炎文などを装飾し、龕の上方に丸い傘蓋が描かれた。主尊の両側に対峙する脇侍菩薩と交脚坐式の供養菩薩及び弟子数体が描かれている。四壁壁画は上下二段に分けるという配置である。正面壁上段の龕両側にはおのおの四列の菩薩が描かれて、列ごとに五体ある。上段に結跏趺坐仏、半跏趺坐仏或いは交脚仏が安置され、その動きとしぐさはさまざまである。下の列の菩薩は蓮華座に半跏し、蓮華は緑池の水面から出てきている。他に南北壁と東壁の上段には配列した千仏を描き、南北壁両側の中央に小さな対称の説法図を描く。図の中央には結跏趺坐仏が双獅子方形台座に坐って説法する様子を示している。両側に脇侍菩薩と二人の弟子が侍立する。上方には傘蓋と飛天がある。四壁の壁画の下段には後代に描いた供養人によって覆われていたため、もともと描かれた壁画の辺縁部装飾と三角垂帳文がかすかに見える。窟頂中央に浮き彫り式の三角持ち送り天井と藻井を持ち、天井の中心に蓮華を描き、三角形の分かれ目は火炎文、飛天で飾り、辺縁部には構成の違う忍冬文、星雲などの模様を描いた。藻井の外回りに天宮伎楽を、外回りの南北と東に飛天を、正面には供養菩薩列像を描いている。

　甬道の上方には接引仏立像と結跏趺坐仏立像を、北壁に不空絹索観音変を、南壁に如意輪観音変を描いている、これらは窟内の第二層壁画の類に入り、後代によって描きなおされた。

　窟外両側断崖に円拱龕を開き、龕（第272A・273窟）におのおの禅僧像が結跏趺坐し、肩ごしに袈裟をまとい、両手は腹前に交差して禅定印をとる。

　第275窟は長方形プランの単室で、間口は3.5メートル、奥行きは6メートルあまりで、高さは3.58メートルある。正面壁（西壁）に塑像があり、南北両側壁はそれぞれ上中下3段からなっている。3段の間には突起した菱形の格子と辺縁部装飾で仕切られ、上段は南北壁とも、二つの門闕形龕とひとつの双樹龕を開き、中段と下段には絵画を描いている。前壁（東壁）北側と上部はすでに崩壊し、南側の壁画の一部しか残っていない。窟外につなぐ甬道の大部分は崩壊し、形と構成は不明のままで、甬道の南壁の下段にあるわずかな壁面しか残っていない。窟頂は人字披形を呈し、中間の切り妻は広く、南北両側の斜め坂に垂木や棟木などを塑土で立体的に作っている。窟外の南側断崖に小さな石窟があり、番号は第274窟である。窟内は人字披天井で、正面壁（西壁）に小さな円拱龕を開いたのである。

　正面壁の中央に交脚菩薩像が安置されている。菩薩は獅子を従える方形台座に腰を下ろし、後ろの壁に三角形の背もたれが浮き彫りに塑造されている。菩薩の右臂は前にあげ、右手は欠けている。左臂はわずかに曲げ、左手は左臂に置いて説法印をとっていると考えられる。肩が広く、腰が狭い。頭部表面は後代に泥を塗ったり補彩されたことがあるが、ほぼ原型を保っている。丸みのある顔、広い額、大きく前に出た目、まっすぐな鼻筋、大きな口と薄い唇で頭上に化仏宝冠を戴き、頭部の後ろに丸い円光を塑造してある。両肩に袈裟をまとい、下半身は裙を着け、首飾り、臂釧、瓔珞及び胸飾りをつける姿である。縄状の泥を貼り付け

る手法を用いた衣文線にさらに陰刻線を施している。主尊全身と円光は後代によって補彩された。主尊の方形台座両側に二つの獅子が塑像され、双獅子方形台座となっている。南北両側壁の上段後部の闕形龕におのおの菩薩像を安置し、交脚坐式で方形台座にかけ、菩薩像の後ろに三角形の背もたれが浮き彫りに塑造されている。その造形、面様、服飾は主尊に類似し、説法印或いは両手は胸前に交差している。両壁の上段前部の双樹龕と円拱龕に、それぞれ半跏座の思惟菩薩像を安置し、腰を束ねて円座する姿である。半跏思惟菩薩像と円座は後代によって補彩されたのである。

　正面壁の主尊両側壁画は上下段を分けるという配置で、上段には侍立する脇侍菩薩と数体の供養菩薩が描かれている。供養菩薩はすべて結跏趺坐で、礼仏するまたは供養する状態を示す。南北両側壁の上段後部にある四つの闕形龕に、北壁の西から二番目の龕を除いて、交脚菩薩像両側に仏弟子を置く。仏弟子はちり払いを高くあげ、一輪の花または指を上げる姿である。他の壁には忍冬、星雲などの模様を描いている。双樹円拱龕の内側壁面は後代に描きなおされている。両壁上段の各龕の間に、それぞれ菩薩立像と数体の結跏趺坐仏像を描いている。南壁中段には仏伝図の四門出遊が描かれ、仏伝図の下方に供養菩薩立像の一列が描かれている。北側中段には「毘楞竭梨王本生」「虔闍尼婆梨王本生」「尸毘王本生」「月光王本生」「快目王本生」などの仏本生故事が描かれ、本生図の下方には供養者の列が描かれている。前壁（東壁）南側に残存している中段画面は後代に描きなおされている。四壁の下段には辺飾と三角垂帳文を描いている。窟頂南北両側面にわずかに垂木間の屋根板に描かれた蓮華と忍冬の文様が残存し、ほかの部分は後代に描きなおされたものである。

　前壁（東壁）南側の中段壁画は、この窟の第二層壁画と暫時、定めている。画面は上下二段の大型建築である。上層は屋根、屋根瓦の並びの窪んだ部分、軒に六つの二扉式の門窓で、門窓は半開のままであり、前に寄席を設けていた様子を描き、下層の軒先に斗拱、垂木、横架けの垂木や本堂など、本堂には二列像の供養比丘があり、上の列の中央には主尊を安置し、南北両側には供養比丘が偏袒右肩に袈裟をまとい、中央の主尊に向き、台の上にかがみこみ、両手は腹前で交差しているところが描かれている。宮殿の上方には僅かな山峰を残し下方には波をうつ緑色の池があり、水中には童子四体が残存している。この層の壁画には後代になって重ねて描かれた座仏の絵があり、二体は現存している。これが第三層壁画となっている。

　後代は、窟室の中央に仕切り塀[1]を作り、窟室を東西（前後）の二室に分け、仕切り塀の中央には出入り口が取り付けられ、仕切り塀の両側に絵画が描かれている。現在仕切り塀の西側壁画しか残っておらず、東側の壁画ははっきりと見えなかった。仕切り塀の西側は三段を分ける配置で、上段（すなわち窟門の上方）は説法図三舗を、中段の南北両側はそれぞれ如意輪観音変と不空絹索観音変を、下段は供養人像を描いている。仕切り塀に分けられた前室の南北両側壁には鈴が新たに付けられ、両側壁の上段には双樹円拱龕を描き、龕内の塑像に新しく色彩を施した。両側壁の中段にそれぞれ天請問経変と弥勒経変を描いているが、下段ははっきりと見えない。窟頂に藻井模様、千仏、飛天、垂木、辺飾などが描きなおされている。

この層の壁画は本窟の第三層壁画となっている。

2　莫高窟早期における三窟の塑像に関して

　第268・272・275窟に現存している塑像は、仏像、菩薩像、禅僧、獅子などがある。これらは窟創建当時の原作で、後代によって少なからず補修が加えられた。

　仏像は二体ある。二体とも坐仏像で座り姿が違い、それぞれ交脚座像と倚坐像である。そのうち第268窟の正面壁の龕内には交脚仏座像一体を安置し、第272窟の正面壁の龕内にもう一体の仏倚坐像を安置した。二体とも窟内の主尊であり、窟創建当時の原作で、後代に重修された。

　菩薩像は七体で、皆坐像である。菩薩坐像と座り姿が違い、それぞれ交脚座と半跏座である。第275窟内に交脚菩薩を五体安置し、交脚菩薩の大きさが違う。その内の一体の菩薩は身長が3.2メートルに達し、この菩薩を正面壁前に安置し、窟内の主尊となる。他の4体は身長が約0.8メートルで、それぞれ北壁と南壁後部の西よりの第一、第二龕内（闕形龕）に安置し、説法相或いは両手を胸に交差している。半跏座菩薩二体はそれぞれ第275窟の北壁と南壁前部の西よりの第三龕内（双樹円拱龕）に安置し、皆、思惟相をしている。以上の菩薩像はいずれも窟創建当時の原作で、後代によって重修された。

　禅僧像は二体で、結跏趺坐で禅定印をとって第272窟外両側断崖の二つの龕内に安置してある。すなわち第272A窟と第273窟である。

　獅子は二体で、第275窟の正面壁の主尊の方形台座の両側に獅子が対峙する。獅子後部は方形台座に隠れ、窟創建当時の原作である。

　塑像はいずれも丸彫りのもので、壁に沿って塑造され、背後は壁の中に隠し、また破損箇所からその塑造の全過程がうかがわれる。木の棒で骨組みを作り、骨組みに地元産のシラン或いは葦を包み、粘土（付近の川床に堆積していたもの）、細かい砂、麦わらで作った塑土で形体模様を塑造し、さらに細かい塑土で形体表面の皮膚、五官、衣装飾、襞（ひだ）などを細かく製作する。細かい塑土は粘土、細かい砂、麻屑或いは綿花でこねた泥である。最後に彩色する。塑像の襞作りの手法は二つある。ひとつは陰刻線を施す手法である。深さは適切で筋がはっきりする。もう一つは縄状の泥を貼り付ける手法である。すなわち体面に突起した縄状の泥を貼り付け、さらに縄状の泥の上と縄状の泥間の窪んだ箇所に陰刻線を施す。後者は洞窟の主尊塑像によく使われていた。塑像の彩色は質朴でおだやかで、大きい面積の服飾は土紅色を彩色し、肌の露出した部分はピンクで、衣装飾のへりと髪、肉髻には緑や黒を彩色していた。菩薩像の袈裟と長裙には土紅色、黒あるいは緑で、衣縁と装飾物には一般的に土紅色、緑、白、黒、褐色などを組み合わせて色使いされた。

3　莫高窟早期における三窟の壁画内容に関して

　第268・272・275窟に現存している壁画は、主に五種類がある。尊像壁画・故事壁画・経

変図・供養人像壁画・装飾図柄などで、これらは違う時代の三層に属している。

(一)主尊像壁画

　主尊像壁画には仏、菩薩、弟子、飛天、天宮伎楽、力士、侍者、禅僧などがある。仏像は各窟でもっともよく見られるが、主なものは千仏、接引仏である。

　千仏は第272窟の南北、東壁上段と窟頂及び第275窟の南北壁上段に見られ、窟内の第一層に属し、窟創建当時の原作である。第268窟の南北壁及び四禅室の第267・269・270・271窟のそれぞれの壁画は、窟内の第二層に属する。第275窟外と第274窟の南北壁は窟内の第一層に属する。ほかに第275窟頂部は窟内の第三層に属し、第274窟の南北壁、東壁と窟頂は窟内の第二層に属し、後代に描きなおされたものである。早期における三窟に見られた千仏は造形が統一し、並びも秩序よく整然としている。色使いの規則的変化に基づいて悠揚感を生じる。違う層に描かれた壁画の構成及び技法おいては、多くは統一性をもつが、注目すべき相違性ももつ。第272窟の第一層と第268窟の第二層を例にあげると、前者の千仏につけた袈裟は通肩式と交領式の二種類があり、交領式の袈裟には僧祇支が見える。後者はみな通肩式袈裟である。また、さらに大きな違いは頭光、光背、袈裟、蓮華座の色あわせと並び配置の組み合わせにある。前者は八体を一組として、後者は四体を一組として簡略化の趨勢を示している。前者は赤、黒、緑、土、白の五色で組み合わせ、後者は青を使用している。同時代の第267・268・269・270・271・274窟内の第二層と比較してみると、色使いは多様化している。すなわち赤、白、黒、土色、青の五色（第266窟）、赤、白、黒、灰色、青の五色（第268窟）、赤、緑、黒、土色、白の五色（第271窟）、赤、土色、黒、青、白の五色（第270窟）、赤、土色、黒、白の四色（第267・274窟）で、赤、青、黒、緑の四色（第269窟）である。千仏列像の両端は蓮華の蕾で座仏像を置き換えるときもあるところから見ると、千仏と化生仏との関連を表わすものと考えられる。よりいっそう遅くできた層に描かれた千仏様式は、上述したのとまったく異なり、描き方は粗末で、色の組み合わせによって変化することがなく、早期の生き生きとした姿とは比較にならない。

　接引仏は一体で、立像である。第272窟の甬道頂部に見られ、窟内の第二層に属し、後代に描きなおされている。

　菩薩像には脇侍菩薩や供養菩薩などがある。脇侍菩薩は立像である。第268・272窟の正面壁龕内と第275窟の正面壁の主尊の両側に見られ、窟内の第一層に属し、窟創建当時の原作である。ほかに第275窟の左右壁前部、双樹円拱龕内の塑像両側に菩薩をおのおの一体安置しているのを見ることができる。この二体の菩薩像は窟内の第三層に属し、後代に絵が加えられたのである。

　供養菩薩は坐像と立像がある。坐像もさまざまで、結跏趺坐、半跏座、交脚座、倚座、胡坐座など、姿態は自由である。第268窟の正面壁龕内外、第272窟の西壁龕内外と窟頂の東西両側坂及び第275窟の西壁の主尊の両側に見られる。立像は第275窟の南北壁上段における龕

と龕との間と南壁中段に見られ、窟内の第一層に属し、窟創建当時の原作である。供養菩薩は常に主尊の左右を囲んでいる。その内の第272窟の正面壁龕外の両側壁に並べた48体菩薩像は姿態がさまざまで生き生きとした姿である。研究者たちは、菩薩が伎楽舞踊で主尊を供養し、或いは主尊の説法を聞いて歓喜したと考えている。第275窟の南壁中段に描かれた39体供養菩薩立像は姿態が単一で並びも整然としており、北壁の同じ位置の供養人と対峙する。両壁は正面壁の主尊に向いて礼拝行列する様子を示している。南壁東端の供養菩薩行列の最後に座式仏が2体描かれているが、供養行列との関係に関する研究を俟たねばならない。

弟子は跪き姿と立ち姿である。跪き姿はすなわち胡坐座で、第272窟の正面壁龕内の主尊の両側に見られる。立ち姿は第272窟の南北壁の説法図に見られ、窟内の第一層に属し、窟創建当時の原作である。第274窟の正面壁龕内外は窟内の第二層に属し、後代に描きなおされたものである。

飛天は第268窟の正面壁、北壁、南壁及び窟頂の平棋、第272窟の正面壁龕内の主尊光背及び窟頂点の南北、東坂、第275窟の南北壁の物語に見られ、窟内の第一層に属し窟創建当時の原作である。他に第275窟頂に見られ、窟内の第三層に属し、後代に重修された。

天宮伎楽は第272窟頂の四面に見られ、窟内の第一層に属し、窟創建当時の原作である。窟頂を一周する天宮欄干を描き、欄干に円拱龕式の天宮楼閣があり、さらに楼閣に伎楽天を描き、東面北端の建造物内に比丘頭像を描いている。多くの研究者はこれを"大頭仙人"或いは"労度跋提"と呼んでいる。北面の西端の伎楽天は目が深く、鼻筋が通っており、体軀も大きいため、一般のものと異なっている。

力士は六体である。第268窟の南壁、北壁下段に見られ、窟内の第一層に属し、窟創建当時の原作である。

侍者は六体である。第275窟の北壁上段の西よりの第一龕内、南壁上段の西から第一、第二龕内に見られ、窟内の第一層に属し、窟創建当時の原作である。

禅僧は一体である。第271窟の南壁の座禅図に見られ、窟内の第二層に属し、後代に絵が加えられた。

(二) 物語絵画

物語絵画には本生図、仏伝図がある。窟内の第一層に属し、窟創建当時の原作である。

本生図は合わせて五種類で、いずれも第275窟の北壁中段に見られ、西から東へ列挙すると、下記の通りである。

毘楞竭梨王本生は一幅で、内容が一説である。[2]毘楞竭梨王本が体に千の鉄釘を打つことに耐え、ついに成仏したという物語を描いている。

虔闍尼婆梨王本生は一幅で、内容が一説である。虔闍尼婆梨王が自らの体をえぐらせ、千の灯を供養し、妙法を得たという物語を描いている。尸毘王本生は一幅で、内容が二説である。[3]尸毘王が自らの腿の肉を割かせたが、いくら割いても鳩と同じ重さにならず、結局全身

を天平の上に乗せたという物語を描いている。月光王本生は一幅で、内容が二説である。月光王が自らの首を施した情景を表す物語を描いている[4]。快目王本生は1幅で、快目王が自らの目をえぐらせ、婆羅門に施したという物語を描いている[5]。

　上述した五つの本生物語絵画は、5世紀半ば以前の漢文訳の数多い経典および経論に見られる。たとえば《仏説菩薩本行経》《大智度論》《六度集経》《大方便仏報恩経》《仏本行経》《選集百縁経》などであり、そのうち《賢愚経》の記載は画面内容に類似し、より相応しいということがいえる[6]。

　仏伝図は一種のみである。第275窟の南壁中段に見られる。

　太子四門出遊は一幅である。西から東へ四つの城門楼閣を記しとして、四つの場面に分けられる。第一、第二場面はよく保存されており、それぞれ老人との出会い、比丘との出会いを表している。第三、第四場面の破損がひどく、画面がはっきりに見えなく、太子が馬に乗り、城門を出ようとしている画面を見分けることができる[7]。

(三) 経変図

　経変図は説法図、弥勒経変図、天請問図、不空絹索観音変図、如意輪観音変図の合わせて五種がある。

　説法図は15舗ある[8]。第272窟の北壁、南壁に見られ、窟内の第一層に属し、窟創建当時の原作である。ほかに第268窟の南壁西側の下方、第271窟北、東西の三面および窟頂、第270窟の北および東西三面、第267窟の南壁、第269窟の南壁に一舗ずつ見られる。窟内の第二層に属し、後代に絵が加えられた。さらに第275窟のしきり壁の西側上段に3舗ある。窟内の第三層に属し、後代に仕切り壁を作るとき絵が加えられたのである。説法図の構成及び内容の組み合わせは多少違うし、人物の数も違う。比較的早くにできた第272窟の説法図に一仏、二菩薩、四弟子、四飛天の十一尊像を描いている。より遅くできた説法図は数が増えたが、内容は簡略化された趨勢がある。多くの説法図は一仏、二菩薩のみ描いている。他に第272窟頂の説法図は一仏、四菩薩を描いている。第267窟の説法図に一仏、二菩薩、二弟子、二飛天を描いている。第269窟の説法図に一仏、二菩薩、十二弟子を描いている。晩期の説法図は経変図と融合するところがあるといえる。

　第275窟内の第三層の三舗説法図は一組となり、真ん中の一舗は正面で、左右対称という構図である。南側の仏はやや右向きで、北側の仏はやや左向きで、両方とも中央の仏に向き、三舗の座仏の前に供え台がある。経変の弥勒三会の場面によく相似している。

　弥勒経変は1幅で、第275窟の北壁前部中段に見られ、窟内の第三層に属し、後代に絵が加えられている。天請問経変は1幅で、第275窟の南壁前部の中段に見られ、窟内の第三層に属し、後代に絵が加えられたのである。

　不空絹索観音変は二幅で、それぞれ第272窟の甬道北壁に見られる。画面は不完全で、窟内の第二層に属し、第275窟のしきり壁の西側中段の門の南側に見られ、窟内の第三層に属

し、後代に仕切り壁を作るとき絵が加えられた。

　如意輪観音変は2幅で、それぞれ第272窟の甬道南壁に見られ、画面は破損がひどく、窟内の第二層に属し、第275窟のしきり壁の西側中段の門の北側に見られ、窟内の第三層に属し、後代に仕切り壁を作るとき絵が加えられた。

(四)供養人画像
　供養人は第268窟の正面壁龕の下方、第275窟の北壁に見られ、窟内の第一層に属し、窟創建当時の原作である。ほかに第268窟の南壁の西側下方の説法図の下、第271窟の四壁、第270窟の四壁、第267窟の東壁、第269窟の東西、南壁、第274窟の北壁に見られ、窟内の第二層に属し、後代に重修されている。さらに第272窟の西壁にも見られ、窟内の第二層に属し、第275窟の仕切り壁の西側に見られ、窟内の第三層に属し、後代に仕切り壁を作るとき絵が加えられたのである。供養人画像では違う身分を表し、男性供養人と女性供養人を除くと、前方を比丘と比丘尼が先導し、後方には侍者と侍女が従う。体軀の大きさは身分の高低或いは年齢、長幼の順序を意味すると考えられる。早期の供養人は遊牧民族の"胡服"を着け、時代と地域の識別を表している。

　第275窟北壁中段の本生図の下方の供養人行列はとくに目立つ。この行列は南壁中段の供養菩薩行列と対称的に釣り合い、整然と並んだ供養人は楽器を演奏する、或いは花を捧げることで主尊を供養している。

(五)装飾図柄
　装飾図柄は一般に窟の上段下方或いは下段の上方、経変図の周辺、窟頂の藻井、平棊の縁、垂木間に張る板、龕楣龕柱、尊像の頭光、背光、宝蓋、背もたれに描かれている。図柄模様には蓮華文、忍冬文、火炎文、星雲文、方格菱形文、千仏、飛天、獣の面、龍模様、渦模様、鋸歯文、三角垂帳文などがある。その内に蓮華文、忍冬文、火炎文はもっともよく用いられていた模様である。破損箇所から壁画制作の全工程を見出すことができる。泥壁は二層構造で、下層は粘土と麦わらからなる荒っぽい泥で、上層は細かい粘土に毛や麻屑を加えるという細かい泥で作った壁である。細かい粘土でできた層に彩画を施すに当たって、まず土紅色で塗りはじめ、それから彩色を施し、最後に輪郭を描き出すという。壁画の多くは土紅色で下地を塗る。色の種類は少なく、土紅色、緑、黒、土色などがよく使われていたため、明快、重厚で質朴な暖色調が形成されたのである。画稿は完成してから、物像の需要と審美規律に基づいて一次彩色を施す。画面の人物形体は暈染法、つまり凹凸法を使用して立体感を表現している。筆触は粗野豪放で肌の肌理によって細かく分け、円形暈染を施し、白色で人物の鼻筋や眼球の高い部分を染めると見られる。長い年月を経て、もともとの土紅色は黒変し、白く染めた部分はすでに褐色に変わってしまい、はっきりしていなかった白い目と白い鼻筋が人物全体の黒変によってさらにはっきりしている。もともと細かい描きで色彩がやわらか

く、優雅な画風は造形が荒っぽくなり、色彩も重厚になってきたのである。

4　莫高窟早期における三窟の特徴

　第268・272・275窟は南北に隣り合い、以下の共通の特徴をもつ。

（一）　第268・272・275窟は規模の大きさが異なり、石窟の形と作りもさまざまであるが、それぞれ座禅に関係する禅室或いは禅龕をもつ。[10]第268窟は主室（第268窟）の南北両側に対称的に四つの小さな禅室を開く。すなわち第267・269・270・271窟は、僧や信者が禅を修行するためのものである。壁は元来は素壁で壁画がなく、現存する壁画は後代に絵が加えられたのである。第272窟は窟外の甬道口両側断崖におのおの二つの小さな円拱龕を開き、南北は対称とする。すなわち第272A・273窟で、中におのおの禅僧像を一体ずつ安置し、壁画がなかったのである。第275窟外の窟門北側の断崖につなぐ甬道の北壁、窟室前壁（東壁）はすでに崩壊し、現存する南側断崖に小さな窟を開く。すなわち第274窟で、窟は正方形で正面壁に龕を開き、人字披天井の窟内には後代に描かれた壁画が現存している。壁画は第267・269・270・271窟の壁画と同じ時期に製作されたものである。元来の窟外の北側断崖の状況が分かるすべがなく、第272窟は窟外断崖に対となる禅僧龕を開いたという配置から、第275窟外の北側断崖に開いた小さな窟は第274窟と対称的で、同じく禅室あるいは禅僧龕になったと推測できる。

（二）　第268・272・275窟の主尊はそれぞれ交脚坐仏像、倚坐仏像、交脚座菩薩像で、皆、弥勒像である。[11]これらの仏陀型と菩薩型の弥勒塑像は十六国晩期、北朝早期において弥勒信仰がすこぶる流行していたことを反映している。禅僧が禅を修行するにあたって、仏を観察し弥勒を見て、さらに弥勒菩薩に疑問を解いてもらうのである。[12]第268・272・275窟の禅窟、禅僧龕及び塑像された禅僧は"窟を開鑿して禅を行ずる"という内容を表している。座禅するとき、洞窟の弥勒仏を観察し、そして弥勒菩薩に疑問を解いてもらう。《付法蔵因縁経》6巻によると、"そのとき、羅漢は三昧に入り、深諦思惟するも解了することならず、神通力をもって分身して兜率陀天の弥勒の所へ飛んで至り、以上を述べて疑を解くよう請うた。"[13]　第275窟の南北両側壁の上段に交脚菩薩像4体をそれぞれ四つの門闕形龕に安置している。門闕形という建築は天宮の玄関を代表し、第275窟の闕形方龕は弥勒仏のいる兜率天宮を象徴しているに違いない。この窟内の窟創建当時の原作は、弥勒信仰の主題をきわめて強調するのみならず、この主題は同じく重修に布施した後代と工匠によって認められ、後代に加えられたり描き直されたりした壁画には弥勒信仰の内容が多く見られたのである。第275窟前壁の上段にある三枚の説法図構図形式は弥勒経変の"弥勒三会"に相似しているところがある。すなわち北壁東側の西よりの第三龕の下に描き直された《弥勒上生下生経変》である。第272窟の正面龕に弥勒仏説法像という主尊を安置し、龕外両側にはたくさんの菩薩がそれぞれ緑の池から出た蓮華に座り、弥勒仏が弥勒浄土世界で説法するという様子を象徴している。南北両側壁説法図は正面の弥勒仏龕と呼応し、弥勒三会の内容に入ると考えられる。[14]

（三）　第268・272・275窟のその他の共通特徴

①第268・272・275窟の塑像はすべて単身造像で、両側の脇侍菩薩、弟子と供養菩薩が龕壁に描かれている。

②第268・272・275窟壁画の飛天形体はたくましく、動態が相対的に鈍く、体の折り曲げは、多くはＶ字形を呈している。

③第268・272・275窟の窟頂は影塑手法を採用し、木造建築模倣の構造を表現している

④第268・272・275窟壁画の人物像は凹凸画の暈染法を採用し、面と体を仕上げ、人物に立体感をもたせる。

　上述してきたように、第268・272・275窟はそれぞれ違うところがあるが、主要な方向は一致している。以上の共通特徴によって第268・第272・第275窟は同じ時期の遺物だと考えられる。

5　莫高窟早期における三窟の意義

　第268・272・275窟に見られた特徴は、以下のように独特な意義をもつと考えられる。

（一）　第268・272・275窟の形と構造がそれぞれ異なるにもかかわらず、石窟の内包と働きにおいては違う側面を示し、互いに補完し、異なる建築空間、異なる尊像と壁画内容で信者の礼拝あるいは禅修行の要求を十分に満足させており、このような組み合わせの石窟と三種類の窟形式はほかに事例がまだない。

（二）　第268・272・275窟は明らかな早期の特徴を多くもつ。

①第268窟の禅窟の形と構造は西議大統四年（538年）の禅窟の第285窟と比較してみると、簡単さと建築形式の初級段階をはっきりと示している。

②第268窟の左右窟は他の下地色を使わずに、白い下地に飛天、趺坐する人物と力士を直接に描き、構図が自由で、配置がまばらではっきりしており、その後の整然として謹厳な分段壁画配置と明らかに異なり、壁画製作の初級段階を表している。

③第272窟の窟頂の形および構造は伏斗式天井の初級段階にあるということを意味している。四面と四壁の境目ははっきりしていないし、カーブはゆるやかで、早期のアーチ型天井から整然とした伏斗式天井への過度期にあるようである。建築構造と比べると、窟頂壁画は前から伏斗式天井の窟頂壁画の基本的な配置を持っていたという。伏斗式天井の窟は寺院殿堂建築形式に関連し、おおよそ北魏以後から石窟の主要な建築形式のひとつになってきたのである。

④第268・272・275窟に見られた弥勒仏を祭る各形式は、中心柱の正面龕（東面）に弥勒像を安置しているという配置と対照的になっている。

⑤第268・272・275窟の仏像と菩薩像は丸みのある穏やかな顔で、広い額、まっすぐ通った鼻筋、大きな口に薄い唇、口元は上にそっている。

⑥第268・272・275窟の仏像は右肩を脱いでまとい、菩薩は上半身を半裸、下半身に裙をつけ

る。三つの窟の仏像と菩薩像の服飾は比較的簡素である。
⑦第268・272・275窟の壁画に、体をねじって振りかえりV字形を呈している飛天は永靖炳霊寺の第169窟の西秦壁画と大同雲崗石窟の早期浮き彫り、および甘粛南金塔寺の早期石窟遺跡にも見られる。
⑧第268・272・275窟の男性供養人像は交領長衫を着け、女性供養人は交領右襟長衫に長裙をつけている。第275窟の男性供養人像は頭巾をかぶり、細い袖の交領長衫を着け、腹部で帯を結び、だぶだぶのズボンと長靴を履いている。その中に現れる"胡服"は北魏太和18年孝文帝における衣服制度の改革以前の特徴をもつと見られる。
⑨第275窟の北壁にある本生物語絵画はフリーズ式で、五つ以上の物語を描いている。物語ごとにきわめて特徴のある典型的な一筋または二筋を一場面にまとめて物語の主題を表現し、独特の画面となっている。
⑩装飾図柄には単葉波状忍冬紋がある。

以上の特徴は、第268・272・275窟が敦煌石窟において、きわめて早い年代の洞窟であることを証明することができ、この点は学界で公認されている[15]。具体的年代においては意見が分かれているが、いずれの観点においても第268・272・275窟は敦煌洞窟において年代がもっとも早く、第一層の遺跡は莫高窟最初の石窟寺の遺跡であることを承認している。

6 莫高窟早期における三窟時代の諸説

第268・272・275窟はいずれも明確な開鑿年代がなく、学界では、石窟の形と構造、題材内容、壁画配置、経典等の根拠、人物造形、衣冠服飾、絵画技法、使用材用、図像比較学や関連する歴史背景資料などに基づいて、いろいろな角度から分析・比較したり、時代区分の研究がなされている。この早期石窟の開鑿時代については幾つかの観点が出された。殊に20世紀80年代以来、この問題に関する論争はより活発になり、研究も絶え間なく深くなりつつある。その内の代表的な説を以下に列挙する。

①北魏説

この説は20世紀40年代、張大千氏[16]から始まった。80年代初期まで、敦煌研究院を含めて学界に支持されている[17]。その内、宿白氏は考古学を応用して歴史背景資料を参考にして、1956年以来、絶え間なく深く掘り下げ細かく研究した上で、第268・272・275窟の開鑿年代は北魏であると考定し、雲崗第二期石窟に当たると主張している。すなわち紀元471～494年で、"北魏説"の科学的論証をより一歩進めたのである[18]。勿論、"北魏説"の中で違う角度から研究し、三つの石窟の開鑿年代についてもさまざまな意見が出されている[19]。

②北涼説

20世紀80年代初期、敦煌研究所における莫高窟・北朝石窟の幾つかの時期に関する観点を代表している。これは莫高窟の早期石窟30余について、時期と年代を分けたうえで認定したものである。研究論文は莫高窟の北朝石窟を四期に分け、第268・272・275窟を第一期と定

める。北涼が敦煌を統治していた時期にあたると確認され、それは紀元421～439年前後にあたる。[20]この説は発表されて以来、敦煌研究院の数多くの学術研究に使われ、多くの学者に賛同されている。確実な証拠、あるいは強い説得力のある研究成果が発表されるまでは、われわれはこの説を支持している。

③西涼説

この説は第268・272・275窟の開鑿年代が西涼であると主張し、その時期は紀元400～421年で、北涼が敦煌を統治していた期間にあたる。[21]

ある学者は莫高窟の石窟開鑿年代は3世紀末～4世紀初期だと考える。[22]またある学者は第268・272・275窟の開鑿年代が西涼から北涼までだと考えるし、[23]ある学者は第268・272窟の開鑿年代がきわめて早かったと推測している。《李君莫高窟仏龕碑》（武周聖暦元年、紀元698年）と《莫高窟記》（第156窟及び遺書伯3700号巻背に見られる。晩唐）の記載によると、楽僔と法良によって窟は開鑿されたという。[24]さらにある学者は第268・272・275窟の開鑿年代の上限は紀元433年、下限は460年までだと考えている。[25]

7　莫高窟早期における三窟の創建と修復時代

第268・272・275窟の調査に基づいて、各窟に残存している層位の積み重なった関係を考えてみれば、関連する時代によって、大よそ以下の三期に分けられる。

第一期

第268・272・275窟を含む第一層（第267・269・270・271・272A・273窟を含む）。第268・272・275窟の開鑿年代は、関連内容及び特徴を重点的に論じてきた。具体的な年代も上述の通りである。20世紀40年代以来、窟の開鑿年代は北魏だというのが一般論であり、80年代より、《敦煌莫高窟内容総録》などの資料は、十六国時代の北涼の時期と定められている。他にもさまざまな意見がある。注目されるのは、第一期の層位の関係は複雑な要素をもつことである。たとえば、第268窟の正面壁の龕の下方の供養人壁画には重層の形跡がある。現存する供養人は、下層の二体の供養人の絵画の形跡を覆うように描かれている。他に、第274窟の開鑿年代はその所在位置と石窟性質に基づいて、そして第272窟の窟外断崖面の配置を参考にして第275窟と同期だと認定されているが、窟内全体は第二期の改造を経て第一期の形跡を見分けるすべがない。

第268・272・275窟は幾つかの共通の特徴をもっているが、それらの差異も見落としてはならない。その中の幾つかの要素は、それぞれ"幼稚"あるいは"成熟"の性質をもつからこそ、これによって時代の早晩の異なりを判断することができる。すなわち、この三つの石窟の事柄は、一度で解決する十分な理由はないと言える。したがって、第一期時代に関する確定には、学術上の複雑性をもつことが明らかになっている。

第272窟外両側の断崖におのおの二つの小さな龕、すなわち第273・272A窟を開き、それぞれ禅僧を1体ずつ安置し、その開鑿時代は北魏だと認定されているが、[26]現場形跡の観察によ

ると、上述した禅僧像の塑像は二龕開鑿と同時代で、二龕は形と構造において第272窟の組み合わせに関係しており、したがってこの二龕を第一期に入れたのである。

第二期

　第二期は第268・275窟の第二層を含む。たとえば、第268窟南北両側壁の千仏と四つの禅室の壁画、第275窟の主室東壁門の南側中段壁画、第275窟外門の南側断崖に残存する第274窟内の第一、二層壁画である。《敦煌莫高窟内容総録》と樊錦詩・関友恵・劉玉権の《莫高窟隋代石窟内容分期》[27]などの資料によると、第二期は隋代だと定めている。第二期も、壁画層位上における複雑性がある。たとえば、第268窟の南壁禅室は第269窟の西壁に当たり、千仏絵画層の下に説法図や人や馬などの絵画形跡がかすかに見える。さらに推理すれば、第274窟南北両側壁の二層の千仏壁画は同一時代に入る。

第三期

　第272窟の第二層と第275窟の第三層を含む。第272窟の四壁の下段に供養人、甬道の両側壁にそれぞれ如意輪観音変と不空絹索観音変、甬道頂に接引仏が描かれている。第275窟では大規模な修復と改築がなされ、窟室の中央に日干し煉瓦の仕切り塀を作った。主に仕切り塀より西側の部分に色彩を新しく施し、窟頂、北、西、南壁の上部に藻井模様、飛天、千仏、辺飾、垂れ帳を描き、仕切り塀の西側に説法図、如意輪観音変、不空絹索観音変、女性供養人、辺飾模様が描かれており、仕切り塀の東よりの南北壁上段には双樹円拱龕（西より第三番目の龕）を描き、龕内の塑像を安置し、壁画を新しく色彩を施したり描きなおしたりして、龕の下の中段にそれぞれ弥勒経変と天請問経変を描いている。その内に、回鶻の装束をつけた女性供養人は、曹氏帰義軍政権時代に開鑿された第98・61窟に描かれた回鶻の装束をつけた女性供養人の服飾と同じである。また《敦煌莫高窟内容総録》などの資料によると、第三期時代は五代から北宋までだという。他に考古調査によると、莫高窟南区の中段断崖の第三層の大きな範囲で石窟崩壊があり、関係する早期の第272・275窟に影響を与えた。曹氏帰義軍政権時代において、この範囲で大きな規模の重修と改築がなされたことがある。そのうち第454窟は、帰義軍節度使曹延恭及び慕容氏夫人の功徳窟として開鑿された。この時期は宋開宝九年（紀元976年）にあたり、上述した石窟崩壊の時期はこの時期より早いと考えられる。修復した時期は、第275窟内に仕切り塀を作ったことや壁画の補彩や第272窟の甬道壁画の描き直しなどを含んでいた第454窟の完成した時期に近いと考えられる。[28]

　第268・272・275窟のある断崖の下方に一列の岩穴がある。窟と窟のあいだを繋ぐ桟道を設けるために残された梁穴で、この期間は大よそ五代、宋、西夏を経てきた。このような推断は、これらの石窟及びその上下左右の窟における修復状況と、曹氏帰義軍政権時代と西夏時代において莫高窟南区で大規模の修復・改築や窟前の構築などが行われた事実と一致している。[29]

注（96～8頁参照）

Ⅱ部

東アジアの交流と経済

韓国の経済・経営の進展と韓国日系企業の事業展開

服 部　治

はじめに

　北東アジアにおける日本・韓国・中国にわたる経済・経営動向の推移は、同域の枠を超えてアジア全域、さらにグローバル規模に及ぶ影響をもっている。20世紀から21世紀への北東アジアの政治的・経済的情勢の変動も、また直撃的に波及度を拡大している。ここでは、韓国の経済・経営動向を概観して、海外日系企業の今日的課題について探ることにしたい。

　日本経済にみられた'失われた10年'としての90年代における深刻な経済情勢の中で、対韓国との海外貿易と直接投資の動向に注目するとともに、韓国企業のエクセレント・カンパニーの事業展開を分析することにより、激動の経営環境下で企業競争力の強さを再確認する機会となっている。改めて、エクセレント・カンパニーとその基盤としての人的資源の関係について解明していかなければならない時機となった。本論文の着目点の一つも、ここにある。また、韓国への直接投資の減退環境において、海外日系企業（韓国日系企業）の経営行動について、調査（JETRO）の結果から特徴的現象を考察する。

　90年代後半から21世紀初期に見られる韓国経済・経営の動向は、曲折のあったものの概して堅調といえる状況推移である。近年の動きの中では、中国活動との関係において経済面の重層的な関係が目立っている。両国間における貿易活況は、現地進出企業の積極的な経営行動もその要因と見ることができる。この動きの中で、特に韓国企業の中国進出と市場における事業展開は、おおむねメリットを確保した状態となっていたが、そこには大企業の事例と中小企業の事例には、断層があることも見逃すことはできない。

　人的活用側面では、海外日系企業のアジア地域における傾向と対比するとき、韓国日系企業の経営行動には、「ローカル人材の経営幹部への登用」で消極的な反応が示されている。他面、韓国市場における日系企業に重点施策として現地適応、製品企画力が強く要請されていることがうかがわれる。とくに、ローカル人材を活かして経営幹部に登用していくかの課題はアジア各国に比べて緊急度において、やや認識が弱いと受け止められる比重である。こ

うした対応行動が、問題解明への関心を喚起するところといえる。

　企業間の競争力激化はそれぞれの経営事業場面における価値創出を促しており、韓国日系企業も、この状況をどう受け止め実践に結びつけるかが問われている。そうした場面において人的資源管理のもつ比重は大きいといわねばならない。日本企業の海外進出は、いよいよグローバル観点からの経営戦略として規模を超えた共通の課題となっている。

1　韓国経済にみる情勢の推移

1—1　韓国の輸出入をめぐる最近の動きとOECD加盟への経緯

　2003年、2004年における貿易動向は、ほぼ好調な推移となっている。国・地域別輸出入の動きのなかでは、2004年の輸出好調が注目される。その要因には、①対中貿易の好調、②世界的な景気回復、③韓国製品の競争力の向上、④多角的な海外市場の開拓などが挙げられている。[1] 国・地域別にみると、2004年の輸出面では、中国、米国、欧州の比率が高く、3地域で全体の50％を超える比重を示している。中国への伸び率が顕著となっているが、韓国企業の中国進出にともなう中国財の需要増加によるものと受け止められる。これに比べて、日本の動きは8％台である。輸出品目では、韓国経済の好調を支える基軸として電気・電子製品が1,000億ドルを超え40％に近い比重を示している。産業用電子製品、電子部品、半導体も顕著な伸び率となっている。もうひとつの基軸といえる機械類（輸送機械、自動車など）も669億ドルであり、ほぼ40％の伸び率である。こうした動きの反面、繊維製品の伸び率低迷という現象も出ている。

　一方、輸入面の増加要因としては、①輸出の増加にともなう素材・部品、機械設備の輸入増加、②原油、原材料価格の高騰などが挙げられている。国別の動きは、日本（461億ドル）が最も多く、次いで中国（296億ドル）、米国（288億ドル）が目立つ。対日輸入が、初めて400億ドルを超えたのは、まず素材。部品分野、生産設備分野において、日本を主とした海外からの輸入依存の傾向が強いことによる。

　品目別では、原油（296億ドル）などの鉱産物（582億ドル）と半導体などの電気・電子（571億ドル）が全輸入の半分を占めている。これに対して、繊維製品（33億ドル）、自動車（13億ドル）の比率は、国内事情を反映した比率となっている。

　90年代の半ばでの韓国輸出入の動きは、経済活況を反映しているが、先進化に向けた本格的な取り組み時期をとらえるとき、90年代に入ってWTO参加に対応する動きが積極的に出てきた。それは、経済自由化を意味する内容となって推移したといえる。韓国のOECD加盟の取り組みは、80年代から90年代にわたる長期的なものであったが、いわゆる韓国における経済先進国の意味は、2つの面（自国の市場開放への努力をすること、国際的に認知されること）に着目しなければならない。自国の市場開放への準備は十分か、または国際的に広く経済力をもとめられるかの問いに対していくことが要請された。自由化の実態調査によれば、92年での自由化率13.2％から、その後しだいに自由化率を上昇させていった。アジアにおいて、

日本に次いで第2番目のOECD加盟国となった経緯がある。ここで、韓国のOECD加盟にむけた動き（90年代）を見てみよう。

　90年代における韓国のOECD加盟の経緯〕
・1990・2　韓国の造船実務作業班に正式加入推進を決定
・1991・4・9・10　韓国政府調査団を3回派遣
・1991・10　事務総長、外務長官招請で訪韓（政府は90年代中頃加入表明）
・1992・1　第7次5ヵ年計画審議会で計画後半に加入推進を確定
・1992・4　OECD閣僚理事会が韓国加入問題を協議（韓国とOECDの正式接触を歓迎）
・1993・6　OECD閣僚理事会、韓国の参加活動拡大を歓迎
・1993・7　韓国新経済5ヵ年計画で96年OECD加入計画を確定
・1994・2　経済発展検討委員会（韓国経済検討委員会の開催―パリ）
・1994・4　韓国外務長官名の書簡発送（96年加入日程掲示）
・1994・6　閣僚理事会で韓国の加入条件を事務局に委任
・1995・3　韓国OECD加入申請を提出
・1995・11　海運委員会審議終了
・1995・12　保険委員会審議終了
・1996・2　金融市場委員会審議終了
・1996・4　国際投資委員会、資本移動委員会審議終了
・1996・5　環境委員会審議終了
・1996・6　財政投資委員会審議終了
・1996・7　国際投資委員会、資本移動委員会の第1次審議終了
・1996・10　OECD理事会韓国の加入招請を決定
　　　　　　国際会議審議、大統領裁定、加入協定書署名
・1996・12　国会加入批准同意案を処理
　　　　　　フランス外務省に加入文章寄託
・1997　　　韓国OECD代表部を構成

（出所：韓国財政経済院・1995「経済白書　1995年版」ソウル　丸山伸郎編著『21世紀に向かう東アジア』JETOR111頁より作成）

1－2　韓国を軸とした対外貿易状況と日本の直接投資

　韓国と「日本、アジアNISEの貿易収支の推移」と「ASEANと中国の貿易収支の推移」を比べることで、対日本との貿易収支の動きをとらえることができる。80年代から90年代に入って、着実にアジアNISEとの貿易状況は、黒字基調を示している。90年代では、特に香港の活発な動向は目立っている。対日本に対しては、80年代から貿易赤字となっており、90年代に入っての赤字は、90年代半ばから拡大の推移と読み取れる。それに対して、ASEAN、

中国との貿易収支はどうであったのか。

韓国の対 ASEAN の貿易収支は、80年代から90年代にかけて大きく様変わりしている。特に中国との関係では、92年まで赤字基調となっていたが、93年から黒字状況に転換して95年から安定した黒字推移となっている。92年における韓国・中国の国交回復が経済分野に反映したものと受け止められる。90年代半ばは、対 ASEAN、対中国の貿易収支は、ほぼ黒字の動きと推移している。

ここで、90年代前半における日本の直接投資の対韓国外貨導入の動きについて、台湾の状況についても着目しながら概観してみよう。

1993年時点での対韓直接投資は、米国が最も多く（32.6％）、次いで欧州（29.4％）、日本が3位（29.4％）となっている。米国、日本で60％を占めるという位置を保っていた。前半において、韓国直接投資は、いわゆる3極としての米国、欧州、日本が圧倒的な比重をもっていたわけである。

一方、台湾への直接投資については、日本が第1位（25.0％）を占めており、欧州、米国、アジア NISE がそれぞれに19％台の比率となっている。当時の対韓国、対台湾への直接投資の動向からは明らかに日本、米国、欧州の3極依存の傾向がうかがわれる。こうした韓国への直接投資は、92年に減少していたが、93年には回復に転じて増加を続けている。これは、外資導入に関連した規制緩和によるものであった。95年の国別投資動向を見ても、上位3国（米国、欧州、日本）に比重は維持されており、全体80％台を占めている。日本の動きはどうか。国内のバブル経済崩壊のマイナス影響を抑制しながら、対韓国直接投資の行動は続行されていたといえよう。95年には、電気、機械を中心に製造業が増加している。この要因には、円高や韓国政府によるハイテク産業に対するインセンティブ（法人税の減免）などによる影響が挙げられる。

他方、韓国からの海外直接投資（韓国銀行統計）によると、90年代から大幅に増加しており、93年の13.2億ドルから94年23.5億ドルと急増している。業種別では、製造をはじめとした東南アジア、次いで米国となっており、この2地域で全体の70％となっている。こうした90年代半ばの海外直接投資動向はそれ以降も基調となっており電子・自動車などに増加傾向が示されている。主要投資先は、中国をはじめとした東南アジア、次いで米国であり、この地域で全体の70％となっている。

1－3　韓国経済の集中と財閥企業のもつ経済比重

こうした90年代半ばの海外直接投資の動向は、それ以降も継続して、電子、自動車産業の発展・拡大につながっている。当時の韓国経済のなかで、財閥の躍進という側面が注目される。韓国の財閥（チュボル）は、先進国の大企業に比肩するところまで成長してきたが、ハイテク分野における高成長は、その後も堅調・拡大路線を維持させている。「韓国の財閥は、起業家とその血族によって支配される企業集団である。70年代半ばから、政策的に推進して

きた重化学工業化の担い手として、育成されてきた」という経緯がある。韓国経済のなかで、特徴的な企業集団として財閥の活力は、集中的な投資、多岐わたる事業分野の拡大に伴い、韓国経済における財閥の経済集中の問題を想起させた。他方、海外企業との競争激化の動きへの対処を迫られる事態にも直面している。国内における経営体制の再編と海外へ向けた経営体制の確立という2つの側面を抱えながら、グローバル時代に向かいつつある。

90年代半ばにおける韓国の経済力集中の実態について、日本と比較してみたい。

製造業について、売上高、資産、付加価値額における国内経営に占める割合を日本の6大企業集団と比較するとき、韓国の財閥の国内経済に占める割合（総資産を除く）は、日本の企業集団（6社）に比べてシェアが大きく、特に付加価値額では韓国の上位5財閥がきわめて大きな比率となっている。まさに、財閥企業への経済力集中、国内市場での自由競争、市場メカニズムを通じた効率的な資源分配を損なっているおそれがある。韓国厚生委員会の報告によると、独占（1社の市場占拠率が75％以上）、寡占（2社の市場占拠率が75％以上）と認定される商品は、81年では42品目、96年では140品目であった。実に15年間で約3倍の伸びとなっている。財閥企業の経済活動における独占化、寡占化の動きはいっそう顕著になってきたことを例証しているといえよう。主力財閥による経済力集中は、強い経営基盤の形成と経済発展の寄与度の連動することが推測されるが、同時に、その情勢の推移にともなう負の部分としての中小企業へのマイナス影響が懸念される。あまりに強力な財閥パワーによって、系列の中小企業の経済活動が阻害されることがないのか。そうしたことが抑制され、調整されていく政策展開を実行していかなければ、国レベルの経済活動の進展、経済成長による成果配分がむずかしいと思われる。21世紀初期段階における韓国経済政策の課題のひとつといえる。

こんご国際的な対応潮流として、規制緩和の方向が予想されるが、韓国産業にとって、国際競争力と強化への路線は、必須の課題となる。21世紀に入って定評を得ている半導体分野の強化への路線は、依然として好調を維持している。遅れている分野のレベルアップをどう進めるか。技術水準の向上を目指した取り組みは、共通の宿題となっている。財閥企業を中

表1　韓国と日本の企業集団：国内経済に占めるシェア（製造業）　　（単位：％）

売　上　高			総　資　産			付　加　価　値		
韓　国		日　本	韓　国		日　本	韓　国		日　本
30大財閥	5大財閥	6大企業集団	30大財閥	5大財閥	6大企業集団	30大財閥	5大財閥	6大企業集団
42.5	28.2	18.6	41.5	23.3	22.7	33.0	30.0	21.5

(出所) Korea Economic Research Insitute "Analysis of 30 Korea Big Business Group for 1995" 公正取引委員会事務局「企業集団の実態について」（平成6年7月）より作成
(注) 1：韓国は94年、日本は92年のデータ。
　　 2：韓国の30大財閥は、韓国公正取引委員会が指定した企業集団（企業数623社、うち5大財閥の企業数207社）。日本の6大企業集団は3つの旧財閥企業と3つの銀行系企業集団から構成（企業数196社）されている。

表2 韓国の国・地域別対外直接投資〈実行ベース〉

(単位：件、1,000ドル、％)

	2003年 件数	2003年 金額	2004年 件数	2004年 金額	構成比	伸び率
アジア	2,086	2,294,937	2,709	3,252,244	56.0	41.7
中国	1,681	1,550,682	2,154	2,201,897	37.9	42.0
日本	62	50,425	108	296,182	5.1	487.4
香港	67	105,450	84	176,479	3.0	67.4
ベトナム	97	156,469	113	167,963	2.9	7.3
シンガポール	13	234,645	15	152,573	2.6	△35.0
インドネシア	32	80,734	52	56,126	1.0	△30.5
タイ	42	31,221	44	43,562	0.8	39.5
インド	10	16,857	27	40,771	0.7	141.9
マレーシア	17	6,502	17	34,823	0.6	435.6
北米	550	1,057,954	860	1,377,077	23.7	30.2
米国	524	1,042,871	827	1,330,705	22.9	27.6
カナダ	26	15,083	33	46,372	0.8	207.4
欧州	68	211,824	99	683,886	11.8	222.9
英国	2	95,167	10	273,922	4.7	187.8
ドイツ	15	18,964	17	179,072	3.1	844.3
スロバキア	0	0	10	82,426	1.4	全増
中南米	31	181,311	30	341,189	5.9	88.2
ペルー	1	82,855	0	76,825	1.3	△7.3
メキシコ	8	20,191	8	23,952	0.4	18.6
チリ	2	5,500	3	11,510	0.2	109.3
中東	4	10,555	9	24,090	0.4	128.2
アフリカ	5	23,591	13	50,667	0.9	114.8
大洋州	58	90,636	54	75,716	1.3	△16.5
オーストラリア	17	48,757	25	53,555	0.9	9.8
総計	2,802	3,870,808	3,774	5,804,869	100.0	50.0

(注)件数は、現地法人件数を基準に計算されるため、同一現地法人に複数の投資があった場合、法人設立時の投資のみカウント。

心とした韓国産業は、更なる技術の高度化を優先させて先行させられるかが、問われている。

先に概観した韓国と日本において企業集団の国内経済に占めるシェアでは、製造分野で総資産（5大財閥）面では、近い比率を示しているが、売上高、付加価値でみると、韓国（5大財閥）と日本（6大企業）の場合、約9％の格差がある（表1）。

1―4 韓国企業の海外進出と現地連携化の問題

90年代半ばに直面した経済集中問題の改善、産業技術の高度化は、今日もなお継続された問題である。こうした問題への対応解決をどのように図っていくのか。政策実践の段階にきている、とみなさなければならない。かつて韓国は、80年代後半に入った時点で、

〔三低〕の追い風によって、難局を乗り越えた経験がある。三低とは、「円に対する安い

表3　韓国の業種別対外直接投資　　　(単位：1,000ドル、%)

	2003年		2004年			
	申告	実行	申告	実行		
	金額	金額	金額	金額	構成比	伸び率
農・林・漁業	50,160	26,440	50,484	34,368	0.6	30.0
鉱業	957,195	273,470	339,015	302,506	5.2	10.6
製造業	3,297,194	2,068,147	5,027,122	3,287,901	56.6	59.0
建設業	61,897	47,351	159,130	75,989	1.3	60.5
卸・小売業	825,821	934,407	1,177,383	1,100,979	19.0	17.8
運輸・倉庫業	14,025	15,347	29,103	20,801	0.4	35.5
通信業	34,959	63,025	68,506	80,885	1.4	28.3
金融・保険業	1,751	1,925	1,560	360	0.0	△81.3
宿泊・飲食店業	91,716	77,813	141,816	108,605	1.9	39.6
不動産およびサービス業	519,320	362,783	975,688	791,820	13.6	118.3
その他	100	100	880	655	0.0	555.0
総計	5,854,138	3,870,808	7,970,687	5,804,869	100.0	50.0

(注)表2とも、韓国輸出入銀行DB(2005年5月時点)から作成

ウォン」「原油価値の低下」「国際金利の低下」であった。やがて、ソウル・オリンピックへ向けた経済の活性化は、着実な経営成長へと展開していったのである。21世紀に入って海外直接投資は、積極的であり、2004年の対外直接投資（実行ベース）は、過去最高を記録した。その主な投資先は、中国、米国、EUである。対中投資のシェアは、37.9％と圧倒的である。韓国にとって、中国との政治的事情の改善にともない経済的事情にまでプラス影響を波及させたとも理解される。代表的な投資事例として、BOEHYDISによる北京関連会社BOEOTを通じた第5世代TFT液晶パネル製造工場の設立があげられる（表2、表3）。

　他方、韓国の業種別対内直接投資（申告ベース）によると、2003年、2004年を対比した場合、製造業のなかでは、「電気・電子」が堅調な高率を示しており、同産業の発展・拡大を裏付けている。また、自動車産業を中心とした輸送用機器も依然として拡大路線を推進している。他面、電気・ガス・水道関係のインフラ分野の増加傾向に対して、建設分野の低迷が目立っている。国別では、米国が第1位となっており、M&A型投資が相次いだことによる。第2位の日本は、グリーンフィールド（新規設立）型によって販売を目的にした生産拠点の設立の動きを加速化している。この動きのなかでは、半導体、自動車部品への積極的な投資行動が関心を集めている。投資事例としてS-LCD（ソニーとサムスン電子の合併）、HOYA、旭硝子、アルバックなどが挙げられる。S-LCDは、同業界における2大有力企業がグローバル化競争場面に直面しながら、どう協力し連携関係を構築していくのか、注目されるところである。

　こうした外資系企業と国内企業間における提携の進行は、こんご比重をしだいに加えてい

く。
　「特に、中国に対しては、国交回復以後、韓国の企業進出が急増しており、これに対する海外設備投資の拡充のために生産財、資本財などの投入財輸出が増加、直接投資が輸出市場創出効果を生み出していることが、黒字傾向に拍車をかけている」(JETRO、丸山 p.118) と指摘している。

1-5　韓国進出の日系企業の最近の動向

　日本企業の韓国進出において着目しておかなければならない動きの中に、2005年での直接投資の面で、製造業6億4千ドル台に対して、非製造業12億3千ドル台の著しい伸びである。こうした非製造業現象は、韓国財閥が製造するMOBILE、液晶、半導体、DRAM等の製造過程や製品そのものに仕様されるさまざまな材料・部品等の販売に重点が移行してきたことが指摘されている。日本企業の積極的な中国進出が進む一方で、韓国に進出する新しい動きにも、留意する必要があろう。日本企業(上場企業)の対韓国関係に取り組んでいる状況は表2のとおりである。他面、2005年の対日主要貿易品目をみると、輸出、輸入の動きに特徴が表示されている。輸出面では、石油製品(14.8%)、半導体(13.9%)が目立っており、輸入面での上位には、①半導体(10.5%)、②鉄鋼板(7.1%)、③半導体製造用装備(4.2%)が位置している。半導体は、韓国から日本への輸出は、DRAM、フラッシュメモリー等メモリー半導体が中心となっている。鉄鋼板については、韓国から日本への輸出は鉄鋼板の冷間圧延製品が中心であり、韓国に日本からの輸入は、鉄鋼板の熱間圧延製品が中心である。

2　韓国企業の競争力向上策とFTAをめぐる日本企業の課題

2-1　競争力向上のための改善策構想

　韓国経済においては、94年、95年の高成長から一転して96年になって景気が緩やかに減速の様相となっていった。その要因といえるのは、輸出の大幅な鈍化・減少による貿易収支・経済収支の赤字拡大の現象であった。輸出面の不調は、それまでの主力輸出品となっていた半導体の価格低下によるものであった。加えて、重化学工業製品(鉄鋼、石油化学など)の不振が経済低調を招いたといえる。こうした動きは、韓国の対外競争力の弱さを露呈することになったわけで、自国の競争力強化のニーズが浮上した。当時、競争力向上の改善策として97年度に取り組んだ構想は、次の点であった。

①直接的なコストな低下策として、97年度における賃金凍結の決定
②間接コストの低下策として、物流費用の面から道路港湾などの物流関連のインフラ整備の促進
③生産効率の向上策として、研究開発投資の拡充・強化による生産技術のレベルアップ、また生産管理システムの高度化による原材料・製品在庫の削減、自動化率の拡大のエネルギー節約型設備の導入促進。

④貯蓄率の向上策として、家計長期貯蓄の一定部分の非課税制度、勤労者株式貯蓄制度の導入、個人融資制度の相続税減税などの実施[3]

とくに、96年末に韓国は、OECD に正式加盟した。それにふさわしい対応をはからなければならないことが要件となったわけである。そこでは、先進国レベルの自由化と規制緩和の政策促進を要請されることになる。海外企業との国際場面における競争に直面するとともに、自国競争力の強化施策の実行をどう果たすか。実施する時期が97年の韓国経済であった。この間、96年12月から97年1月にかけて労働組合は、労働法改正をめぐって韓国史上最大といわれるストに踏み切った。ストによる大規模な紛争は、結果的に経済状況の低迷となり、いわゆる経営競争力を弱めるマイナス作用となったと受け止められる。この労働法改正に対する大規模ストについては、次のような解説（96頁）がある[4]。

2―2　FTA による日本企業の海外事業展開への影響

経営活動の国際化、さらなるグローバル化の進展によって海外事業展開における領域拡大とともに、対象となる製品の差別化も進行している。日本企業の海外活動場面で FTA（自由貿易協定）のメリット追求の動きも表面化しており、世界的に活発化している FTA は、日本企業の海外事業の展開において3つの影響を与えていると指摘されている[5]。

第1点は、関税率低下により価格競争力が十分の向上する製品では、日本からの輸出可能性が広がる。とくに、欧米企業が比較的競争力をもっている高価格帯の高級品分野において、日本製品が競争力を増し、新規に参入することが容易になる。東アジアでは、高所得購買層（中間層）が増加し、高価格品帯の製品に対する需要が拡大することが見込まれている。

第2点は現地生産の拡大、現地生産品の品質向上など、海外生産拠点の競争力を向上させることを目的にして、日本からの部品や資材の調達を増やそうとする動きである。日本企業の海外生産は、基本的には現地調達率の向上によるローコスト生産を進めているが、ローコスト生産を進めながらも、現地企業などと価格競争を避けるためには、機能面での強化などの製品の差別化を図ることが必要となる。

第3点は、従来経済的に活発でなかった国々が FTA による制度的な統合を強め、ひとつの経済圏を形成する動きが出てきている。新たな経済圏の出現による広域ビジネスチャンスが到来している。

上記にように、FTA の活発な展開による影響は、東アジアにおける工業品貿易の新しい発展のきっかけをつくっているといえる。その波及は、東アジア各国での産業内分業を推進させることになる。製品の差別化をどう進めるかは、日本企業の当面する課題のひとつである。この点では、韓国のサムスンにおける中国市場でのマーケティング戦略は、注目される。

サムスンは、中国進出戦略として2001年から〈販売市場戦略〉を掲げて、サムスン・グループとしての事業活動を推進している。「サムスン・グループの中国ビジネス戦略のキーワードは、差別化である。13億人の消費者すべてをねらうのではなく、富裕層である上位

> **労働法改正に対する大規模ストについて**
>
> 　労働法改正は、韓国がOECD加盟に向けて今までの慣行に依ってきた労使関係を近代化して、国際水準に合わせようとするもので、12月にOECDに正式加盟したことから、国会での承認、成立を急いでいたものである。
>
> 　労働法改正に関する経緯をみると、96年12月3日労働法改正を政府が公表し、12月26日の国会において与党が単独で採決を強行した。労組がただちに同法案に白紙撤回を要求して自動車、機械などの製造業を中心にストに突入し、公共部門も加わり同月29日まで続けた。97年1月3日から労組は再びストに入り14、15日にはゼネスト状態となった。こうした事態に対し、政府は当初譲歩の必要は全くないとしていたが、内外の世論が労組側に同情的なこと、経済活動への影響が次第に深刻化してきたことなど情勢をみて、事態の収拾を図るため同月下旬に与野党の党首会談を提唱した。党首会談において与党は労働法改正案の国会での再修正を野党に提案し、野党側もこれに応じたことからストは一応沈静化し、その後大規模なストは起きていない。
>
> 　今回の労働法改正に関する主な争点としては、①複数労組制の導入、②労組の各種保護規定廃止、③整理解雇制の導入、④変形労働時間の導入などがある。このうち①複数労組制の導入は、同一企業内に複数の労組の結成を容認するというもので経営者側が難色を示しているものである。②労組の保護規定廃止は、いままで認められていた労組の専従者への賃金支払いやスト期間中の参加者への賃金支払いを今後取り止める、というものである。③整理解雇制の導入は、経営不振企業の労働者の指名解雇を可能とするものである。④変形労働時間制の導入は、企業の都合により労働者のフレックス・タイム勤務を命じられというものである。
>
> 　労働法の再改正は、与野党の協議を経て2月末に成案がまとめられ、3月10日に国会で可決され同月16日に施行された。再改正案によると、上記争点の多くに実施までの猶予期間を設け、徐々に労使双方への浸透を図っていくこととされている。
>
> 　労組の大規模なストの経済への影響は12月より現れてきており、同月の製造業稼働率が前月より低下した。97年1月には鉱工業生産が大幅に鈍化し、稼働率も引き続き低水準となった。回復傾向にあった輸出も大幅に減少し、縮小傾向にあった貿易収支赤字も大幅に拡大した。こうした経済情勢の変化を受けて政府は97年の成長率見通しを97年1月の6％から3月には5.5％へと下方修正している。
>
> （出所：「アジア経済1996」経済企画庁調査局編、62頁）

5％の高所得者のみをターゲットとし、集中的に攻める戦略をとっている[6]。」

　対象とする中国人口5％である約6,500万人で先進国並みの購買能力をもっている。90年代後半以降のこうした5％戦略への転換は、高付加価値製品（最新流行と先端技術）をベース

とする市場拡大を意図したものであったといえる。事業活動の重点を選択と集中に置いた広がりは、対象人口からみれば、北京、上海、天津などの生活、ビジネス拠点とする層であって、この市場におけるシェア拡大の可能性はあると想定される。中国の経済成長がまだ継続するとの観点に立つならば、2010年へ向けたサムスンの5％戦略の成功確立は強いとみなければならない。

□事例研究・サムスンの経営戦略

一方、韓国企業の海外活動は、地域範囲を広げて進行しており、ロシア市場にも積極的に参入している。自動車分野においては、2社（起亜自動車、現代自動車）の動きがみられる。起亜自動車は97年からアルトトルに委託生産、2004年にイマジン・アフトに委託生産を進めている。現代自動車は、2001年にタガスに委託生産を実施している。韓国企業の海外活動にみられる強みは、こうした自動車分野にとどまらず家電、携帯電話市場でも、プレゼンスの高いことが挙げられている。

2－3　韓国における日系企業の水平展開の可能性

これまでの韓国経済の発展推移のなかで、韓国日系企業の実情と今後の方向をさぐってきた。その際、中国、アジア NISE、ASEAN の動きについても着目しながら、全体像の把握と経営行動の姿勢もとらえてきた。韓国経営の発展は、韓国日系企業の進出成否とかかわる重要な問題であることを改めて、確認するところである。

日本サイドからすれば、90年代に直面した深刻なバブル経済崩壊の状況から、積極的な政府対策と懸命な企業努力を通じて、回復の歩調を進め不況脱却の地盤を確保して、着実な経営力形成の段階といえる。したがって、海外進出の動きも、新しい側面が打ち出されていている。製造業分野における国際展開にあたって、国内事業と海外事業の関係から、新しい側面をとらえることができる。これまで高い比率を表示していた、いわゆる「垂直展開志向」（工程を分割してわが国と海外で分業する）が減少しており、近年、「水平展開志向」（工程を分割しないで、海外で一貫生産を行う）企業が増加している点が注目される。

2000年以降、水平展開への移行が著しく進展している。2006年の企業アンケートでは、約70％が水平展開を志向しており、今後はさらに増えることが見込まれている。[7]

こうした動きは、北東アジア、ASEAN、欧米諸国にも分業形態方式の変化、さらには産業連関構造にも影響を広げることが予想される。韓国における日系企業が趨勢としての水平展開を増加させていくかどうか、実施メリットの点検が必要となるだろう。

さて、日本企業が製造業分野で重視して立地要因をどうとらえているのか。「製造業で重要な立地要因調査」（財団法人産業研究所、2006）では、今後の重視点として表示している内容（順位）は、①人件費が安価、②現地国内市場での販売が有利、③技術、市場ニーズ、顧客等に関する情報交換が容易、④技術水準の高い技術者、研究者、⑤繊細な作業を正確にこなせる工場労働者、⑥土地、建物等の現地資本が安価、が主なものであった。依然として、「人件

費の安価」が最重点としていること、「土地、建物等の現地資本の安価」の位置づけを高くしている点から見て、進出の方向は中国、NIES、ASEAN に向かいつつあるといえよう。他方、販売、情報、技術水準に対する重視も安定している。工場労働者に対する技能レベルの要請は、海外事業における技能教育、技術修得教育にも関連をもつことになる。日本企業の製造分野における立地重視要因からは、北東アジアでの事業展開を想定した取り組み比重は高いといわなければならない。

　果たして、韓国企業の動向推移、韓国日系企業の経営行動は、当面の状況をさらに好転させる動きにつなげていくのか、その状況によって、韓国への進出度、事業展開も変動してくる。その動きは、販売・サービス、情報分野にも、波及していくことは避けられないと考える。

3　韓国企業の人材管理と日本企業の即戦力化教育

3－1　韓国企業のトップダウン方式と内部市場の問題

　韓国経済の変動は、企業段階での教育訓練制度に影響するところは大きく、企業内教育の観点からは、効率的な展開といえる状況ではなかった。人材教育面において多くの課題に直面している。企業内人材育成の困難性が存在しており、そうした理由について4つの面（経営意思決定にかかわる点、内部労働市場の未形成にかかわる面、多能工育成の困難にかかわる面、外部労働市場の形成にかかわる面）が指摘されている[8]。

　①意思決定権限がトップに集中し、トップダウン方式になっていることにより、経営者・管理者の育成が難しい経営土壌になっていることが挙げられる。韓国でのトップダウン方式経営は、次のような点に起因している。

- 韓国の大企業はすべて財閥企業であり、しかも創業者がまだ活躍しており、その影響力を残している場合が多いこと
- 経営環境の変化が早いため、トップダウンによる意思決定でなければ変化に対処できないこと。
- 政府要人との人間関係が政府の産業育成政策による資金配分における重要な要素となっていること
- 財閥企業のため、家族が事業の企画機能を占有し、非家族従業員は執行機能だけを期待される非家族従業員の定着は低くなり、勢いオーナ経営者が意思決定を行わざるを得ないこと。

　②内部労働市場が形成されていないところからくる影響は、企業内教育によって推進されていく内部育成型の成立を困難にしている。それぞれの分野（ホワイトカラー、ブルーカラー）での育成・訓練の機会、また活用にもとづく能力開発へのニーズの確認と実施に重点を置かないまま推移してきたことも看過できない。なぜ、内部労働市場は形成されない形態できたのか。その理由として、3点が表出されている[9]。

・企業に急成長に対処するため、大卒の人材や熟練労働者に対する引き抜きが多いこと。
・非家族従業員の昇進に限界があるとともに、自らが企業を創立したいという気持ちが強いため、特定企業への定着が少ないこと。
・日本におけるようにボトムアップの意思決定方式の場合には、職場を移ることによって長時間かかって形成してきた特殊なスキルを失うことになるが、トップダウンの意思決定方式の場合には、意思決定過程へ参加することがないので、その企業に特有のスキルが形成されず、また失うこともない。

多能工育成は困難となった要因には、現業部門における技能有資格者（手当受給）が職場異動によって手当が支給されなくなることが大きな理由と推察される。つまり、資格のない職場異動に応じれば手当受給が対象とならないからである。そこで職場異動を回避する動きとなって多能化育成はむずかしくなるという推移である。

概して、企業内部における育成方法には、異動配置によるメリットを組織ニーズ、従業員ニーズとして理解し実施の効果を明らかにして運用していかなければならない。今後の課題となろう。

外部労働市場の形成にかかわる点では、内部労働市場の持つ問題が形を変えて外部要因を支えている。いわば、内部から外部へ人材を求める方法を促進していることになる。外部労働市場の形成要因として、次の点が挙げられている。[10]

・ブルーカラーとホワイトカラーに断絶があり、現業職のブルーカラーが事務職になることがほとんどないため、ブルーカラーにとっては、同一企業で賃金が上昇するのを待つよりは高賃金を提示する企業に移るほうが有利とみなされていること。
・韓国企業が離職率が高いという現実を前提に、新学卒者を育成することよりは「即戦力」を求めて頻繁な人員募集やスカウトによって人員を確保していること。

さて、上記にみるように韓国企業の人材育成政策は当面する外部指向にどう対処していくのか、という時期にある。韓国経済の発展にともなう海外進出に重点を置いた経営戦略の展開が予想される。とりわけ、対中国進出の実績をベースにして、その拡大を図りたいとの意向は明らかである。その際の人材確保をどうするか。先進企業のサムスンの中国における好調な経営活動は、他の企業にとってどこまで波及させることができるか。現地での人材確保の動きとともに、韓国国内での人材確保と育成の比重課題は大きいといわなければならない。

3－2 サムスンの中国進出にみる経営戦略と現地人材活用

サムスンが中国進出の韓国系企業として今日の成功を得た経営事情は、対外進出政策の積極方針に基づいて経営意思決定の実践をタイムリーに進行させてきたことが挙げられる。概して、海外事業の展開には、経営リスクは常にともなうことは避けられないところであって、その時点で経営意思決定に遅れをとる事例は少ない。慎重に方針を検討し分析して実行段階に入るというパターンはスピードに欠ける側面よりも、変動要因の多い経済・経営環境を予

測するとき、止むを得ないとみるところもあった。が、グローバル化時代は、もはや理解を得られる場面ではなくなったといえる。

　サムスンは、これまでの積極的な経営戦略に立脚して、スピード感のある事業展開をすすめてきたのである。いわば、グローバル化進行体制への呼応行動を拡大してきた。特に、対中国進出において、中国日系企業に比べて顕著な動きは、権限委譲をめぐるものである。サムスンは、進出した韓国系企業に経営責任者に現地・中国から適任者と認められる人材を登用する運営を推進している。

　したがって、サムスンの現地企業は、中国人のトップの下に活動を図っている。この形態は、現地経営行動に見る現地中国経営者の意思決定を信認することを意味する。現地事業については、現地経営者に権限を委譲することによって経営者力量の発揮を期待し促すこととなる。また、経営をめぐる現地と本社は円滑なコミュニケーションが定着していることが重要である。両者の関係に不整合な面が出てくると、当事者間の停滞した動きにとどまらず経営運営に支障を呼び起こすことになりかねない。両者のコミュニケーション度によって、事業展開、事業成果にまで影響を及ぼすことが予想される。

　サムスンは、中国進出による着実な成果を支える要因の一つに現地・本社間の指令・受託目標値確認のコミュニケーションに流れが挙げられる。現地トップの活動は、所定の権限の下に事業活動をめぐる円滑な、かつ効率的な関係機能を強めているのと推察される。したがって、現地人材の採用と定着についてはいっそうの重点を置かなければならない状況にある。サムスンは、人材確保にこれまでも積極的に取り組んできた。とくに、現地の若年者（ホワイトカラー志望）にとっては、〈会社の選別―入社後の処遇―当該企業における自己成長〉をめぐって大きな関心を寄せている。そうした関心ニーズにどれだけ応えうるかが、人的資源管理にとって比重を増す課題となろう。

　サムスンにおいては、大幅な権限委譲による事業展開とそれに連動する形で人的資源管理を重視している。それぞれに企業レベルでは、従業員が自分の能力発揮と成果にふさわしい処遇体系の整備と志望者、若年者の要望に配慮した運用を進めていく必要がある。サムスンの人的資源管理のなかには、現地人材の確保・活用について現地要望への前向きの姿勢が存在している、と推察される。サムスンの活動は、進出企業の事業展開にみる成果ある事例として評価できる。

　これからの進出企業をめぐる人材確保・育成の焦点は、これまでの短期的観点から政策を長期的観点からの取り組みに転換させることができるかが問われる。

3―3　日本企業における即戦力化教育の重点

　ここで、経営活動の国際化が進行して、従業員能力の即戦力化が強調された日本企業の企業内教育の状況について概観してみたい。経済安定成長期の継続と発展を推進するために、企業サイドは人材育成の環境整備に着手した。そこでは、即戦力化教育と組織体系を連動さ

せるために、３つの場面として異動配置との関係を検討することに重点を置いた。①概存組織への異動配置（補強戦力として役割を持ち、寄与できるか）、②現在の担当組織への継続配置（現在の組織活力を強化、活性化できるか）、③新規事業組織への投入配置（組織の期待に応えられる活動ができるか）。

即戦力教育を実施する前段階で、人材育成のための企業環境を整備しておかなければならない。それには、５つの視点がある。

　　１―経営戦略に呼応するマンパワー政策
　　２―経営計画、人事計画に連動する人材育成計画
　　３―人材構造の分析による整備と活用
　　４―実務に直結する教育プログラムの立案・実施
　　５―企業文化の醸成風土における「人」重視の発想

日本企業では、つねに「人」重視の発想をいかに具現化していくかが、政策運営において強調されてきた。具現化をめぐっての成果はさまざまであったが、その拡がりは規模、業種を超える勢いであったといえる。特に、日本的経営風土による特徴的な動きとして、「人」重視への理解については、一般職層、管理職層、経営職層にわたるもので、方向に対する協同意識が存在していたと受け止められる。海外企業、外資系企業の形態とは異なるものといえる。こうした意識は、人材育成や即戦力の実施にあたって、有利に作用した点があったと推察できる。日本企業の即戦力教育のポイントとして、次の展開方向が提示された。

・経営ニーズに基づく早期戦力育成の研修実施

　即戦力化の方向は、新入社員はじめ女子社員、中高年層を対象として実施しなければならない。新入社員の場合は、企業人育成を強調して、即戦力化の趣旨を徹底させることが有効であろう。女子社員は、担当の範囲を広げる、あるいはやや高度な内容を実務教育して、個別に指導育成する。中高年層は、習熟能力と職務の適応関係からみて、集合教育と適職開発を組み合わせる。

・実践力のレベルアップの個別・層別の促進

　個々の能力を分析して上司―部下のOJTを徹底して行う。他方、職能別教育を実施し知識・スキルの向上に努める。

・配置職務への適応化訓練の徹底

　中高年を対象とした場合、次の配置先の職務に合うように実務教育訓練を実施する。本人の仕事に取り組む意欲の喚起なども配慮して行う。現場若年層は多能要因として育成する。

・従業員各人の能力（強み、弱み）の把握と意欲づけ

　従業員一人ひとりの能力を点検し、能力開発への意欲喚起を行う。OJTを中心とした展開となる。強み、弱みに把握のあと、上長・部下の間で、これを確認しておくことが必要である。

・キャリア育成と連結する指導・機会の設定

育成・指導のやり方は、本人のキャリア育成計画と結びついたものでなければならない。その場、その場の指導では即戦力化につながらない。また、社内研修・社外研修派遣も含めて、研修参加の適時機会をつくり、できるだけ公平なチャンスを与えることが望ましい。
・能力開発体系の有機的運用による重層な展開

　教育研修は、能力開発体系の一環である。即戦力化をすすめるには、効率的な教育を軸にして、諸制度と連結して運用していくことが重要である。従業員の能力向上をOJT、OFF・JT、SD（自己啓発）との連携を通じて組み合わせ、実施する。教育研修の機会を多くすることと同時に、中期の観点から計画的にレベルアップを図ること〈人を活かす〉が結局、戦力化に直結する。

　以上は、日本企業おける80年代半ばの即戦力教育の主要である[11]。

3—4　企業集団による総合研修院の運営

　韓国企業の人材活用への姿勢も安定したものといえるが、今まで人的資源管理において①勤勉性、②教育水準の高さ、③「やればできる」の精神力が特質とされてきたが、経済成長にともなう経済生活のレベルアップから、かつての勤勉性が低下してきのではないか、との見方もある[12]。

　韓国企業に見られる全体動向としては、企業内教育に対する取り組みは停滞していない。80年代半ばから展開している総合研修院の設立は、企業内集団の企業内教育訓練を意図したものであった。現代、三星、大宇などの企業集団が進めてきた総合研修院の運用は、大きな影響を波及させていった。こうした総合研修院の活躍は、積極的な研修プログラムの実施によってグループ全体の教育効率の向上の観点からも有用な展開となったといわれる。

4　調査（JETRO）に現れた韓国日系企業の経営行動

　「在アジア日系企業の経営実態・2005年版」（中国、香港、台湾、韓国編）調査結果から、ここでは、韓国日系企業の動向をピックアップしてその実態を分析することにする。同調査（調査期間・2005年12月15日～2006年1月19日）では、455社（有効回答）を対象に集約している。韓国日系企業については44社の経営行動を主対象にして、在アジア日系製造業に実態を対比しながら、その特徴的動向をさぐっていきたい。

　同44社の業種別内容は、化学品（10社）、プラスチック製品（3社）、医薬品（1社）、窯業・土石（2社）、金属製品（3社）、一般機械（5社）、電気機械、電子機器（7社）、電気・電子部品（7社）、自動車・二輪車部品（4社）、精密機械（1社）、その他（1社）であった。

4—1　営業利益状況と輸出比率の動向

　2005年、2006年の営業利益については、在アジア日系企業の全体像でみると黒字75.4％、均衡8.65％、赤字16.0％の結果となった。日系企業進出の効果は、75％台の黒字状況からみ

て、確かな重みをもつまでに至ったと理解される。この好調ぶりが次の事業展開への積極的な経営行動につながっているとみることができよう。韓国日系企業は、黒字79.5%と高率ラインであったのに対し、均衡6.8%、赤字13.6%であった。この好調を支えたのは、「進出国（地域）市場での売上増加」によるところが大きい。2006年の営業利益の見通しは、前年比程度が、停滞を予想している。すなわち、全体像では、改善（51.2%）、横ばい（34.1%）、悪化（20.5%）となっている。2005年に比べて2006年は悪化するという見方が全体像より高い。この点、中国日系企業は改善（58.0%）に対し、悪化（9.9%）であって、見通しの強気を示しているのが目立つ（表4）。

では、営業利益が改善すると判断される理由はなにか。韓国日系企業（2006年）では「進出国市場での売上増加」が最も高く、次いで「調達コストの削減」「高付加価値の製造開始」「その他支出の削減」が同比率となって示されている。その他の支出の削減と高付加価値製品の製造開始、拡大が前年に比べて一挙に上昇したのは、特徴的傾向といえる。高付加価値の製造開始を通じて、今後経営競争の主要素形成にどう連結させていくか注目されるところである。

一方、営業利益が悪化すると判断される理由について韓国日系企業では、2つの点（価格下落、値下げによる売上減少77.8%と調達コストの増加44.4%）を挙げている。これに対して、中国日系企業は悪化理由として、「調達コストの増加」とともに、「人件費の増加」を指摘しており、ほぼ50%の比率となっている。2004年、2005年に比べて人件費の増加を示す比率の上昇は、こんご中国日系企業の取り組むべき問題の様相をうかがわせるものと受け止める。

表4　2005、2006の営業利益

(%)		2005年の営業利益の見込み(n=455社)			2005年の営業利益の見込み(前年比)(n=226社)			2006年の営業利益の見通し(前年比)(n=455社)		
国・地域		黒字	均衡	赤字	改善	横ばい	悪化	改善	横ばい	悪化
総数		75.4	8.6	16.0	49.1	21.1	29.8	51.2	34.1	14.7
韓国		79.5	6.8	13.6	66.7	9.5	23.8	45.5	34.1	20.5
台湾		76.7	9.6	13.7	42.5	32.9	24.7	35.6	38.4	26.0
香港		84.4	11.1	4.4	42.2	26.7	31.1	37.8	40.0	22.2
中国　計		73.0	8.2	18.8	49.3	18.9	31.8	58.0	32.1	9.9
	北京	74.5	3.6	21.8	52.7	16.4	30.9	61.8	30.9	7.3
	大連	75.0	5.0	20.0	44.7	21.1	34.2	52.5	32.5	15.0
	青島	57.9	10.5	31.6	65.8	18.4	15.8	73.7	21.1	5.3
	上海	72.1	13.5	14.4	39.6	22.8	37.6	55.8	33.7	10.6
	広州	78.7	4.3	17.0	57.8	13.3	28.9	48.9	40.4	10.6
	その他	100.0	—	—	44.4	11.1	44.4	66.7	22.2	11.1

(注)各設問の集計は、当該設問に対する有効回答数(n)を母数とした。

輸出比率の状況はどうか。売上高に占める輸出比率をみると、在アジア日系製造企業では、37.8％であった。2005年において、韓国日系企業では10.0％であり、中国日系企業の40.9％、台湾日系企業の25.0％に比べて低い比率に推移している。輸出先の内訳をみると、北東アジア全体では、日本市場に輸出総額の70％以上を輸出している企業は圧倒的であり、ASEAN市場、その他のアジア市場、また欧州市場、米国市場はきわめて低率である。

4―2　代表的な製品比率と今後の方向

主力製品についてみると、北東アジア全体では、完成品を挙げる企業は半数（51.9％）を占め、次いで部品・資材（37.1％）、半製品（21.1％）、素材（12.1％）、原材料（5.7％）となっている。では、韓国日系企業の状況はどうか、ほぼ全体像に近い形態となっており、①原材料（46.2％）、②部品・資材（35.9％）、③素材（12.8％）、④原材料（12.8％）、⑤半製品（10.3％）の順。また、製造原価に占める材料費の比率について、51～70％が35％、71％以上が35％台と同率であり、50％以下が30％の実態であった。この比率動向では、台湾日系企業が51～70％の範囲（43.1％）、50％以下の範囲（30.6％）、71％以上の範囲（26.4％）を示し、全体像とは異なる傾向となっている（図1）。

原材料・部品の問題をめぐっては、常に現地調達率が注目されるところである。進出国・地域との関係改善を目指すうえでも、調達率の推移は経営課題のひとつとなっている。同調査（JTETRO）によると、全体像では現地調査率はほぼ44％、輸入調達率はほぼ56％であった。この趨勢は、韓国、中国、台湾の日系企業にみられる傾向であるが、韓国日系企業は現地調達率47.0％、輸入調達率53.0％であった。業種別にみた調達率では、化学・約73％、一般機

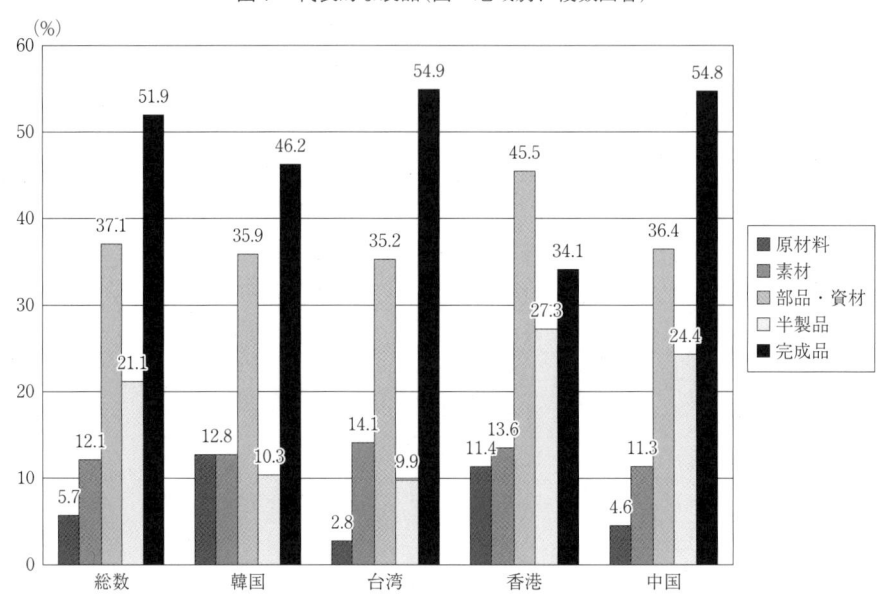

図1　代表的な製品（国・地域別、複数回答）

図2 進出国・地域での現地調達率(国・地域別)

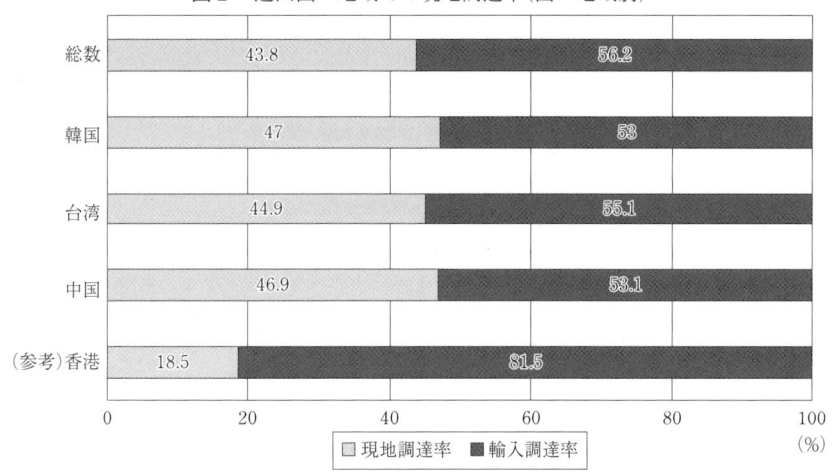

国・地域	現地調達率	輸入調達率
総数	43.8	56.2
韓国	47	53
台湾	44.9	55.1
中国	46.9	53.1
(参考)香港	18.5	81.5

図3 今後の原材料・部品調達先(国・地域別、複数回答)

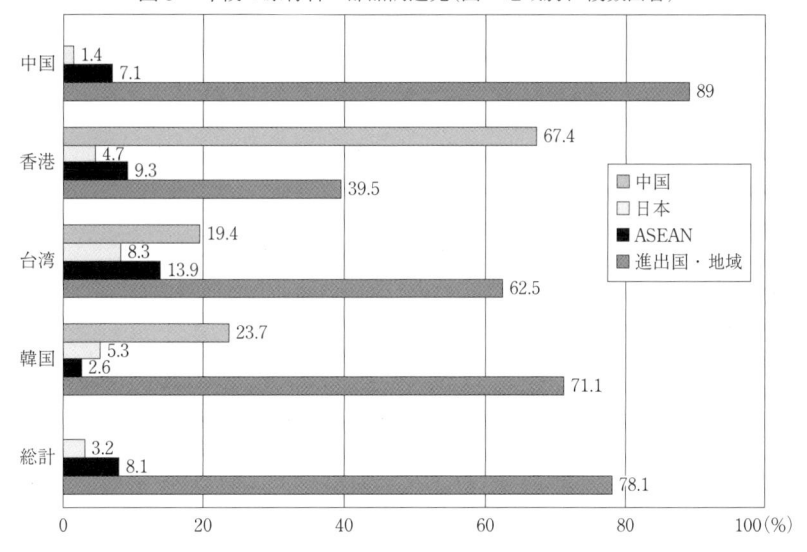

進出国・地域	中国	日本	ASEAN	進出国・地域
中国	—	1.4	7.1	89
香港	67.4	4.7	9.3	39.5
台湾	19.4	8.3	13.9	62.5
韓国	23.7	5.3	2.6	71.1
総計	—	3.2	8.1	78.1

械・約53％、電気・電子部品・約51％の順（図2）。

　製造コスト抑制のために、原材料・部品調達をどのように効率的にすすめるのか、それぞれ企業レベルにおいて直面する課題である。こんごとも、進出国・地域から原材料・部品調達を推進していこうとする姿勢が調査にも表れている。現地調達率の問題対応には、技術水準の安定・向上、人的資源の確保・活用などの側面への留意と運用についても、継続して取り組んでいかなければならないと考える（図3）。

　そこで、原材料・部品の現地調達率を拡大するための必要な対応をどうするかについて、全体像は、「現地サプライヤーの品質向上」（86.6％）が最も多く、以下「サプライヤーのコスト削減」（47.3％）、「現地サプライヤーの納期厳守」（40.6％）など現地サプライヤーへの要望が

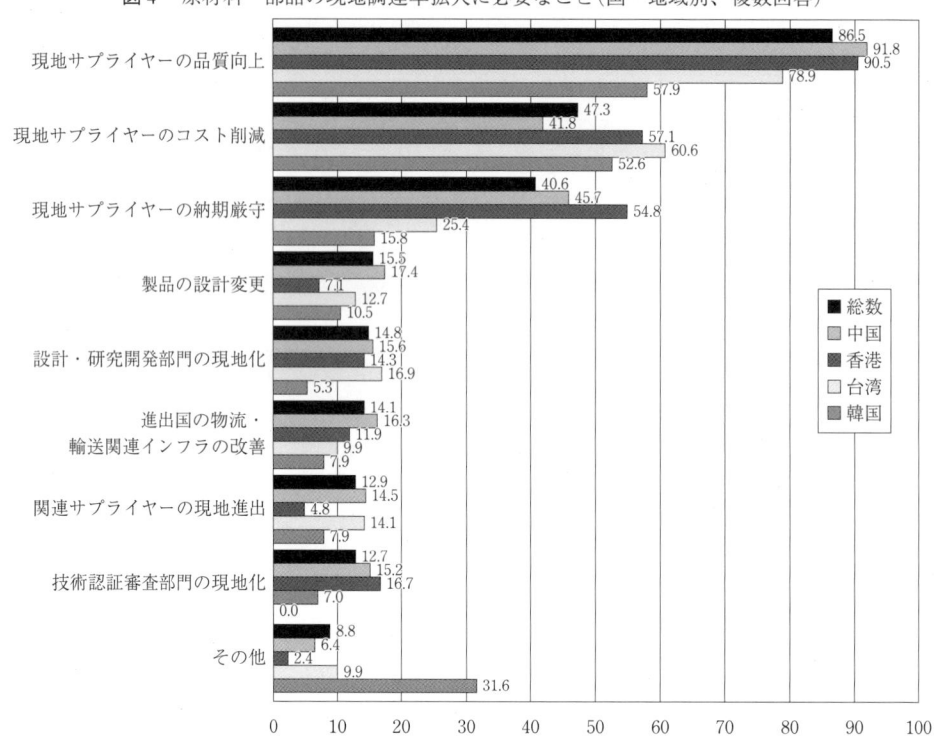

図4 原材料・部品の現地調達率拡大に必要なこと(国・地域別、複数回答)

	総数	中国	香港	台湾	韓国
現地サプライヤーの品質向上	86.5	91.8	90.5	78.9	57.9
現地サプライヤーのコスト削減	47.3	41.8	57.1	60.6	52.6
現地サプライヤーの納期厳守	40.6	45.7	54.8	25.4	15.8
製品の設計変更	15.5	17.4	7.1	12.7	10.5
設計・研究開発部門の現地化	14.8	15.6	14.3	16.9	5.3
進出国の物流・輸送関連インフラの改善	14.1	16.3	11.9	9.9	7.9
関連サプライヤーの現地進出	12.9	14.5	4.8	14.1	7.9
技術認証審査部門の現地化	12.7	15.2	16.7	7.0	0.0
その他	8.8	6.4	2.4	9.9	31.6

強くて提示されている。韓国日系企業では、全体像に類似した対応姿勢といえる。現地サプライヤーをめぐる品質向上、コスト削減については、双方がほぼ近い比率であったことが浮き彫りにされた(図4)。

4－3 経営上(販売・営業面、生産面など)の問題点について

　経営上の問題点については、販売・営業、生産、財務・金融・為替、貿易制度の4つの側面から実態を集約している。激動する経営・経済環境の中で、どのように優位なポジションを確保するか、そのための戦略と政策が講じられているわけである。企業競争力を強化するうえで、多様なニーズにこたえられるかどうか分岐点となる。

　販売・営業面での問題点についてみると、全体像では、①主要取引先からの値下げ要請(60.0％)、②競合相手の台頭(43.6％)、③新規の顧客の開拓が進まない(29.9％)、④主要販売市場の低迷(23.1％)、⑤売掛金回収の停滞(21.3％)の順。主要取引先からの値下げ要請の比率は、かなり高い。この傾向に対して、韓国日系企業の反応は、比率順位は、全体像と同形態といえる。値下げ要請の比率は、70％に近い。また、主要販売市場の低迷に加えて、進出国(地域)市場への安価な輸入品の流入も一定の比率を維持している。現地での販売競争の激化が予想されるわけで、こうした情勢にいては、いわゆる値下げ攻勢が一層強まることは

表5　販売・営業面での問題点(回答比率上位5位、複数回答、単位：%、有効回答445社)

国・地域名	第1位	第2位	第3位	第4位	第5位
総　数	主要取引先からの値下げ要請	競合相手の台頭	新規の顧客の開拓が進まない	主要販売市場の低迷	売掛金回収の停滞
	60.0	43.6	29.9	23.1	21.3
韓　国	主要取引先からの値下げ要請	競合相手の台頭	新規の顧客の開拓が進まない	主要販売市場の低迷　進出国(地域)市場への安価な輸入品の流入	
	67.4	37.2	27.9	25.6	
台　湾	主要取引先からの値下げ要請	主要販売市場の低迷	新規の顧客の開拓が進まない	競合相手の台頭	進出国(地域)市場への安価な輸入品の流入
	54.8	43.8	34.2	32.9	19.2
香　港	主要取引先からの値下げ要請	競合相手の台頭	世界的な供給過剰構造による販売価格の下落	進出国(地域)市場への模倣品・類似品の流入	主要販売市場の低迷
	77.3	52.3	29.5	27.3	22.7
中　国	主要取引先からの値下げ要請	競合相手の台頭	新規の顧客の開拓が進まない	売掛金回収の停滞	世界的な供給過剰構造による販売価格の下落
	57.5	46.0	31.2	27.7	20.7

避けられないだろう（表5）。

　販売・営業面の全体像の動きを見ると、現地生産、現地販売の事業展開の拡大方針に即して、現状の問題（値下げ要請）をどう打開していくか、北東アジアの日系企業として、大きな問題に直面したことになる。こうした動きのなかで、香港での問題点として、「世界的な供給過剰構造による販売価格の下落―29.5％」「進出国・地域市場への模倣品・類似品の流入―27.3％」を挙げており、異なる傾向をみせている。

　生産面での問題点として全体像の動きは、①調達コストの上昇（46.9％）、②品質管理のむずかしさ（44.2％）、③限界に近づきつつあるコスト削減（41.6％）、④有能技術者の確保が困難（39.8％）、⑤現在料・部品の現地調達のむずかしさ（33.0％）であった（表6）。

　韓国日系企業の動きは、全体像とはやや異なる面をクローズアップさせている。最も高い比率には「限界に近づきつつあるコスト削減」(44.7％)、次いで「調達コストの調達」(36.8％)、「有能技術者の確保が困難」(18.4％)、「生産能力の不足、原材料・部品の現地調査のむずかしさ」(15.8％)の順。コスト削減をどうするか、調達コストの上昇をどう抑制するか、の2つの面への対処を要請されている状況である。〔コスト削減〕〔コストダウン〕の取り組みは、

表6　生産面での問題点(回答比率上位5位、複数回答、単位：%、有効回答437社)国・地域名

国・地域名	第1位	第2位	第3位	第4位	第5位
総数	調達コストの上昇	品質管理の難しさ	限界に近づきつつあるコスト削減	有能技術者の確保が困難	現在料・部品の現地調達の難しさ
	46.9	44.2	41.6	39.8	33.0
韓国	限界に近づきつつあるコスト削減	調達コストの上昇	有能技術者の確保が困難	生産能力不足、原材料・部品の現地調達の難しさ、品質管理の難しさ	
	44.7	36.8	18.4	15.8	
台湾	調達コストの上昇	限界に近づきつつあるコスト削減	品質管理の難しさ	有能技術者の確保が困難	熟練労働者の確保が困難
	54.3	47.1	38.6	32.9	20.0
香港	限界に近づきつつあるコスト削減	調達コストの上昇	品質管理の難しさ	原材料・部品調達の難しさ、熟練労働者の確保が困難	
	56.8	45.5	36.4	29.5	
中国	品質管理の難しさ	有能技術者の確保が困難	調達コストの上昇	原材料・部品の現地調達の難しさ	限界に近づきつつあるコスト削減
	50.5	47.0	46.7	40.4	37.5

80年代、90年代にわたり海外日系企業の共通した、しかも一貫した経営戦略であったと位置づけられる。今日もなお米国、欧州、北東アジア各国の戦略ポイントと比較して、重視されていると見ることができるだけに、新しい視点からの検討立案が望まれる。(表6)

　財務・金融・為替面での動きはどうか。全体像では、問題点(第1位から第4位まで)の比率は、30%台で集約された形態となっている。現地通貨の対円為替レートの変動(39.5%)、現地通貨の対ドル為替レートの変動(33.1%)、税務(法人税、移転価格課税など)の負担(31.0%)、円の対ドル為替レートの変動(30.3%)、設備投資に必要なキャッシュフローの不安(20.1%)の順であった。韓国日系企業にみる問題点比率では、第1位「現地通貨の対円為替レートの変動」が60.5%ときわめて高い。これは競合する工業分野の多い日本を意識した結果、とJETROは分析している。第2位「現地通貨の対ドル為替レートの変動」(39.5%)、第3位「設備投資に必要なキャッシュフローの不足、税務(法人税、移転価格課税など)の負担」(18.4%)、第4位「円の対ドル為替レートの変動」(15.8%)となっている。

　貿易制度面での問題点について、全体像で示されたのは、「通関手続きは煩雑」(53.5%)、「通貨手続きに時間を要する」(45.5%)の効率となり、次いで「通達・規則内容の周知徹底が不十分」(35.2%)、「関税の課税評価の査定が不明確」(25.6%)、「関税分類の認定基準が不明

瞭」(24.1%) に順であった。これに対して、韓国日系企業の対応姿勢は、比率の小幅な分布形態を示しており、①通貨手続が煩雑 (28.1%)、②関税の課税評価の査定が不明瞭 (25.0%)、③通貨手続きに時間を要する (21.9%)、④通達・規則内容の周知徹底が不十分、物流インフラの整備状況が不十分 (12.5%) の問題点提示であった。因みに高率を示した「通関手続きが煩雑」は、中国日系企業では64.1%であった。

4—4 競争力の源泉

　競争力の源泉として、第1位「技術力（高品質・高機能）」を挙げる北東アジアの日系企業が75.7%ときわめて高い。その高比率は、ほぼ共通した認識となっている。技術向上への取り組みと成果確保は、海外日系企業にとっての重要点課題として位置づけられている。第2位「ブランド力（製品の信頼性）」(52.3%) によって長期に、安定した競争力を維持しようとする意思と受け止める。製品に対する信頼性を得るための努力がどう行われているか、一時のミスが一挙にブランド力を弱める危機感は、つねに存在するわけで、現状のブランド力に満足するようなことは許されない状況といえよう。第3位「顧客ニーズに対応できるフレキシブルな生産体制」(39.9%)、第4位「迅速な顧客サポート体制」(32.9%)、第5位「他社製品に対する価格競争力」(20.7%) となっている。この調査結果に示されているように、競争力の源泉について〔技術・信頼性・生産体制〕を顧客ニーズに即していかに高度化し、加速的に進行させるか。一連のコストダウンに向けた取り組みは、日常的な改革・実践課題として、80年代、90年代にわたり日本企業は継続し推進してきた。今日もなお競争力強化の源泉として確認し、追求している。

　こうした北東アジアの全体像から海外日系企業の国別・地域別に見た動きはどうか。韓国日系企業では、「技術力」の高比率 (81.8%) と「迅速な顧客サポート体制」(45.5%) を第2位にランクしている点が注目される。台湾日系企業や香港日系企業では、総体的にブランド力の比率が高い。

　そこで、〔競争力向上〕の課題として、どの点を重視していくのか。全体像は、「人材育成・スタッフの強化」(78.5%) を第1位とし、強調している。人材育成・活用をめぐっては一様に主要課題に挙げており、具体化に取り組んでいる過程である。「生産品の高付加価値化」(55.8%) であり、「マーケティングの強化」(41.7%)、以下「ローカル人材の経営幹部への登用」(39.7%)、「現地調達の引き上げ」(39.5%) とほぼ同率に比重となっている。

　競争力向上をめざすうえで基本要件となるのは、〈人材をつくり、活かす〉ことができるかどうかにかかっている。日本企業の海外進出をめぐっての主要な問題のひとつは、現地人材の確保・育成・活用であった。90年代から21世紀初期の時間経過のなかで、どのように取り組んできたのか。直面する問題の難しさを考察するとき、日本企業本社サイドと進出先・現地トップとの関係（権限委譲をめぐるもの、人材開発・育成をめぐるもの、処遇をめぐるものなど）について、整理し再確認しておかなければならない。北東アジア進出の欧米系企業に比較し

表7 事業規模拡大の具体的な方針(複数回答、単位:%、有効回答300社)

国・地域名	第1位	第2位	第3位	第4位	第5位
総数	追加投資による事業規模の拡大	生産品目の拡大(多角化)	生産品目の高付加価値化	設計・研究開発機能の強化	特定品目に生産拠点を貴社に集約
	58.0	53.7	44.7	24.3	11.7
韓国	追加投資による事業規模の拡大	生産品目の拡大(多角化)	生産品目の高付加価値化	設計・研究開発機能の強化	特定品目に生産拠点を貴社に集約
	51.4	48.6	45.9	24.3	2.7
台湾	生産品目の高付加価値化	追加投資による事業規模の拡大	生産品目の拡大(多角化)	設計・研究開発機能の強化	特定品目に生産拠点を貴社に集約
	60.6	57.6	48.5	27.3	6.1
香港	追加投資による事業規模の拡大	生産品目の拡大(多角化)	生産品目の高付加価値化	設計・研究開発機能の強化	特定品目に生産拠点を貴社に集約
	63.3	56.7	43.3	23.3	16.7
中国	追加投資による事業規模の拡大	生産品目の拡大(多角化)	生産品目の高付加価値化	設計・研究開発機能の強化	特定品目に生産拠点を貴社に集約
	58.5	55.0	42.0	24.0	13.5
北京	追加投資による事業規模の拡大	生産品目の拡大(多角化)	設計・研究開発機能の強化	生産品目の高付加価値化	特定品目に生産拠点を貴社に集約
	52.6	50.0	34.2	31.6	13.2
大連	追加投資による事業規模の拡大	生産品目の拡大(多角化)	生産品目の高付加価値化	特定品目に生産拠点を貴社集約	設計・研究開発機能の強化
	57.7	53.8	34.6	15.4	11.5
青島	追加投資による事業規模の拡大	追加投資による事業規模の拡大	生産品目の高付加価値化	設計・研究開発機能の強化	特定品目の生産拠点を貴社に集約
	76.9	57.7	50.0	23.1	7.7
上海	生産品目の拡大(多角化)	生産品目の拡大(多角化)	生産品目の高付加価値化	設計・研究開発機能の強化	特定品目の生産拠点を貴社に集約
	64.8	50.7	45.1	21.1	12.7
広州	追加投資による事業規模の拡大	生産品目の拡大(多角化)	生産品目の高付加価値化	設計・研究開発機能の強化	特定品目の生産拠点を貴社に集約
	53.3	50.0	43.3	30.0	20.0

て日系企業の対応の遅いことがしばしば指摘されてきたのであった。

　この調査で表示された内容からも、海外日系企業における「人材育成・スタッフの強化」への高い比率は、日系企業として遅れていて人材政策の立案・実施への促進意思を示したものと受け止める。第4位となっているが「ローカル人材の経営幹部への登用」(39.1%) もその表れと推測できる。韓国日系企業での課題傾向は、全体像とほぼ近いものとなっている。やや異なる課題比率として、「設計・研究開発の強化」(43.2%)、「現地市場の必要とされる製品企画力」(38.6%) が挙げられる。

　今後の事業展開における方向性については、全体像として「規模拡大」が高率 (67.7%) を示している。「現状維持」(26.7%)、「規模縮小」(2.7%)、「第三国・地域への移転・撤退」(2.7%) であった。北東アジアでの将来意向は、多様な形態分布となっており、日系企業の将来像を予測する上でも、興味深いところである。まず韓国日系企業の特徴的動向は、最も高い規模拡大 (84.1%) の方向性を打ち出していること。他方、台湾日系企業では、規模拡大 (45.2%)、現状維持 (37.0%)、規模縮小 (9.6%) で他国日系企業とは、異なる比率となっている。とくに、第三国、地域への移転・撤退が約8%を示しており、北東アジアでは最も高い比率である。

　事業拡大の具体的な方針については、全体像では、①「追加投資による事業規模の拡大」(58.0%)、②「生産品目の拡大・多角化」(53.7%)、③「生産品目の高付加価値化」(44.7%)、④「設計・研究開発機能の強化」(24.3%)、⑤「特定品目の生産拠点を当社に集約」(11.7%) であった。この順位は、韓国日系企業と同様であり、①、②、③位に高い比率が示されている (表7)。

　同調査では、〔中国における対韓ビジネスに関係〕なども対象として集約し解説している。ここでは、JETRO調査の中で、北東アジアの各国・地域の全体像および韓国日系企業の実態、その展開方向の領域について抜粋し、調査結果にもとづいて分析を試みたものである。

　なお、日本企業において韓国市場と韓国企業に密接な上場企業として、次の企業が挙げられる (112～113頁)。

結びにかえて―事業活動におえける人的能力の有効発揮と価値創出

　韓国の経営進展は、90年代において海外投資への継続を図りながら、グローバル化時代に対応するために、2つの側面 (国内における経営体制の再編、海外へ向けた経営体制の確立) を促進してきたところに表明されている。また、主力財閥による経営力集中が経営基盤形成の強化と国内経済発展の寄与にどう連携していくかについても、注目される場面である。産業別の動向をみるとき、21世紀に入っても半導体分野、自動車分野は好調な推移となっている。こうした動きは、韓国日系企業、日本企業との市場における激しい企業間競争をうながすとともに、グローバル化時代への適応課題を迫ることになった。

　韓国進出の日系企業の最近の動きのなかでは、直接投資をめぐり製造業6億4千ドル台、

表8　韓国市場と韓国企業に密接な上場企業

企　業　名	内　　　　容
住友林業	韓国建材メーカーに10％出資
新三井製糖	パラチノースを韓国飲料メーカー向けに販売
アサヒビール	韓国ヘテ飲料を子会社化。将来への布石
キューサイ	05年から粉末青汁を韓国で販売計画
トーメンデバイス	サムスンが強化の携帯用液晶は下期供給
ダイショー	韓国に子会社設立、小売り用もOEM生産
ダイニック	次世代材料は韓国の携帯メーカーに順調
住友化学	サムスン向け液晶フィルターは操業度上昇
JSR	韓国の液晶材料は04年7月稼動、増強も決定
東京応化工業	韓国販社も新設し海外深耕
中京医療品	韓国では産業廃棄物処理装置の販売視野
T&K YOKA	カラーフィルター関連で韓国を順次増設
ダイオーズ	韓国で12月に合併設立
エイジス	韓国子会社が釜山にサテライトオフィス設置
クリーク＆リバー社	韓国で大手TV局向け受注増
ACCESS	サムスンと携帯端末用ネットシフトの供給契約
ライオン	韓国CJ社の家庭用品会社を買収
ウインテスト	韓国で地場産業と代理店契約締結
ワコム	韓国法人始動が上乗せ
アルバック	7世代以降の液晶製造装置で韓国に新工場
アドテックス	韓国拠点はデータセンター向け柱に好調
カシオマイクロニクス	液晶用フィルターデバイスは韓国向け着実増
ザインエレクトロニクス	05年度はデレビ用半導体が韓国向けに伸長
ヨコオ	アンテナはマイクロの韓国向け寄与
島田理化工業	韓国サムスン向け筆頭に液晶洗浄装置順調
東亜DKK	韓国向け上水分析装置の大口受注も貢献
ミナトエレクト	液晶検査装置も韓国向けに増える
HIOKI	韓国などアジア需要拡大も寄与し最高益
レーザーテック	大型マスク検査装置を主軸に韓国を本格開拓
GMB	韓国は設備増強と開発棟新設が04年末完了
トピー工業	韓国ホイール会社と提携、高価品生産に特化
日本ケーブル・システム	韓国でドアモジュール工場を05年初にも稼動
良品計画	韓国・ロッテグループと合併設立、展開加速
黒田電気	韓国にHDD部品供給開始
マークテック	電子部品に続き自動車向け開拓進歩
アグロカネショウ	土壌処理剤で韓国企業と販売提携
ニチリン	韓国・和承R&A社と共同購買など包括提携
旭硝子	PDP向けは韓国など内外で増強
大和工業	韓国子会社は大規模合理化設備投資を実行
豊平製鋼	棒鋼で韓国産業規格表示取得、新規開拓の力
日立金属	韓国にターゲット材の加工処理を新設
ロブテックス	韓国向け電設工具等も拡大
小島鉄工所	韓国現代自動車と油圧システムを開発
妙徳	9月に韓国でも販売子会社を設立
エスイーエス	韓国向け200・300mm対応洗浄装置

ワイエイシイ	液晶関連製造装置は韓国向けが伸長
井関農機	大型トラクターは韓国向けが大型収穫期
ローツェ	韓国向けウエハ搬送機、液晶関連装置が堅調
北川精機	韓国の自動車関連向け好伸が下支え
芝浦メカトロニクス	液晶洗浄装置増産へ韓国の製造を強化
シコー技研	コイン型振動モーター開発、韓国企業と販売提携
エスケーエレクトロニクス	韓国液晶パネル拡大追い風でフォトマスク成長
共信テクノソニック	韓国LG電子と販売特約店契約を締結
丸紅インフォテック	韓国企業の携帯型音楽機を輸入販売
ソキア	韓国企業の設備投資で計測器が上乗せ
国際計測器	シャフト矯正機の韓国増産体制設備
大日本スクリーン	液晶は韓国で保守サービス体制強化
HOYA	韓国液晶マスク、HDD用ガラス新工場計画
ペンタックス	デジカメレンズがサムスン電子に採用
小野産業	サムスンへの納入開始
アーク	韓国の設計、金型、成形メーカー5社を子会社化
リンテック	多機能フィルム等の韓国工場は06年2月稼動
神鋼商事	韓国のチタン加工販売に資本参加
極東貿易	液晶導光板の韓国生産始まる
デサント	韓国でマンシングなど各ブランドとも好調
ヒューネット	技術供与の液晶関連はサムスンSDIが量産へ
トッキ	ディスプレイパネル製造装置は韓国向け続伸
カーマ	3社共同仕入れ組織で韓国・LG電子と提携
堺商事	韓国で人員増やし海外の営業力強化
ファーストリテイリング	流通最大手・ロッテショッピング社と合併設立

(出所)『週刊東洋経済2005・2・26』(出版)『会社四季報』集

非製造業12億3千ドル台を示し、後者・非製造業の伸びが目立つ。韓国財閥系企業への材料・部品等の販売増大が要因として指摘できる。韓国財閥系企業の経済力は、きわめて甚大であり、それだけ国内経済の発展。成長と直接的な関係にあるとみなければならない。非製造業への直接投資の増大傾向は、持続するのかどうか。日本と韓国の事業展開に大きな影響を及ぼしてくることになろう。韓国日系企業の経営行動にとって着目しなければならないひとつは、いわゆる「垂直展開志向」と「水平展開志向」の今後の動向という側面である。しだいに「水平展開志向」が比率を高めてきているのは、海外における一貫生産体制の重点移行を示すものと理解される。海外日系企業の志向する動きは、すでに中国市場では生産・販売併行方式の実践に入っており、進出現地での生産・販売活動がそのように拡大しているのか、改めて総合的な視点からの確認・分析が必要であろう。

　それは、進出現時事業のメリット、デメリットの分析把握をすすめること。もうひとつ取り組むべき課題として、新たな進出先の選定作業まで含む形で検討することを意味している。経営展開をめぐる日韓関係、中日関係はアジア地域、さらに世界地域につながる問題となって波及していくわけである。その観点から、現状の韓国日系企業の課題は高付加価値製品の開発、製造を今後どう継承していくかが問われている段階といえる。

表9　業種別の分業関係の選択状況

		現在		今後	
		垂直展開	水平展開	垂直展開	水平展開
電気機械	部品製造	28%	72%	30%	70%
	製品組立	32%	68%	31%	69%
輸送機械	部品製造	15%	85%	10%	90%
	製品組立	0%	100%	7%	93%
一般機械		44%	56%	39%	61%
精密機械		31%	69%	36%	64%
その他製造業		32%	68%	22%	78%
製造業　合計		30%	70%	24%	76%

(備考)回答企業数328社
(資料)財団法人産業研究所(2006b)「東アジアの投資・資金調達環境と我が国企業の海外展開に関する調査研究」

　調査（JETRO）によれば、海外日系企業が競争力の課題として強調しているのは、まさしく日本企業の強みとしてきた「技術力」（高品質・高機能）であった。技術力の最大の強みとして海外市場での優位性を確保していかなければならないが、その優位性は不変ではあり得ない。技術力向上に対する取り組みは、各国共通のものであり、その格差は明らかに縮小の歩調にあることも日本企業サイドは十分に留意しておく必要がある。海外事業の展開においても、日本企業が構築し形成してきた技術レベルの伝承と高度化は、至上命題として明確に位置づけ、さらなる技術展開と付加価値創造が可能となる道を創っていかなければならない時機にある。

　こうした技術伝承という日本企業の必須課題については、トヨタ自動車のグローバル時代対応の経営姿勢として、すでにアメリカ、イギリス、タイの研修拠点で推移されつつある。[14] トヨタ自動車では、キャリア技術者を研修拠点に配属してそれぞれ技術伝承のための研修指導を体系的にマニュアルに即して実施している。注目すべきは、トヨタ技術者がアメリカ、イギリス、タイの従業員に対する技術指導にとどまらず、研修指導を受けたアメリカ、イギリス、タイの従業員が技術を体得して、彼らが選考を経て合格したあと、こんどは研修指導する立場に立つ。

　競争力向上の課題として、常に人材育成・活用が最重点とされており、同調査においても「人材育成・スタッフの強化」が最も高い比率であった。今日の経営活動における成否の尺度となるものは、人的資源管理としての〔人的資源確保領域―人的資源育成領域―人的資源活用領域―人的資源評価・処遇領域〕の体系運用による集約結果である。この認識は、地域、規模、人種を超えて海外日系企業を軸とする事業展開（日本企業・進出日系企業）にとって不可欠なものと考える。新しいグローバル時代のなかで、事業活動の当たる人々の営みは、人

間能力の有効発揮と価値創出に連結させていくことを重視していくことが望まれる。

(1) 「ジェトロ貿易投資白書」2005版、72頁
(2) 清水誠二稿「最近の韓国経済と日系企業と日本企業の進出状況」〔トライアングル・20002・7〕
(3) 「アジア経済1997」経済企画庁調査局、61頁
(4) 同上、62頁
(5) 「ジェトロ貿易投資白書」48—50頁
(6) 「通商白書2006年版」76頁
(7) 高橋由明編著「教育訓練の日・独・韓比較」石橋忠司稿（1996）中央大学出版部、113頁
(8) 上掲書、114頁
(9) 上掲書、114頁
(10) 小著「即戦力化教育の展開」日本能率協会、1986
(11) 高橋由明編著「教育訓練の日・独・韓比較」石橋忠司稿（1996）中央大学出版部、123-124頁
(12) 金沢星稜大学海外共同研究「研究報告書2003・2004」において、筆者らのプロジェクトチームの調査分析により海外日系企業（中国進出企業）の重点経営戦略として〈コストダウン〉政策が80年代、90年代にわたって進められたことが把握された。同共同調査は、蘇州大学商学院との共同作業である。
(13) NHKテレビ放送（2007年1月15日）において紹介された。トヨタ自動車のグローバル時代対応のひとつとして海外人材育成・活用については、従来方式のトヨタ社員が現地で指導する制度を改訂して、海外の現地社員が指導する、同時に海外工場の周辺国からも研修派遣させて高い能力の修得・発揮をめざしている。

[参考文献]

韓羲泳著『経営学総論』（2004）現代図書
丸山恵也・佐護誉・小林英雄編著『アジア経済圏と国際分業の進展』（1999）ミネルヴァ書房
日本貿易振興協会『ASEAN日系製造業の活動状況』（1996年版）
服部治『現代経営行動論』（2005）晃洋書房
T・w・カン『日本企業改革開放論』（2006）東洋経済新報社
伊丹敬之・軽部大編著『見えざる資産と戦略の理論』（2004）日本経済新聞

韓中経済交流と中国進出韓国企業の経営行動

黄　八洙

　　　　　　　　　　　　　はじめに

　今日世界経済の大きな特徴は、いわゆる「国境なき経済（borderless economy）」であり、一定地域を単位として地域的な統合（regionalization）や地球全体を統合するグローバル化（globalization）の両面性を持っている。このような経済環境は、企業に対してより厳しい競争を迫る反面、ビジネスチャンスの増大をもたらしている。

　多くの韓国企業にとっても、経営活動のグローバル化は企業戦略の中核であるが、海外における競争は、韓国企業を日本、アメリカ、ヨーロッパなど経験豊かで、十分に資金調達力のある相手と直接競争させることになる。さらに、アジアの新興国も、主要市場で韓国の足元を脅かしている。しかし、グローバル化はすべてマイナスであるとは限らない。つまり、実に、アジアと東ヨーロッパの市場は、韓国企業に国際コンピタンスを発展させる機会を提供している。[1]

　韓国企業の海外投資は、1968年の韓国南方開発によるインドネシアの森林開発から始まり、以来徐々に増え1980年代後半には大幅な増加傾向をみせる。1980年代後半、韓国企業は高賃金を始めとする高コスト構造の下では国際競争力の確保が難しいとの判断や海外市場の開拓を目指した海外進出を積極的に行い始めた。特に、改革・解放政策の拡大と深化に伴った急速な経済成長で世界経済に対する影響力がますます増大する中国市場を目標とした外国企業の投資進出が急増する中、韓国企業も1992年韓中国交樹立以降中国投資を活発化させ、それらは2005年度には韓国の海外投資額の40.3％に達した。

　韓中間の経済協力は短期間に、世界に類をみないほど発展しているが、両国間の競争も深まりつつある。本稿では韓国と中国の経済交流の現状や中国進出韓国企業の経営について、韓国の経済や企業の歩みを踏まえた上で特徴及び課題を探り、その行方を展望してみたい。

1　韓国経済の成長と企業

（1）　韓国経済の成長の歩み

　韓国は、1962年に政府主導の経済計画である輸出主導型の「経済5ヵ年計画」を推進し始めた。この計画の下で、近代化と産業化を進めるための多くの経済政策が進められ、「漢江（ハンガン）の奇跡」と呼ばれる経済成長を成し遂げた。その結果、韓国は典型的な貧困農業国から、最先端製品の輸出国へと変貌を遂げ、2005年の輸出額は世界第12位を占め主要国の仲間入りを果たしている。1962年から2005年まで、韓国の国民総所得（GNI）は23億ドルから7,868億ドルに増加し、一人当たりのGNIは87ドルから16,291ドルと大幅に増加した。韓国の2005年の輸出額は2,844億2,000万ドルで、韓国建国当時（1948年）2,200万ドルの1万2,928倍に増加した。

　このような目覚しい経済成長を果たした韓国は、1996年12月12日に経済開発協力機構（Organization for Economic Cooperation and Development: OECD）の29番目の加入国となった。OECDへの加入は、韓国人の長年の夢であった先進国クラブへの加盟を意味した。しかし、1997年後半から始まった通貨危機により経済は壊滅的な打撃を受けた。

　この経済危機はアジア諸国を騒然とさせ、韓国の目覚ましい経済成果さえも脅かした。韓国はこの危機を克服するため国際通貨基金（International Monetary Fund: IMF）に緊急資金支援を要請した。IMFはマクロ経済安定のための諸措置以外にも通貨危機と企業危機を招いた構造的な問題などの是正を要求した。韓国はこの要求を受け入れ、資本市場の開放や金融・企業・労働市場・公共部門の構造改革を約束した。IMFとの合意を忠実に履行し、また韓国政府の厳しい構造改革と外国の債権団との交渉も成功して、韓国経済は回復し、発展の軌道に再び乗り始めた。1998年のGNIと一人当たりGNIは、通貨危機によってかなり減少したが、2002年にはこれらの統計数字は通貨危機以前の水準を取り戻した。

　過去約20年間は、韓国の産業がグローバルな競争に本格的に参入した激動の時期であった。1986年に「工業発展法」が施行され、政府主導の選別的な産業育成策が民間の自主性を重視する方向に転じた。その結果、市場の開放化が進み、韓国の国内産業への政府の保護はほとんどなくなった。このような急激な変化の中、表1のように韓国は、軽工業から重化学工業、IT産業へと産業構造を高度化させた。また、先進国市場から中国など新興市場へと輸出を多角化させ、輸出主導の経済成長を続けてきた。韓国は現在、半導体、携帯電話、TFT-LCDなどのIT産業をリードし、自動車、鉄鋼、造船などの重工業でも世界的な競争力を保持している。[2]

　近年韓国政府は、構造改革の重要な手段の一つとして自由貿易協定（FTA）を積極的に推進している。最初のFTA締結国はチリ（2002年10月妥結、2004年4月発効）であり、次はシンガポール（2004年11月11日妥結、2006年3月発効）とEFTA 6カ国（2005年妥結、2006年9月発効）との間で締結された。日本との間では域内の国としては早期（2003年12月）に協議を開始したが、

表1　産業別 GDP 成長貢献度(製造業)

	1975-1985年		1986-1990年		1991-1995年		1996-2000年		2001-2005年	
1	繊維	3.4	自動車	3.0	自動車	3.1	半導体電子部品	14.4	半導体電子部品	19.4
2	食料品	3.2	鉄鋼	2.2	半導体電子部品	2.9	コンピュータ事務機器	3.8	映像音響通信機器	12.0
3	金属製品	2.3	金属製品	2.0	鉄鋼	2.6	自動車	3.6	自動車	4.4
4	鉄鋼	1.9	映像音響通信機器	1.4	一般産業用機械	2.2	産業用化合物	3.0	石油石炭製品	2.4
5	その他の輸送機械	1.2	繊維	1.3	産業用化合物	2.1	映像音響通信機器	2.9	その他の輸送機械	2.0

注：成長貢献度＝特定部分の質実付加価値上昇分÷GDP 成長分×100
(出所)「韓国産業20年の歩み」『CEO Information』サンスン経済研究所、2006年7月5日、2頁

2004年11月に第6回協議以来長い間中断している。また中国とは2004年11月 ASEAN＋3(韓中日)を契機とした韓中首脳会談で民間による共同研究の推進に合意した。韓中 FTA についての詳細は後述する。目下最も注目されている韓米 FTA は2006年6月に第1回協議が始まって以来、第8回の協議（2007年3月）を経て2007年4月2日交渉が妥結された。

韓国において特殊な経済関係としては南北間の経済交流である。なかでも南北軍事境界線から近い北韓（北朝鮮）の開城（ケソン）地域に北韓当局と協力して工業団地を建設した。開城工業団地は、韓国の資本と技術、北韓の労働力と土地が結びついたプロジェクトである。2007年1月現在、21の韓国企業が操業しており、11,920人の勤労者（韓国側：756人、北韓側：11,164人）が働いている。このプロジェクトは、北韓が少しずつ変化するための環境作りの重要な鍵となる注目される事業である。

韓国経済は、これまで種々の困難があったが、これらを克服して発展してきた。しかし現在はさらなる難関が存在しており、これらを克服してさらに発展するためには、引き続き構造改革を進めると同時に国際化戦略を樹立することが必要と思われる。

そのためには、経済のグローバル化に対立する反市場主義や時代逆行的な過度の民族主義的理念から脱皮することが何より必要であろう[3]。このことは韓国が真に国際市場で優位性を獲得できる鍵であると考えられる。

（2）韓国企業の成長と経営

①韓国企業の成長段階

全般的に見て韓国企業は過去約50年間、発進期（1950年代）―跳躍期（1960年代）―成長期（1970年代-1987年）―転換期（1988-1997年）― IMF 衝撃後の再跳躍期（1998年―現在）の過程を経て大きく成長した。

1950年代には日本の植民地から解放後の経済復興の担い手となった企業群が、自らの資本

や技術の蓄積ではなく、帰属財産という経営外的な要因によって育成されたところに大きな特色がある。また、韓国戦争（朝鮮戦争）休戦後米国を主体とした国連諸国からの長期間にわたる援助は、物資不足に苦しむ国民の生活を救ったことは事実であるが、その一方で、消費物資を中心にした援助が、韓国企業の成長をいびつな型にしたことも事実である[4]。

1960年代は、韓国初めての計画経済が概ね成功、韓国企業は新しい跳躍期に入ることができた。特徴的なことは、この時期、農業本位国から、ようやく初期の工業国へと移行し始め近代工業国に成長する基盤を築いた。1970年代は「輸出を通じた成長」として特徴づけられる。この時期は総合商社の出現と発展、財閥企業の肥大化などがみられ韓国企業が大きく成長した[5]。1979年の第2次オイルショックや朴正熙大統領暗殺事件による政治経済環境の悪化など、1986年の史上初の国際収支黒字達成にいたるまでは大変困難な時期でもあった。

1980年代後半に高度成長を可能にした国内外の環境が変化した。民主化は企業と政府の関係の見直し、労働運動の活性化によるベースアップ、資本コストの急騰などを招いた。また規模の成長に重点を置いた結果、収益性と国際競争力が低下した。危機を感知した一部の企業は、自主的な構造改革に乗り出したが、大半の企業は成功の経験を過信し、自主的な構造改革の好機を見逃した[6]。結果的に韓国企業は大きな転換期を迎えることになる。

IMF管理体制に代表される経済危機は、強制的・総体的な環境変化をもたらした。グローバルな金融システムの流れを受けて、韓国でも英米型の経営手法が急速に導入された。産業においては、ハイテク産業、知識基盤産業などが新たな成長のモメンタムとして台頭した。しかし、優良企業と非優良企業、大企業と中小企業など二極化が進み、企業間の格差は著しくなった。「雇用なき成長」が課題となり、近年社会貢献と分かち合いの経営、共生の経営が、持続可能な経営のキーワードになった。まさにIMF通貨危機の衝撃後の再跳躍期である[7]。

②韓国企業の経営システムと大企業

韓国経済の目覚しい成功と発展については、多くの要因が挙げられる。その一つは、韓国企業の競争力である。韓国の経営システムに重要な影響を及ぼした源泉は、三つある。第一は儒教で、1392年に始まり韓国が日本の植民地になった1910年までの、朝鮮王朝500年以上にわたって韓国の国家哲学であった。韓国人の価値観、態度、行動パターンに対する儒教の影響が、明らかに韓国の経営システムに浸透している。第二と第三の源泉は日本とアメリカによる影響である。韓国の経営スタイルに対する日本の影響は、韓国が日本の植民地であったことからアメリカの影響に比べて時期が早かった。1945年以後、韓日関係が正常化される1965年まで、アメリカの影響が日本の影響を上回っていた。それ以降、多くの韓国企業が両国民と緊密なビジネス関係を維持してきたため、アメリカと日本による影響はほぼ同等である。これらの三つの要因と韓国自身の歴史・経験に基づいて、韓国企業は、トップダウンによる意思決定、温情的なリーダーシップ、家族による経営、人和（調和志向の文化的価値）、柔軟な終身雇用、個人的な忠誠、年功に基づく報酬および人事考課、頻繁な労働移動、コング

ロマリット化による企業の拡張などを含むKタイプ・マネジメント（韓国式経営）といわれる、独自の経営システムを開発してきた。[8]

　日本や欧米企業に比べて歴史が浅い韓国企業は、韓国経済とともに成長し、特に財閥と呼ばれる大企業グループは経済発展を牽引した。韓国経済発展の全過程をとおして、財閥への過度の経済力集中に対する様々な批判にもかかわらず、財閥の韓国経済に占める比率は増大して行き、それは経済発展に大きく貢献した。

③通貨危機がもたらした経営改革と課題

　長い間、韓国企業が一貫して追求してきた経営戦略は企業の外形的拡張戦略であった。それは企業グループの次元では、財閥に代表されるように、異なる多業種にわたってワンセットずつの系列企業をもつ企業集団を形成・発展させるということであった。[9]産業政策が後退しはじめた1980年代半ばを機に、それまで政府の主導によって成長してきた韓国企業は、自らの判断と選択によって事業戦略を推進する「独立」を始めた。開放によって規模の拡大が重複され、1990年代半ばまでは「規模の成長を追求した時代」が続いた。グローバル化の波が押し寄せ、韓国企業も攻撃的な投資に乗り出した。造船、鉄鋼、自動車など重厚長大型の産業をはじめ、半導体、LCD、携帯電話など新産業部門でも海外の競合企業を上回る大規模な投資が行われた。[10]

　しかし、経済環境の変化、特にIMF通貨危機を機に企業経営にも大きな変化がみられた。成長第一主義の戦略は限界に達し、どのような経営環境にも柔軟に対処できる事業組織構造が切実に求められた。韓国は急激なビジネス環境の変化に伴って、伝統的な経営価値や組織構造の見直しをせざる得なくなり、「成長」か「淘汰」かという岐路に立たされるようになった。

　経済危機に直面した韓国は、IMFからの支援を余儀なくされ、IMFの課した高金利政策により、1998年の経済成長率はマイナス6.7％となったが、改革断行で1999年にはプラス10.9％のV字回復を実現した。改革の中で、重要だったのは財政改革であり、財閥の改革はａ．負債の圧縮、ｂ．系列企業間の相互債務支払い保証の解消、ｃ．多角化の整理、ｄ．財閥グループ全体の連結財務諸表の公開、ｅ．経営責任の明確化と外部監査機能の強化の「5大原則」を基に進められた。

　このように通貨危機は、韓国企業が「体質改善の時代」を迎える切り口になり、企業の生き残りが市場の論理によって左右され、厳しい構造改革が始まった。韓国企業の経営システムも経営戦略の転換に合わせて変化した。最大の変化は、人事と組織部門で年功主義や新入社員から育て上げた人材を役員など重要なポストに就かせるいわゆる純血主義人事がなくなり、成果主義や人材の活用が急速に進んだことである。この過程で、体質の改善に成功した韓国の先発企業は、グローバル企業に成長する成功神話を成し遂げた。[11]

　しかし、構造改革後も様々な課題を残している。金融部門には企業部門と一体化した透明

化、及び市場規律の強化が急務である。企業の大半は依然としてオーナー家族による所有と経営の下にあり、改革の開始以来、オーナー経営者の経営責任明確化、所有者の家族関係を加味した厳しい基準の連結財務諸表作成、社外取締役の過半数強制任用、少数株主権限の保護、監査事務所に対する罰則強化など一連のコーポレート・ガバナンス改善策が打ち出されてきた。この点は、市場の成り立ちが違う米国のコピーをしても透明性が向上するとは限らず、ルールの設定者とプレーヤーの対話により漸進的であっても着実な透明性促進措置を実施して行く必要があろう。[12]

以上、経営システムや企業の透明性などについてこれまでの変化とあるべき方向を述べたが、韓国企業が今後も持続的な成長を遂げるためには、グローバル経営に対応できる人材の育成が必要であり、同時に国際的視野に立ったグローバル経営システムの構築に力を入れることが重要な課題であると考えられる。

2　韓中経済交流の現状

(1) 韓中交流の急速な拡大

韓国と中国は、韓国戦争（朝鮮戦争、1950-53年）などで激しく対立し、冷戦の構造下で長い間敵対国であった。しかし、中国が1978年経済改革と対外開放を決定し、西側との経済協力を追求したことは、韓国との経済交流の可能性を開いた。1980年代の韓中関係は、基本的に中国の改革・開放政策に合わせながら経済交流を拡大してきた。

経済交流とともに人的交流が急増してから両国間の公式的な窓口が必要となり、両国は1990年に常駐貿易代表部の設置を合意した。やがて、両国は1992年8月24日公式的な国交関係を樹立し韓中交流は、政治・経済・人的交流など、あらゆる面で急速な深まりを示した。

人的交流は急激に増え2005年度の中国への入国者を国別にみると韓国が2004年度1位の日本を抜いて1位となった（表2参照）。1992年修交当時、韓国人の中国訪問者数は約4万3千人だったが、2005年には約355万人が中国を訪れた。また、2004年の時点で中国の大学に留学している178カ国約11万人の中で韓国人が一番多く約4割を占めている。

表2　2005年の韓国と中国の外国人訪問現況　（単位：人）

順位	韓国の外国人入国現況		中国の外国人入国現況	
1	日　　　本	2,440,139	韓　　　国	3,545,341
2	中　　　国	710,243	日　　　本	3,389,976
3	米　　　国	530,633	ロ シ ア	2,223,875
4	台　　　湾	351,438	米　　　国	1,555,450

(出所)韓国観光公社および中国国家旅遊局資料を基に筆者作成
注：韓国側の中国人統計は香港を除いている。中国側の統計は香港、台湾、マカオの中国同胞を除いた数である。

韓国と中国は今や投資・交易のみならず人的交流とともに文化交流も非常に活発である。
2000年代に入り中国では、韓国映画・ドラマ・音楽や韓国製品など「韓流」が盛り上がる一方、韓国では、中国語・中国文化など「漢流（漢風）」に沸くことになった。中国は2004年12月にアジア初の中国文化院をソウルで開院、2006年1月に大邱市、同年6月には光州市にも中国文化院を開院して文化交流に力を入れている。韓中両国は修交15周年である2007年を「韓中交流年」と定め様々な行事や活動を推進しており、今後も両国の交流は一層深まることになるだろう。

（2） 韓中貿易の推移

韓中両国の貿易は1980年代半ばから拡大したが、その背景には両国の関係改善がある。国交正常化の1992年からは香港経由の間接貿易は減少し、両国間の直接貿易が活発化した。特に2001年の中国のWTO加盟以降は急速に拡大し、2005年には1,000億ドルを突破した。近年、韓中貿易は表3が示すように全体としては韓国の貿易黒字が目立っている。

現在、韓国にとって中国は第一位の輸出相手国であり、第2位の輸入相手国である。韓国の主な対中輸出品目を2005年度の実績からみると、電気機器、コンピュータ、スチールロール、電気通信機器の順である。対中輸入品目は、電子管類、電気通信機器、光学機器、コンピュータ、石油製品類などであり、中国の生産拠点から輸入するケースが多い。

韓国は輸出や投資の急速な拡大によって、中国で需要が高まっている中間製品を輸出し、需要に対応していることがわかる。一方、当初中国からは専ら原材料や繊維製品を輸入していたが、最近では、電気機器、通信機器や鉄鋼を輸入するなど、輸入のパターンが変化してきている。[13]

表3　韓中交易規模の変化　　　　　　　　　　　（単位：億ドル）

		1992	1995	2000	2001	2002	2003	2004	2005
韓国側統計	輸出入	64	165	313	315	412	570	793	1,006
	対中輸出	27	91	185	182	238	351	498	619
	対中輸入	37	74	128	133	174	219	296	386
	貿易収支	-11	17	57	49	64	132	202	233
中国側統計	輸出入	51	170	345	359	441	633	900	1,120
	対韓輸出	24	67	113	125	155	201	278	351
	対韓輸入	26	103	232	234	286	432	622	769
	貿易収支	-2	-36	-119	-109	-131	-231	-344	-418

資料：韓国貿易協会および中国海関の統計
(出所)「韓中間の交易構造の分析」韓国貿易協会貿易研究所、2006年4月、1頁
注：韓中間貿易統計の差は両国の輸出入集計基準（FOB, CIF）の差による運賃・保険料の加減や香港経由輸出入に対する異なる算定方法から生じている。

（3） 韓中間の投資

①韓国の対中投資

　韓国企業の対中投資の発展段階は、表4が示すように準備段階―発展段階―成長段階―縮小段階―回復段階を経て成熟段階を向かいつつある。

　韓国の中国投資は、韓中修交を契機として急増したが、1997年の通貨危機により投資件数と投資金額ともに大幅に下落した。しかし、韓国経済の回復とともに中国投資も増え続け、件数では2000年頃、金額では2002年頃に通貨危機以前の水準にまで回復した。2004年の韓国の対中投資実行金額は約63億ドルであり、日本の55億ドルを上回り、香港（約199億ドル）と課税回避地のバージン諸島（約67億ドル）を除けば、事実上最大の対中投資国として浮上した。2005年度の直接投資実行ベースにおいて韓国は、香港、英領バージン諸島、日本に次ぐ第4位であり、韓国の対外投資の約40％を占めている。（表5参照）。

　対中投資の特徴は、個別の投資額が小さく、労働集約産業へ集中していること、製造業への投資が約80％である（2005年）ことなどである。

　韓国企業の対中投資の主な誘因は、第一に、投資における製造業の圧倒的な割合をみるならば、韓国企業は中国を、特に輸出向け生産において低コストの生産拠点と認識していることがうかがえる。第二に、韓国の財閥には、中国の巨大な国内市場を開発するための投資を行う向きがある。第三に、中国のWTO加盟以前には、輸出向けの投資は促進されていたが、潜在的な国内市場はごくわずかしか開放されていなかった。しかし、WTO加盟は国内市場へのより良いアクセスを提供することによって、外国企業にその製品に対する中国の強い需要から得ることを可能にした。[14]

表4　韓国の対中国直接投資発展段階

準備段階 （1988-1991年）	― 韓中修交以前の段階 ― 韓国企業は主に、香港、日本などを経由した迂回投資方式
発展段階 （1992-1994年）	― 中国が全国的に対外開放を開始、1992年に韓・中修交 ― 韓国企業は国内の高賃金による輸出品の価格競争力を確保のため、労働集約的な産業を中心に中国へ進出 ― 大手企業よりも中小企業中心の投資の活発化
成長段階 （1995-1997年）	― 大手企業が中国市場を開拓するために投資を幅広く展開 ― 投資地域も環渤海湾地域から上海、江蘇などへまで拡大
縮小段階 （1998-2001年）	― 韓国のIMF通貨危機で大手企業も不安定な国内経営のために海外直接投資も消極的になり、対中国直接投資も縮小 ― 中小企業による投資件数は減少したものの、継続的な投資が行われる。数多くの中小企業が生産工場を中国へ移転したためであると考えられる。
回復段階 （2002年-　　）	― 対中国投資が中国のWTO加盟とそれに伴う中国市場の開放を背景に、韓国のIMF管理下の時期よりも、直接投資が拡大

（出所）郭智雄「韓国から中国への直接投資と企業活動の特徴」白木三秀編著『チャイナ・シフトの人的資源管理』白桃書房、2005年、29-33頁を基に作成

表5　中国の国・地域別対内直接投資(2005年の実行金額順)

(単位：件、100万ドル、%)

	契約ベース		実行ベース	
	件　数	金　額	金　額	構成比
香　　　　　港	14,831	63,235	17,949	29.8
英領バージン諸島	2,493	22,028	9,022	15.0
日　　　　　本	3,269	11,920	6,530	10.8
韓　　　　　国	6,115	19,760	5,168	8.6
米　　　　　国	3,741	13,512	3,061	5.1
シ ン ガ ポ ー ル	1,217	5,214	2,204	3.7
台　　　　　湾	3,907	10,358	2,152	3.6
ケイマン諸島(英)	262	3,401	1,948	3.2
ド　イ　ツ	650	3,425	1,530	2.5
サ　モ　ア	802	4,042	1,352	2.2
合　　　計	44,001	189,065	60,325	100.0

(出所)『2006年版　ジェトロ貿易投資白書』ジェトロ2006年、161頁

　韓国の対中投資は国交回復を契機に本格化し中国の輸出に対する韓国企業の貢献度も上昇しているが、活発な対中投資は中国内韓国企業の中国からの輸出貢献度をさらに拡大させると予想される。
　しかし近年、中国の外資導入施策が量的拡大から質的な効用を重視する方向へ転換されつつある。従って投資環境としては従来の「コスト削減型」から、今後は一層の「市場追求型」への変化が求められよう。

②中国の対韓投資現況および特徴
　中国政府はWTO加盟翌年の2002年の第16回共産党大会で、海外投資を本格的に奨励する政策（走出去）を正式に提唱し推進することによって海外投資は急激に増加している。海外投資は主に技術力の確保、海外市場の開拓、資源開発などの目的で行われている。
　中国企業は1992年頃から韓国に進出している。当初韓国に進出する中国企業は中国の伝統的な国営貿易企業が中心であり、主に支社形態の海外輸出拡大の業務を担っていた。韓中経済交流の拡大により中国企業の対韓投資は、韓国の対中投資に比べて規模は小さいが、引き続き増加傾向をみせている。2005年3月現在、産業別には製造業が金額基準で約75％、投資件数としてはサービス業が約88％を占めている。
　中国の国・地域別対外直接投資（2004年投資額、認可ベース）は、香港（160件、95,727万ドル）、韓国（19件、60,692万ドル）、英バミューダ諸島（4件、30,655万ドル）、オーストラリア（31件、23,100万ドル）、アルジェリア（3件、15,633万ドル）の順である。[15]
　中国企業の対韓投資の特徴は、貿易業中心の小規模投資であったが、最近はIT業界への投資や製造業の市場志向の投資も増えつつある。投資上の問題点としては、親企業との曖昧な

役割分担、意思決定システムの不透明、グローバル経営に必要な人材の不足などがあり、韓国における企業経営に最も重要な要素である労使関係に重点を置くべきである、との指摘もある。[16]

　中国の対韓直接投資の増加は、両国の経済交流拡大の重要な役割を果たす。また、東アジア地域の平和や経済交流の活性化に繋がることになるだろう。

③韓中FTAの推進現状

　韓国と中国は、民間の共同研究推進に合意（2004年11月）し、韓国の対外経済政策研究院（KIEP）と中国の国務院発展研究中心（DRC）による2年間（2005年-2006年）の合同研究が行われた。

　韓米FTA協議開始を前後にして、中国は韓国政府に公式・非公式のチャネルを通じて、韓中FTAの協議開始の意志を表明してきた。その反面、韓国政府は韓中FTAが経済及び外交安保にもたらし得る大きな波紋を憂慮し、まだ公式的な立場表明を控えているが[17]、韓中両国の経済交流の急激な拡大によって生じる様々な通商問題を管理するために両国間の経済協力の水準を高めて制度化すべきである、とその必要性が持続的に提起されてきた。このような側面から韓中FTAが締結された場合、潜在力が大きな中国内需市場に対する韓国企業の優先的接近の確保が可能になり、両国間経済協力の制度化のための重要な契機になるだろう。[18]

　一方、韓国の全国経済人聯合会（FKI）の調査結果（2006年11月）[19]によると、71.3％の企業が韓中FTA締結に支持を表明している（製造業65.5％、サービス業83.6％が賛成）。賛成の企業は輸出増大や中国市場へのシェア拡大による競争力向上が一番の理由として挙げた。反対企業（28.7％）は輸入増加による国内市場シェアの下落や国内の脆弱産業の基盤弱化を憂慮している。また、FTA締結の適切な時期については3年以内が44.9％、4-5年以内が35.1％と答えた。韓中FTA推進時、企業は新規事業の進出（41.2％）や中国への投資拡大（26.5％）を考慮すると答えた。FKI産業調査本部FTAチームは、韓中FTA締結は韓国企業の対中投資活性化へ寄与すると展望し、国内脆弱産業への対策やFTA推進に備えた企業の積極的な経営戦略の樹立が求められていると分析している。

　中国の積極的な推進意志は韓中FTA協議の実現可能性を高める重要な要素であるが、韓国が短期間内に協議に乗り出すことは難しいと思われる。まず、韓国政府は国内農業基盤の喪失、国内産業空洞化の加速などマイナス面に対しての十分な対策が講じられていない状態でのFTA推進は困難であるためだ。また、韓中FTAが韓米FTA協議のように十分な公論化過程を経ず政治的な決断により推進されれば農民団体を始め、潜在的な被害分野を中心に強い国内の反発を惹起する可能性がある。即ち韓国は中国の積極的なFTA推進意思の表明にも関わらず、当分は従来通り消極的な姿勢を見せるだろう。もちろん両国間のFTA協議に関する議論が急進展する可能性も排除できないが、韓国の積極的な立場への転換を可能にする韓国国内の政治経済的な環境が成熟しない限り短期間内の協議の進展可能性は高くないと思われる。[20]

3 韓国企業の中国現地経営の実態

　世界中の企業が中国に進出し、厳しい競争を繰り広げている。韓国企業も国交正常化以来、文化的な類似性、地理的な近さによる低い物流費、両国の産業の相互補完性などで韓中間の経済交流は今後も拡大されると展望されるが、中国内の人件費や地価の上昇など進出メリットが低下しており、中国の知的財産権の侵害による韓国企業の被害等問題点も増えつつある。

　韓国企業は現地の企業経営過程で経験を蓄積し、経営効率化を通じた競争力確保でより安定的な経営を目指している。本章では韓国企業の中国進出における経営の現状を把握し、その問題点や特徴及び展望を探ってみる。

(1) 韓国企業の中国進出の動機

　韓国企業は当初から国内の高賃金など経営環境の悪化により中国へ進出するケースが多かった。筆者も参加した2004年に行った和光大学総合文化研究所の調査[21]では中国進出の主な目的が安価な労働力が42.6%、第3国へ輸出が21.3%、現地市場進出が20.6%であった（表6参照）。

　ほぼ同じ時期の大韓貿易振興公社（KOTRA）などの調査では、その目的は「中国内需市場への進出：26.8%」―「安価な労働力の確保：25.8%」が高い比率を占めた。KOTRAの調査によると進出の目的は企業規模によって違いが鮮明であり、中小企業の場合は「安価な労働力の確保：25.8%」―「内需市場：24.7%」―「原資材などの確保：11.7%」の順である。一方、大企業は「内需市場：34.9%」―「原資材などの確保：18.5%」―「安価な労働力の確保：16.3%」であった。

　中国国内市場の拡大などで現地市場の確保の重要性が高まり、市場開拓を狙った進出も増え続けているが、依然として低賃金の労働力を求めた動機が高い比率を占めている。

(2) 現地経営の現状

　韓国企業の初期段階の主な対中国進出の最も大きな動機は、豊富で安価な労働力を求めた生産拠点の確保であった。しかし、中国がWTOへ加盟し、中国市場は世界で最も大きな市場になるなど急変する中国の市場環境の中で現地経営は新たな段階を迎えた。

　2004年7-8月に行ったKOTRAの調査によると、韓国企業の中国現地経営において最も困難な点として、現地の商慣習、通関・税務、法的・制度的環境の未整備、言語障壁、代金の回収などの順であった。中国投資が飛躍的に拡大しているが、経営上の問題点もともに増えている。

　また、韓国企業の中国への一極集中は、国内競争の海外移転の様相を呈している。上記のKOTRAによる調査では、韓国企業の主な競争相手は中国企業であるという回答が58.2%であったが、中国内の外国系企業（13.3%）よりは中国進出韓国系企業（16.1%）が競争相手であ

表6 韓国企業に対するヒアリング調査の結果

		①従業員数 ②役員数	主な進出目的	コア人材採用/選抜要件	コア人材育成・キャリア形成	コア人材が必要な職種/活用(昇進)	コア人材の定着策
A社	東莞地域 玩具製造業 1990年設立 単独出資	①900(管理職15：内韓国人6人) ②4(全員韓国人)	安価な労働力、第3国への輸出、本社との関係	職業紹介機構の利用、社員の紹介/英語力、実行力、問題解決力	海外展示会へデザイナー派遣、営業や生産部門の専門人材育成を目指す	営業、開発・デザイン、生産・技術部門でコア人材が必要/現地法人の部長クラスまで	給与・賞与の反映幅の拡充、福利厚生の充実などが有効
B社	東莞地域 電子部品製造業 2002年設立 単独出資	①494(管理職11：内韓国人6人) ②2(全員韓国人)	本社との関係、安価な労働力、現地市場の開拓	現地大学で説明会の実施など/専門性、実行力、英語力	研究職は韓国へ派遣して教育、海外でセンサーメーカーが行う新製品発売に伴う教育に派遣	技術に詳しい営業専門の人材、開発・設計の専門技術者が必要/現地法人の役員クラスまで	給与・賞与の反映幅の拡充、福利厚生の充実などが非常に有効
C社	深圳地域 電子製品製造業 1993年設立 単独出資	①1280(管理職50：内韓国人3人) ②4(全員韓国人)	安価な労働力、第3国への輸出、現地市場の開拓	新聞・求人雑誌、職業紹介機構の利用/リーダーシップ、専門性、英語力	各部門別に韓国人担当者がOJTで技術などを指導しているが、特別なプログラムはない	工場なので営業部門以外の全部門に基本的に必要/現地法人の部長クラスまで	給与・賞与の反映幅の拡充、昇進・昇格のスピード、裁量権の拡大が有効
D社	深圳地域 電子製品用ケース製造業 1995年設立 単独出資	①900(管理職25：内韓国人2人) ②1(韓国人)	安価な労働力、主な取引先の勧誘、法的・税制上の優遇措置	同業他社からの確保、社員などの紹介/誠実性、リーダーシップ、専門性、社内実績	3年前から管理や教養面の教育に注力、大学などの特別講義や短期研修への派遣、取引先企業実施の教育へ派遣	人材確保には特に困難な点はない/現地法人の部長クラスまで	能力開発機会の拡充や裁量権の拡大などが非常に有効、特別賞与
E社	上海地域 企業グループの統括 1990年設立 単独出資	未回答	世界一流の競争力を有する企業になるため、現地労働力の活用など	インターネットの活用、大学などへ奨学金支給/リーダーシップ、専門性、創造性	コア人材同士の競争システム導入の計画、韓国で自社独自のプログラムの教育/将来には現地研修所を設立したい	現地子会社の代表の中にはヘッドハントによる現地人採用ケースあり	金銭的な面や教育の面を並行して実施するのが有効

(出所)拙稿「韓国企業の中国進出および現地化：人材育成に関する現地調査を中心に」『経営行動研究年報』第15号、経営行動研究学会、2006年7月、114頁

るとする回答はその現象を物語っている。このような回答は特に大企業（6.0％）より中小企業（19.6％）の方が非常に高い点は注目すべきである。

韓国貿易協会（KITA）が2006年11月に中国進出韓国企業を対象に行った緊急実態調査結果(22)では、中国現地での経営環境が急速に変化していることを物語っている。まず、収益構造を考察してみると、回答した企業の約39％が多少の黒字であり、約25％が多少の赤字を計上している（表7参照）。

経営環境に対する評価においては、回答企業の33.6％が最近中国の経営環境が1－2年前

表7　中国進出韓国企業の収益状況

収益状況	比率(%)
多少の黒字	38.8
バランスを取っている	33.7
多少の赤字	25.3
大規模黒字	1.1
大規模赤字	1.1
計	100.0

（出所）韓国貿易協会「中国進出韓国企業の緊急実態調査」2006年12月27日、4頁

表8　最近の中国の経営環境に対する評価

経営環境	比率(%)
多少改善した	40.2
多少悪化した	30.2
あまり変化がない	22.3
大幅に改善した	3.9
大幅に悪化した	3.4
計	100.0

（出所）表7と同じ

と比べて悪化したとみており（表8参照）、中国の各種制度および政策の変化が中国進出企業の経営活動に及ぼす影響が大きいことが伺える。

　中国における経営環境変化の要因を探ってみよう。現在、中国ビジネスの主なリスクとして、中国の緊縮政策、外資系企業に対する税制上の優遇措置の縮小、「加工貿易」の政策変化、技術移転及びR&D投資誘導、環境規制の強化、中国国内の雇用環境の変化、反独占法の制定、人民元の切り上げ可能性、中国と先進国間の通商摩擦の増大などを挙げている。このような環境の中で、韓国企業が一番大きな影響を及ぼすリスク要因として挙げたのは中国国内の雇用環境の変化（23.8%）である。

　それでは、雇用上の問題点を詳細に把握してみよう。中国進出韓国企業は、熟練工と技術者の不足、賃金の上昇や高い離職率などを主な問題点として挙げている。このような現象は、中国に先端技術企業が増えレベルの高い技術者の需要が高まる中、供給が間に合わないため

表9　中国でのビジネスにおける主要リスク要因

リスク要因	比率(%)
中国国内の雇用環境の変化	23.8
税制上の優遇措置の縮小や税務調査の強化	14.8
中国元貨の切り上げ	14.0
環境規制の強化、消費者保護の強化など	10.8
輸出に対する付加価値税の引き戻し率の引き下げ	10.8
中国政府の緊縮措置	9.2
中央政府の地方への統制強化	6.0
加工貿易制度・政策の変化	4.0
その他	6.6
計	100.0

（出所）表7と同じ、5頁

表10　雇用上の問題点（複数回答）

問題点	比率(%)
熟練および技術者の不足	25.6
賃金の上昇	24.5
中国現地人の高い離職率	17.3
福祉厚生費の増加	9.8
単純労働力の不足	7.8
低い労働生産力	6.9
労働組合の組織の義務化	4.9
労使紛糾・労使葛藤の発生	2.3
その他	0.9
計	100.0

（出所）表7と同じ、8頁

に起きている。調査では、最近2年間64.2％の企業が5-20％の賃上げし、50％以上の賃上げ企業も3.5％であった。[23]

人的資源の面をみると、事務職の離職率は低いが、生産職の場合は11-30％の高い離職率である。全体的に単純職能工の確保は容易だが、専門技術者の場合はかなり厳しい状況である。現地法人の人材管理活動は、会食（146社、96.7％）が一番多く、従業員教育（133社、88.1％）、名節や誕生日などの贈り物（131社、86.8％）、幹部職への昇進機会の提供（127社、84.1％）、成果給の支給（122社、80.8％）の順である。[24]

（3） 韓国国内への影響

韓国企業は近年、生産基地の確保や市場開拓のため中国への依存度が急速に高まっている。これにより韓国国内の産業空洞化や雇用問題への影響を憂慮する指摘もある。国内の生産設備を中国に移転するための対中投資は、国内投資不振の一つの原因となり、雇用へも悪影響を及ぼしている。対中投資の規模からも国内製造業の空洞化の可能性が伺える。

靴やアパレルといった労働集約型産業では、中国へのシフトによる、産業の空洞化が韓国国内で進行しつつあるように見える。しかし、製造業全体でみると、空洞化問題は顕在化していない。とはいえ、将来については必ずしも楽観視できない。今後、中国の競争力が上昇し、韓中間の競争力格差が縮小、韓国の対中輸出が中国国内生産に代替されるとともに、対中輸入が急増するということも韓国からの見方であることは自明である。その場合は、膨大な対中貿易黒字が徐々に減少し、貿易収支が均衡に向かおう。同様に、輸出市場における中国製品との競争が激しくなり、韓国からの輸出に影響が及ぶとの警戒もある。こうした結果、今後、中国要因により幅広い産業で産業空洞化に直面する恐れも捨てきれない。[25]

韓国の産業空洞化は、不可避と予想され今後は、その可能性をより重く受け止め多方面の対策や努力が必要である。

（4） 現地経営の特徴および課題

①人材の確保と育成問題

韓国企業は中国進出の初期段階に低廉な労働力の活用を狙った中小企業の進出が目立ったが、その傾向は依然として高い比重を占めている。韓国企業は、国際競争力のある一部の大企業を除けば優秀な人材の確保は経営上の重要な課題の一つである。

中小企業の中国進出が多い中、現地経営のノウハウや準備不足などによる失敗の事例が少なくない。特に専門人材の確保や育成は大きな課題である。現地での経営及び人事管理を成功させるのためには、コア人材の確保や育成が最も重要な要素である。韓国企業の場合は専門性を要する人材の確保が大きな経営課題として浮上し、従業員の離職の問題を抱えている。

多くの企業は管理職レベルで韓国人が実権を握っているが、韓国人による管理方式から脱皮し、現地人に権限委譲するためには、まず体系的な管理制度の開発を通じた現地経営体系

の構築が求められる。また、本社との連繋や現地が独自にまたは現地教育機関と協力して教育の機会を拡大させ、現地人の自己啓発の機会を積極的に拡大する必要がある。そして、従業員には長期的な会社のビジョンを示し、多様なインセンティブの開発が必要である。

中国に進出した企業、今後進出しようとする韓国系企業は単に低廉な人件費や将来の市場規模だけをみて進出するのは避けるべきであり、市場競争で勝てる中核の力を確保する必要がある。また、グローバル競争環境の中で企業の生産立地は多様な費用節減という短期的な利益だけを追求するのは避けるべきであり、人的資源管理の質的な側面に注目すべきである。

②経営現地化の促進

企業が現地市場へ進出して定着するためには明確な現地化の目標を定めるのが最も重要である。特に韓国企業の現地経営は従来から綿密な準備と戦略の欠如が指摘されてきた。

経営、販売、調達、人事などの側面においては、海外現地法人の独立性を強化し、子会社の現地化を促進することにより現地国へ定着させるのが重要である。中小企業の場合、体系的な管理システムが整っていないため、韓国から派遣された職員に依存する場合が多い。また派遣職員が企業内の主要管理職を占め、現地従業員の昇進機会は少なくなり、現地従業員のモチベーションは低い。

KOTRAとサムソン経済研究所の共同調査（2006年）によると、中国に進出した韓国企業のうち、17.3％がすでに労使紛糾を経験しており、今後はさらに増えていくものとみられる[26]。従って中国を理解しそれに適応した人事管理、さらに労働者の普遍的な特性を理解して企業内部の制度を整えること、また良好な労使関係の構築は非常に重要である。

中国人民大学劉瑞教授は「全体的には韓中両国は、同一文化圏として儒教文化の影響を受けているが、そのものが同一という訳ではない点を留意すべきである。中国現地文化を深く研究して労務管理政策を立てるならば現地人の信頼を得やすく、より強い競争力を確保できる[27]」と、投資企業に対して中国現地文化を尊重する経営の重要性を強調している。

中国市場に対する知識と経験、中国語の能力、人材や部品の現地化の能力などが重要である。技術的な優位性を持っている場合、技術先導力を持続的に確保するための絶え間ない努力が必要である。同時に、中国政府の産業政策を綿密に考察し対応することも必要である。

③高い独資企業比率と進出地域の特徴

韓国企業は独資企業の比率が高く、近年の各種調査では90％以上である[28]。

投資地域は中国進出初期段階には東北地域が中心だったのが、漸次他の地域へと拡大しつつあるが、現在約4万社とも言われる韓国企業の過半数が山東省や遼寧省に集中しているなど、依然として特定地域に集中している。様々な要因によって沿海都市や一部地域に投資が集中しているが、特定地域への密集現象は中国人との交流不足を招き、企業の現地化による長期的な発展を遂げるのに障害になるだろう。

④朝鮮族の活用

　韓国企業は韓国人が経営の中枢を占めているほか、管理職における朝鮮族の比重が高いことも特徴的である。朝鮮族の雇用は韓国企業にだけ生じている特殊な問題であり、これによる漢族労働者との摩擦が生じたりもしている。

　朝鮮族は同一民族、同じ言語などの優位性を利用し、韓国との交流に積極的に参加し、韓中交流の仲介者的な役割を担った。彼らが携わった領域は、主に通訳、ガイド、貿易、観光、対外部門の対韓国業務、韓国側企業代理、韓国投資企業職員や、韓国人相手の飲食店、娯楽業などである。特に韓国企業投資に伴う沿海地域への移動は活発化した。韓国投資と韓国人が多くいる場所には常に朝鮮族が多く集まる。中国内で都市に進出した朝鮮族の職業は、ほとんど全て韓国人と関連している。[29]

⑤チャイナリスクへの研究

　中国市場には様々なリスク要因も存在している。韓国・光云（グァンウン）大学ハン・ホンソク教授はチャイナリスクについて「中国市場での成功のためには、中国情勢をより正確に把握し、各地域に適合した投資・販売戦略を立てるともに、いわゆるチャイナリスクに備えることも当然必要である。韓国の中国経済への依存度が高まれば高まるほど、中国経済の動向は韓国政府や企業に大きな影響を与えるからである。チャイナリスクに対応する効果的な方法は、中国政府の政策動向と新しい政策措置によって変化する中国経済の現況を時々刻々把握することである」としながら、「チャイナチャンスへの研究も同時に行われるべきである」、と強調している。[30]

4　今後の韓中経済交流の方向と韓国の対応

（1）　韓中経済交流の方向

　韓中両国は国交正常化以来、経済協力及び様々な交流の強化・拡大を通じて相互発展の機会を共有し、経済の発展を目指している中、今後も経済交流は引き続き発展すると展望される。

　実際韓国経済の動向は、今や中国経済抜きには語れないほどに、中国への傾斜を深めている。だが、韓中経済連携の拡大とともに、韓国経済の将来にとって暗い面もあることは否定できない。韓国企業がアンチ・ダンピングやセーフガードの発動などの輸入規制措置を受けている件数はその内中国によるものが最多である。また中国の技術力の急速な発展は経済の外からの脅威になっているとの指摘もある。しかし、韓中経済連携は、このように両面を併せもっているとは言え、現状では、韓国は中国という巨大市場を積極的に取り込みながら、北東アジアでのプレゼンスを高めていく以外に途はなく、こうした傾向は今後も続いていくと思われる。[31]

　短期間に産業化に成功した韓国のモデルは、産業化を推進している中国にとって大変参考

になると考えられる。現在、両国は厳しい競争を展開している分野も増えつつあるが、競争と協力を通じて良いパートナーを目指すべきであろう。

（2） 中国のキャッチアップへの韓国の対応

韓国は、従来のように高コスト国と低コスト国の間の「中間の位置」を維持することによって存在を誇示できる立場を喪失しつつある[32]。

今後予想される中国のキャッチアップに対して、韓国政府は「次世代成長エンジン産業」の育成・強化と「東北アジア経済中心構想」の二つの方策で対処しようとしている。韓国政府は既存の主力産業の強化とともに、IT分野を中心に「次世代成長エンジン産業」として10分野を選定し、政府支援強化を図っている。また韓国を東アジアにおけるビジネス・物流のハブ拠点に育成する「東北アジア経済中心構想」の一環として、自由貿易協定（FTA）締結交渉を積極的に繰り広げている。新しい産業が育成され国際競争力が保持するに至るか否かが、今後、空洞化が顕在化するかどうかを大きく左右することになろう[33]。

韓国企業は、競争が熾烈な中国市場においてその特性を直視し、優位性を確保するためには、現地志向の研究開発、進出地域の多角化、技術とブランド力の向上、人材の育成、企業の現地化、中国政府との友好的な関係構築などを心がける必要がある。

おわりに

以上、韓中の経済交流の歴史と現状、課題などを概観したが、韓中は東アジアで今後とも競争と協調を繰り返しながら困難を克服して発展していくだろう。

現在、韓国が必要なのは、目前の成長率の極大化ではなく、広い視野から遠い将来を俯瞰することのできる大局観、世界に対応する柔軟な思考、努力なき対価を望むことのない勤勉、厳しい現実を直視する勇気、そしてみずからの能力を信じる信念なのである[34]、との認識が強く求められる時期でもある。

東アジアにおいては、日本との関係も重要であり、これら東アジアの中核を成す韓中日の経済分野の相互協力が、今後この地域の安定と発展に大きく貢献することを期待してやまない。

韓中間の経済協力は今までの量的な拡大から両国ともに持続可能な成長に役立つ段階へ転換が必要である中、その新たな課題を含めて、中国企業の韓国進出に関する研究を今後の課題に譲りたい。

（1） ジェラード・R. ウングソン、リチャード・スティアーズ、スンホ・パク著、奥本勝彦監訳『韓国企業のグローバル戦略』中央大学出版部、2005年、125-126頁
（2） 「韓国産業20年の歩み」『CEO Information』サムスン経済研究所、2006年7月5日号、サマリー
（3） 李大根『新しい韓国経済発展史：朝鮮後期から20世紀高度成長まで』ナナム出版、2005年、546-547頁

（4）　韓義泳『韓国企業経営の実態』東洋経済新報社、1988年、4頁
（5）　同上書、7-8頁
（6）　「韓国企業成長50年の再評価」『CEO Information』サムスン経済研究所、2005年5月11日号、10-12頁
（7）　同上資料、12-13頁
（8）　ミン・チェン著／長谷川啓之・松本芳男・池田芳彦訳『東アジアの経営システム比較』新評論、1998年、256頁
（9）　金宗炫・大西健夫編『韓国の経済：革新と安定の開発戦略』早稲田大学出版部、1995年、137頁
（10）　「韓国の経営、20年の回顧」『CEO Information』サムスン経済研究所、2006年7月12日号、サマリー
（11）　同上資料
（12）　深川由起子「韓国の金融構造改革：進展の評価と残された課題」『現代韓国朝鮮研究』第4号、現代韓国朝鮮学会、2004年11月、10頁
（13）　イ・インク「韓中経済関係の発展と今後の展望」『ERINA REPORT』2006年11月号、14-15頁
（14）　同上書、16頁
（15）　『2006年版ジェトロ貿易投資白書』ジェトロ2006年、165頁
（16）　孫興起『中国企業の対韓国進出戦略に対する研究：B社のM&A事例を中心に』韓国・漢陽大学校修士論文、2004年、2・55・56頁。2001年に大韓商工会議所が在韓外国企業の最高経営者を対象にした調査によると、経営上の問題点として最も多かったのは労使関係（40.5％）を取上げている。
（17）　金良姫「韓国の北東アジア構想と課題：東アジア経済共同体の実現に向けて」『ERINA REPORT』2006年10月号、10頁
（18）　チェ・ウォンギ「中国のFTA政策と韓中FTA展望」未来戦略研究院、2006年10月24日
（19）　FKIは会員社を含めた主要企業600社を対象に2006年10月18日-11月8日の間、韓中FTA締結についての調査を実施し「韓中FTA、企業意見調査結果」を発表した。回答は415社（回収率69％）であり、製造業287社、サービス業122社、その他6社である。
（20）　チェ・ウォンギ（2006年）
（21）　和光大学総合文化研究所が2004年夏に行った「中国における外資系企業（日・米・韓・台）のコア人材育成」に関する調査で、筆者は韓国企業を担当し、KOTRAに登録されている企業のなかで地域・従業員数・業種などを考慮して300社に調査票を郵送し、25社から回答を得た。その内5社を選びヒアリング調査（2004年8月12日-8月19日）を行った。
（22）　韓国貿易協会は2006年11月2日-11月31日にわたり、中国進出企業180社を対象に「中国のビジネス環境変化とその影響を中心に」アンケートおよび電話によるインタビュー調査を実施した。回答企業177社の地域別分布は、山東省が74社、上海43社、瀋陽24社、江蘇省17社、北京市14社、その他の地域5社である。業種別には工芸品およびその他の製造業が22.6％、サービス業13.6％、繊維衣類が11.9％、機械9.6％、貿易業9.0％などである。投資形態は93％が独資企業、7％が合資企業である。
（23）　米ヒューイット・アソシエイツが中国の米英豪仏独など欧米7カ国商工会議所の協力を得て約550社を対象にした調査によると、上海進出の欧米大手企業も中国人従業員のつなぎと留めに苦心している。2004年4月1日-2005年3月末までの離職率は約15％に達し、賃上げ率も一部で二ケタと物価上昇率を上回った。賃上げ率は現地法人の経営者クラスで10.1％、中間管理職や専門職らも9％前後であり、中国の消費者物価上昇率（2004年）の3.9％を上回った。調査によると、人事部門の責任者への現金支給額はすでに韓国に迫る水準である。（日本経済新聞、2007年1月15日）
（24）　この調査は、韓国中小企業学会・企銀経済研究所が2005年2月21日-3月6日に中国進出の中小企業1000社を対象に調査票を郵送し、155社から回答を得た調査である。
（25）　『2006年版ジェトロ貿易投資白書』ジェトロ2006年、75-76頁

(26) 「中国に進出した韓国企業の経営現況と示唆点：アンケート調査を中心に」サムスン経済研究所、2006年11月14日、24頁
(27) 韓国『毎日経済新聞』2005年12月7日
(28) 韓国貿易協会の調査（2006年）：93％、和光大学総合文化研究所の調査（2004年）：96％
(29) 中国朝鮮族研究会編『朝鮮族のグローバルな移動と国際ネットワーク：「アジア人」としてのアイデンティティを求めて』アジア経済文化研究所、2006年、79頁
(30) 韓国『毎日経済新聞』2005年12月20日
(31) 坂田幹男「北東アジア経済の現状と課題」『世界経済評論』世界経済研究協会、2007年1月、37頁
(32) 田村紀之『韓国経験の政治経済学——ポスト権威主義の課題——』青山社、2007年、329頁
(33) ジェトロ（2006年）、75頁
(34) 趙淳著・深川博史監訳／藤川昇悟訳『韓国経済発展のダイナミズム』法政大学出版局、1995年、282頁

[主要参考文献・資料]

『韓国のすべて』韓国国政弘報処海外弘報院、2006年
韓義泳『韓国企業経営の実態』東洋経済新報社、1988年
趙淳著・深川博史監訳／藤川昇悟訳『韓国経済発展のダイナミズム』法政大学出版局、1995年
李大根他『新しい韓国経済発展史：朝鮮後期から20世紀高度成長まで』ナナム出版、2005年（韓国語）
田村紀之『韓国経験の政治経済学——ポスト権威主義の課題——』青山社、2007年
服部民夫『韓国の経営発展』文眞堂、1988年
ミン・チェン著／長谷川啓之・松本芳男・池田芳彦訳『東アジアの経営システム比較』新評論、1998年
鈴木・張・黄・尤「中国における外資系企業のコア人材育成-日系企業と米国・台湾・韓国系企業との比較を中心に」『和光経済』和光大学社会経済研究所、第37巻第3号、2005年3月
拙稿「韓国企業の改革：韓国財閥の構造調整」菊池敏夫編著『現代の経営行動—課題と方向』同友館、1999年
拙稿「韓国企業の中国進出および現地化：人材育成に関する現地調査を中心に」『経営行動研究年報』第15号、経営行動研究学会、2006年7月
全国経済人聯合会「韓中FTA、企業意見調査結果」2006年11月（韓国語）
韓国中小企業学会・企銀経済研究所『韓国中小企業：中国進出の成功と失敗に関する研究』企銀経済研究所、2005年11月（韓国語）
徐ウォンジュ『中国に進出した韓国企業の人的資源管理現地化に関する研究』延世大学校大学院修士論文、2005年（韓国語）
金グムオク『中国進出企業の現地化戦略に関する研究』湖西大学校大学院修士論文、2005年（韓国語）
ヤン・ピョンソプ『韓国企業の中国進出戦略の変化と事例分析』貿易研究所、2004年12月（韓国語）
金美徳「国際関係から見る東北アジア経済：朝鮮半島と中国の経済関係を中心に」東京フォーラム資料、2006年2月14日
韓国貿易協会ホームページ：http://www.kita.net
大韓貿易投資振興公社ホームページ：http://www.kotra.or.kr

韓国の経済成長とその源泉について

木 村 正 信

は じ め に

　台湾、シンガポール、香港と並び、韓国はアジア NIEs の一角として、過去40年の間に高度経済成長を通じて、低開発国から世界有数の工業国へとめざましい発展を遂げた。いわゆる「漢江の奇跡」である。しかし、1990年代後半に生じた通貨・金融危機以降、構造改革が進み新しい経済開発段階へ入っているとき、韓国経済は経済成長の原動力を失い、通貨危機以前と同じ高いペースで成長し続けることが不可能であり、限界にきているのではないかという指摘がなされるようになった。

　韓国含む東アジアの経済発展に対しては、その理由として技術進歩を挙げる World Bank (1993) の報告による見方と、資本蓄積を挙げる Young (1994)、Kim snd Lau (1994)、Young (1995)、Krugman (1994) などの見方の二通りが存在する。World Bank はアジア NIEs、インドネシア、マレーシア、タイの経済成長要因としては低賃金を背景にした工業製品の輸出主導と技術のスピルオーバーによる「技術進歩率の伸び」を指摘した。中でも韓国、台湾は GDP 成長に対する全要素生産性 (TFP) の寄与度 (技術進歩率) は高いと考えている。

　このような World Bank の見解に対して、Young (1994)、Kim and Lau (1994)、Young (1995)、Krugman (1994) などの研究では、NIEs の経済成長は労働の投下と積極的な投資による「資本の集中投下」によりもたらされたものであり、技術進歩をともなったものではないと主張した。とくに Krugman は論文「東アジアの奇跡の幻」の中で、東アジア経済の失速を予測している。東アジアのような技術進歩の伴わない経済成長は、新古典派成長理論の収穫逓減法則により限界があると考えたからである。その後まもなく1997年に東アジアで通貨・金融危機が起こり、経済成長が失速した。Krugman が指摘したような過小な全要素生産性の伸びにより東アジアの経済成長の低迷が起こったのではなく原因は他にあるが、通貨危機は東アジアの経済成長の原動力の弱さを見せつける格好になったことは事実である。

　韓国経済においても通貨危機以降は、経済成長率が低下し、かつてのような高い経済成長

率で進み続けることは困難になってきている。高い経済成長率を維持しながらやがて失速していったアルゼンチンなどラテンアメリカ諸国の現状と対比し韓国との類似性が指摘されたり、あるいは、成長著しい中国やインドの影に韓国が埋没してしまうのではないかという悲観的意見もしばしば聞かれるようになった。

　当然のことながら、現在の韓国が置かれている経済状態は、過去にもたらされた経済成長・発展の累積的結果である。したがって、韓国の経済成長の今後どのような形で推移していくのかを知るためには、過去の経済成長・発展パターンを考え、その特徴を明らかにしていくことが非常に大切である。したがって、本稿では、先行研究を踏まえながら、韓国経済成長のパターンについて再検討していきたい。

　そこで、まず、戦後韓国の経済成長の動きを、他の東アジア諸国（台湾、香港、シンガポール）や日本、アメリカなどの先進諸国と比較しながら、韓国の工業化の歴史を概観する。通常、経済成長の源泉は、資本・労働・技術進歩の3要素を用いて説明されることが多い。韓国経済においてそれら3要素の中でどの要素が最も成長に貢献したかを、成長会計アプローチを用いた先行研究をサーベイしながら明らかにする。

　先行研究の結果から、韓国は、資本蓄積による成長の貢献が大きく、技術進歩率が成長に果たした役割はそれほど大きくはないという事実を明らかにする。その上で、高い経済成長にくらべると、それほど技術進歩が大きくなかったその理由を、韓国の経済的特資を考慮に入れ検討する。そして最後に、今後韓国経済が持続的に発展していくためには、どのような用件が必要になるのか、簡単に展望を述べる。

　日本も戦後、韓国含む他の東アジア諸国同様に急速な経済成長を経験し、オイルショック以後の安定成長期を経て、バブル経済崩壊以後の「失われた10年」と呼ばれる長い景気低迷に直面した。成長の過程は日本も韓国も類似した点が多く、韓国の問題点は日本の問題点を拡大したという側面も強い。したがって、韓国経済の歩みを知ることは、日本経済を研究する上でも有効なものとなろう。

1　韓国の経済成長

　韓国の経済成長の一番大きな特徴は、高い経済成長率を長期間にわたって達成したことある。ニクソンショックや固定相場制の崩壊、石油ショックなどにより、70年代に入って多くの先進国の経済成長率が停滞するなか、韓国経済は高い経済成長を達成している。表1は、1971年から2005年までの韓国の実質経済成長率を示したものである。表から見て取れるように、80年の光州事件で一時的に経済成長を後退させているが、その後再び回復し、1997年の通貨危機までは高い経済成長を維持している。通貨危機以降は年平均の成長率5％前後に維持し、この時期から安定成長期に入ったと見ることができる。

　このような傾向は他の東アジア諸国にも見られる。表2は表1と同時期の台湾、香港、シンガポール実質経済成長率の動きをみたものであるが、韓国同様に長期間にわたって高い経

韓国の経済成長とその源泉について

表1　韓国の実質経済成長率

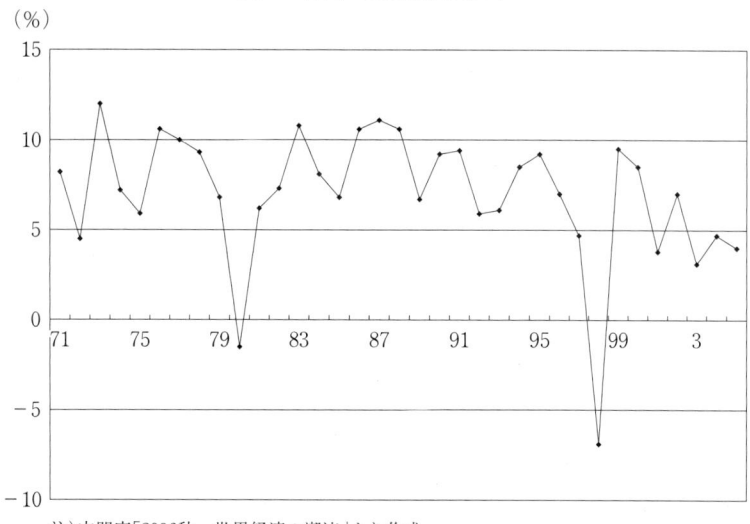

注）内閣府「2006秋　世界経済の潮流」より作成

表2　東アジアの実質経済成長率

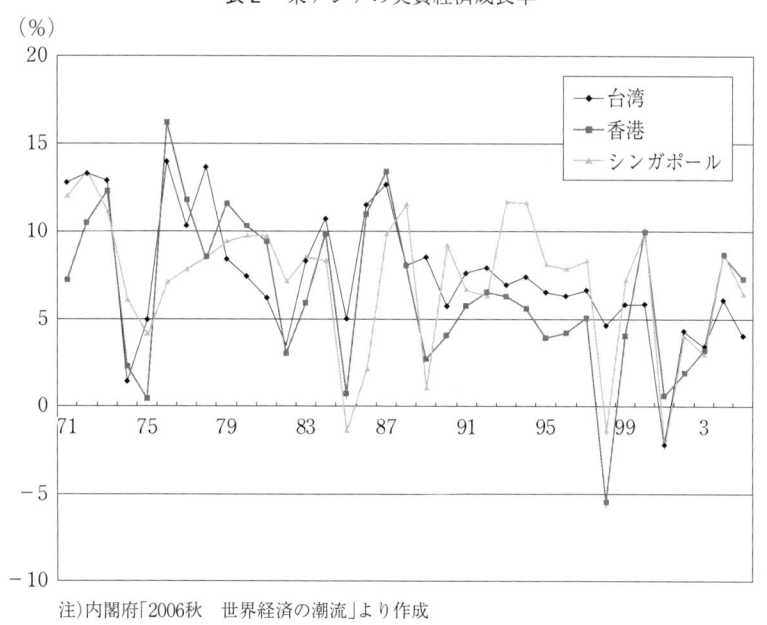

注）内閣府「2006秋　世界経済の潮流」より作成

済成長率を維持しているのである。通貨危機においてのきなみ経済成長率を落としていることも共通している。

　一方、日本、アメリカ、ユーロ圏の経済成長率は東アジアと比較して低調である（表3参照）。特に日本においては、1950年代後半から1970年までの間、9％を超える高い平均成長率を維持したが、石油ショックが起きると日本経済は失速し、高度成長期から安定成長期に

表3　先進国の実質経済成長率

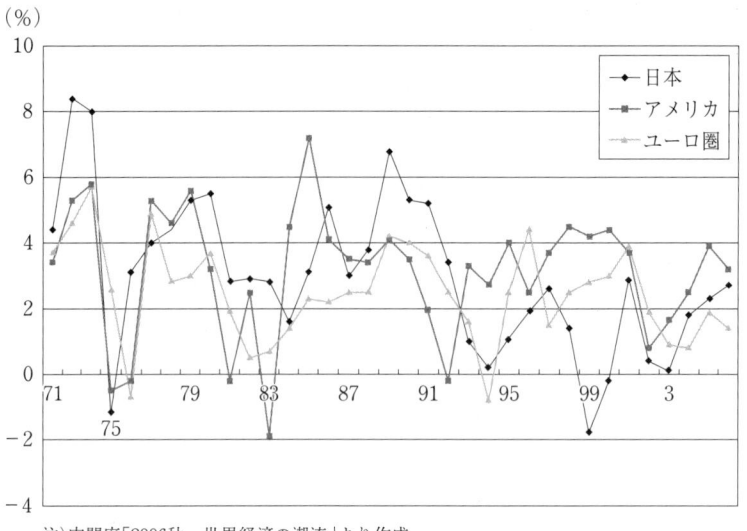

注）内閣府「2006秋　世界経済の潮流」より作成

入った。そしてバブル崩壊後は長い低迷期には入り、この長い10年を「失われた10年」と形容されるのはよく知られていることである。

　次に、韓国経済成長の歩みとその特徴について簡単に触れておこう。1945年、日本の敗戦によって、朝鮮半島は解放されたのであるが、形容しがたい不幸な政治的、経済的、社会的変動を経験した。特に朝鮮戦争では旧日本統治時代のインフラが破壊され、多くの有為な人材が失われた。したがって韓国の戦後復旧は朝鮮戦争休戦の1953年からであり、日本に遅れること8年である。戦後は日本同様激しいインフレーションに見舞われ、経済はアメリカ合衆国の援助に大きく依存していた。50年代を通じて、鮮魚、鉱産物といった1次産品を輸出し、工業化は依然として進まなかった。

　長期的経済成長を達成しようという工業化計画は、学生デモによって崩壊した李承晩政権後、混乱を経て、1961年の軍事クーデターによる朴政権によってようやく着手された。韓国におけるキャッチアップの一番大きな特徴は輸出が経済の牽引力となったという点である。徐々に強い国際的競争力を持つ重化学工業、加工工業を育成しアメリカなどへ輸出し、高度経済成長をなしとげたのである。

　韓国の工業化は60年代の軽工業の育成から始まる。繊維、衣服、雑貨といった軽工業を輸出産業として育成し、国家主導の経済政策によって韓国経済発展の基礎をこの時期に築いた。

　70年代に入ると、1973年の突然提出された「重化学工業化宣言」により、鉄鋼、造船、石油化学、自動車といった重点産業ごとに大規模重化学工業基地をつくり、国内余剰資金を政府が吸収し重化学工業化に向けた。[1]また、同時に輸出補助金、輸出融資、輸出加工区など多種の輸出支援策をとり、輸出主導による経済発展を追及した。当時、多くの先進国では国内

の賃金上昇による厳しい国際競争に立たされ、低賃金の韓国など東アジア地域へ活路を見出そうとしていた。韓国の目指す重化学工業の育成と先進国の思惑が一致したのである。

1980年の光州事件[2]により韓国の経済成長は一時的に後退したものの、1980年代中葉までは、引き続き重化学工業を中心に輸出主導型の高度経済成長を続けた。この時期は韓国、アメリカ、日本の3ケ国が韓国経済にとって成長のトライアングルであり、韓国はまず日本から機械設備、部品など中間財を輸入し製造する。そして工業製品をアメリカへ輸入して外貨を獲得した。1980年代中葉以降は、アメリカとの貿易摩擦による通貨切り上げや賃金の上昇圧力が強まり、韓国製品の国際競争力弱化が生じた。しかし、中国やASEANなどアジア市場へと輸出先を多様化し、また労働賃金の安い中国やASEANへ生産基地を移し危機を乗り切ったのである。

1990年代に入ると、輸出の比重は自動車、一般機械、電気、電子製品へとシフトし、IMF8条国への移行（1988）、ソウルオリンピックの開催（1988）、OECD加盟（1996）と着実に先進国への歩みを進めた。ところが、1997年に突如通貨・金融危機が起こり、これまで順調であった経済成長が大きく失速したのである。金融危機以前は投資による資本蓄積、輸出主導による経済発展といった量的発展が重視された。しかし、金融危機以降の安定成長期に入ると、韓国経済の弱い部分が露呈し、知識資本の蓄積、技術の改善といった質的発展への転換を迫られることになった。

2 成長会計について

経済成長理論によると、ある一国の総所得の成長を資本、労働といった生産要素の成長によって引き起こされた部分と、技術進歩による生産性上昇による部分の2つに分割できる。集計的生産関数においていくつかの仮定を置けば、量的に生産要素、技術進歩それぞれの経済成長への貢献を計測することができる。経済成長の源泉を分析するための最も重要な方法の一つは、成長会計を計測することである。

Solow（1957）に従うと、成長会計とは、総生産の成長率を資本と労働と技術進歩の寄与分にそれぞれ分解し、生産要素（資本、労働）と技術進歩の中でどれがどのくらい成長に貢献したかを検討するものである。

成長会計分析の出発点は、集計的な生産要素の投入と産出の関係を示す次のような新古典派生産関数を仮定することである。

$$Y = AF(K, L)$$

ここでYは集計的産出量、K, Lはそれぞれ資本、労働を表しているものとする。Aは技術水準を表す変数であり、全要素生産性（total factor productivity: TFP）と呼ばれる。両辺に対数をとり時間で微分を行うと、

$$\frac{\dot{Y}}{Y} = \frac{\dot{A}}{A} + \left(\frac{AF_K K}{Y}\right) \cdot \frac{\dot{K}}{K} + \left(\frac{AF_L L}{Y}\right) \cdot \frac{\dot{L}}{L}$$

ここで F_K は生産関数 F を K に関して微分したもの、F_L は F を L に関して微分したものである。完全競争市場の条件より AF_K は資本の実質レンタル率に等しく、AF_L は労働の実質賃金率に等しくなるので、$AF_K K/Y$ は総所得に占める資本への支払いシェア（資本分配率）、$AF_L L/Y$ は総所得に占める労働への支払いシェア（労働分配率）である。$\dot{Y}/Y, \dot{A}/A, \dot{K}/K, \dot{L}/L$ はそれぞれ総生産の成長率、TFP の成長率、資本の成長率、労働の成長率であるので、総生産の成長率は、次のように各要素の成長率に分解できる。

　　　総生産の成長率＝TFP 成長率＋資本分配率・資本成長率＋労働分配率・労働成長率

この式が成長会計を分析する際の基本式となる。上の式で計測できないのは TFP の成長率である。一方、総生産、資本、労働の数量、生産要素の価格に関するデータは入手可能であるので、総生産の成長率、資本の成長率、労働の成長率、資本分配率、労働分配率は計測可能である。しかし、上の式は

　　　TFP 成長率＝総生産の成長率－資本分配率・資本成長率－労働分配率・労働成長率

と書き換えることができるので、TFP の成長率を間接的に計測することができる。

ところで、生産関数が「規模に関して収穫不変」を満たせば、資本分配率と労働分配率の合計は1に等しくなる。いま資本分配率を a とおくと、労働分配率は1－a となるので、

　　　総生産の成長率＝TFP 成長率＋a・資本成長率＋(1－a)・労働成長率

と書き換えることができる。TFP 成長率を計測する場合は

　　　TFP 成長率＝総生産の成長率－a・資本成長率－(1－a)・労働成長率

とすればよい。

総生産の成長率から資本の成長率と労働の成長率によって説明できない部分を、TFP の成長率、つまり技術進歩率と解釈するのである。

3　東アジアの TFP 成長率の推計

世銀（1993）は、各国が国際的に共通な生産関数を持つものとして、経済成長に対する TFP の成長率を推計している（表4）。そして、東アジアの TFP 寄与度が他の地域のそれに比べて高いことから、同地域の成長の源泉には TFP の寄与は高かったと結論付けている。

一方、Young（1994）、Young（1995）や Kim and Lau（1994）なども、東アジア経済地域の

表4　アジア NIEs の TFP の成長率　1960-1990

	TFP 成長率(全サンプル)	TFP 成長率(高所得国のみ)
韓　　　国	0.031021	0.002355
台　　　湾	0.037604	0.012829
シンガポール	0.011911	－0.03112
香　　　港	0.03647	0.024113

注）この表は The World Bank（1993）の TableA 1 - 2 に基づいている。

表 5　成長会計

東アジア　1966-1990

	GDPの成長率	資本の寄与度	労働の寄与度	TFPの成長率
韓　国	0.103	0.041	0.045	0.017
($\alpha=0.30$)		(40.00%)	(44.00%)	(16.00%)
台　湾	0.094	0.032	0.036	0.026
($\alpha=0.26$)		(34.00%)	(39.00%)	(28.00%)
シンガポール	0.087	0.056	0.029	0.002
($\alpha=0.49$)		(65.00%)	(33.00%)	(2.00%)
香　港	0.073	0.03	0.02	0.023
($\alpha=0.37$)		(41.00%)	(28.00%)	(32.00%)

OECD諸国　1960-1995

	GDPの成長率	資本の寄与度	労働の寄与度	TFPの成長率
カナダ	0.0369	0.0186	0.0123	0.0057
($\alpha=0.42$)		(51%)	(33%)	(16%)
フランス	0.0358	0.018	0.0033	0.013
($\alpha=0.41$)		(53%)	(10%)	(38%)
ドイツ	0.0312	0.0177	0.0014	0.0132
($\alpha=0.39$)		(56%)	(4%)	(42%)
イタリア	0.0357	0.0182	0.0035	0.0153
($\alpha=0.34$)		(51%)	(9%)	(42%)
日　本	0.0566	0.0178	0.0125	0.0265
($\alpha=0.43$)		31%	22%	47%
イギリス	0.0221	0.0124	0.0017	0.008
($\alpha=0.37$)		56%	8%	36%
アメリカ	0.0318	0.0117	0.0127	0.0076
($\alpha=0.39$)		37%	40%	24%

注）この表はBarro and Sala-i-Martin (2004) のTable10-1に基づいている。

成長の源泉を考察する研究を行った。彼らは東アジア諸国を対象としてTFPの推計を行い、その地域での高い持続的な経済成長が達成されたという事実を認めながらも、世銀の調査結果と異なり、高い経済成長率に対するTFPの貢献は小さいと見なしている。むしろ、韓国、台湾、香港、シンガポールのめざましい成長の源泉は、労働人口の増加、資本蓄積、教育による人的資本蓄積に負うところが大きく、TFPの貢献は先進国と比較して決して大きいものではないと主張している。

　この結論から、Krugman (1994) は、経済成長には資本・労働・技術進歩の3要素が必要であるが、東アジアにおける経済成長のほとんどの部分が資本蓄積、労働力人口の増加によって説明がつくとしている。そして、新古典派生産関数の収穫逓減法則によれば、資本、労働の増加による経済成長には限界があり、TFPの上昇を伴わない限り経済成長を持続的させることはできない。したがって今日の東アジアの急成長は一時的なものであると警告した。

　表5にはYoung (1995) が行った東アジアにおける1966年から1990年にかけての計測結果がまとめられている。さらに東アジアと比較する意味で、ほぼ同期間における代表的な

OECD 諸国の計測結果がその下段に示されている。OECD 諸国の計測結果は Jorgenson and Yip（2001）からのものである。

　表にある寄与度とは、各項目（ここでは資本、労働、TFP）が GDP の成長率を何％押し上げたかを示すものである。各寄与度の合計は GDP 成長率に一致する。

$$GDP 成長率 ＝ 資本の寄与度 ＋ 労働の寄与度 ＋ TFP の成長率$$

　表5によれば、韓国の GDP 成長率は0.103（10.3％）である。そのうち資本の寄与度は0.041（4.1％）、労働の寄与度は0.045（4.5％）、TFP の成長率は0.017（1.7％）で、成長に対する TFP の貢献はそれほど大きくないことがわかる。また、寄与度の下にある括弧の中のパーセンテージは各項目（資本、労働、TFP）の成長によって説明される GDP の成長率のパーセンテージ、つまり寄与率である。

$$資本の寄与率 ＋ 労働の寄与率 ＋ TFP の寄与率 ＝ 100$$

　その寄与率より、韓国においては、GDP の成長率のうち16％だけが TFP の成長によるものであり、資本と労働の成長が残りの84％をも占める。

　台湾と香港の寄与率はそれぞれ韓国より高い28％、32％であるが、シンガポールはたったの2％程度しか、TFP の成長は GDP の成長に貢献していない。下段にある OECD 諸国の成長会計の結果と比較すると、アジアの TFP の経済成長への貢献は先進国と比較して大きいとはいえないことがわかる。

　ところで、香港とシンガポールはともに都市国家で高度経済成長を達成したという類似点があるが、TFP 寄与度に大きな開きが存在している。Young（1992）によれば、香港では民間の活動に対する政府の介入は限定的であったが、シンガポールでは政府の介入が大きく、政府の経済計画に基づいて開発が行われた。その結果、1966年から1990年にかけて GDP に占める投資シェアは11％から40％まで増加し、それが経済成長の源泉となった[3]。これに対して、香港はシンガポールのような政策的計画がなかったので投資も安定し、資本ストックの増加が経済成長に与える影響は限られていた。

　Kim and Lau（1994）の推計結果は、東アジアの TFP の貢献は Young よりもさらに低いというものである（表6参照）。アメリカの TFP の寄与率は26％、イギリス44％、ドイツ41％、フランス40％と先進国の結果と比較して、東アジア4カ国の TFP の寄与率はあまりにも低いものになっている。特に韓国の場合は－6％と非常に低い結果である。一方、東アジア4カ国における資本の寄与率は突出して大きいことがわかる。

　Collins and Bosworth（1996）はさらに一般的ケースについて検討している。TFP の計測を東アジア4カ国だけではなく、ASEAN 諸国などへ拡張し、教育による人的資本の蓄積を考慮に入れている。その結果は表7にまとめられている。表から明らかなように、東アジア4地域と他の地域との間で TFP の寄与率はそれほど大きく違わない。しかし、資本の寄与率は東アジア地域で大きく、先進国では東アジアほどに大きくはないことがわかる。

　以上の結果だけを踏まえると、韓国含む東アジア地域では、資本の貢献度が先進国と比較

表6　Kim and Lau による TFP の寄与率

	資本の寄与率	労働の寄与率	TFPの寄与率
韓　国	92	14	−6
台　湾	78	13	9
シンガポール	77	18	5
香　港	55	18	27
アメリカ	43	31	26
イギリス	52	4	44
フランス	62	−2	40
ドイツ	66	−7	41
日　本	79	5	15

表7　Collins and Bosworth による TFP の推計

	教育の寄与率	資本の寄与率	TFPの寄与率
韓　国	14	58	26
台　湾	10	53	34
シンガポール	7	63	28
マレーシア	13	61	24
タ　イ	8	54	36
インドネシア	15	62	24
フィリピン	38	92	−31
アメリカ	36	36	27
アメリカ以外の先進国	14	52	38

すると大きく、この地域の経済成長の一番大きな源泉となっているのである。

　最後に Barro and Sala-I-Martin（2004）による成長会計の従来型アプローチに対する批判を見てみる。彼らは成長会計のアプローチは、経済成長に対する技術の重要性を過小評価し、そのために東アジアの高度成長に果たした TFP 成長の役割が小さいもののように見えてしまう危険性を指摘する。労働集約的生産関数を考える。

$$Y = AK^\alpha (Le^{xt})^{1-\alpha}$$

x は技術進歩率を表す。労働人口を一定と仮定すると、3節の成長会計分解は

$$\frac{\dot{Y}}{Y} = \alpha\left(\frac{\dot{K}}{K}\right) + (1-\alpha)x$$

　新古典派成長理論によれば、定常状態における資本ストックと GDP は技術進歩率 x に等しくなる。つまり $\dot{Y}/Y = \dot{K}/K = x$ となるので、成長率 x の中で資本ストックの成長が占める部分は αx、そして TFT の成長率は $(1-\alpha)x$ である。この理論によれば、技術進歩率がなければ、GDP は成長しない。したがって経済成長の最終的源泉は技術進歩にある。しかし、成長会計では、技術進歩を GDP の成長率から各要素の貢献度を除いた残差（TFT の成長率）、上述の例では $(1-\alpha)x$ だけを技術進歩率と解釈する。それは大きな誤解を含んでいる。

　技術進歩が起こると、資本ストックが増加しなくとも経済は成長する。一方、技術進歩が起こるとただちに反応し資本ストックも増加していくので、GDP の成長はいっそう促進されるのである。したがって、経済成長とは、技術が GDP の成長に直接作用する流れと、技術の進歩に促されて内生的に資本ストックが増加し成長に間接作用する流れが合わさった結果である。

　GDP の直接増加と資本の内生的反応による増加を双方とも技術の貢献と見るためには、

表8　調整されたTFP成長

	GDPの成長率	TFPの成長率	調整されたTFPの成長率（物的資本）	調整されたTFPの成長率（広義の資本）
韓　国	0.103	0.017 （16%）	0.021 （20%）	0.05 （49%）
台　湾	0.094	0.026 （28%）	0.05 （53%）	0.123 （131%）
シンガポール	0.087	0.002 （ 2%）	0.043 （49%）	0.073 （84%）
香　港	0.073	0.023 （32%）	0.043 （59%）	0.09 （123%）

注）Barro and Sala-I-Martin（2004）のTable10-3、Table10-4に基づいている。

残差部分を$(1-a)$で除す必要がある。つまり、

$$\frac{\dot{Y}/Y - \alpha(\dot{K}/K)}{1-\alpha} = x$$

表8は東アジア4カ国のTFP成長の推計結果をもとめたものである。1列目は表5の1列目、2列目は表5の4列目を再掲したものである。3列目は上式を使って調整したTFPの成長率、寄与率を推計した結果である。台湾の調整されたTFP寄与率は53%、シンガポール49%、香港59%と、韓国の20%を除き、大きな数値となっている。3カ国においては、TFPの成長率は小さいとはいえ、直接的、間接的にしろ成長の約半分を技術進歩が説明しているのである。

表8の4列目は技術進歩に反応した人的資本の内生的増加を加えて出した結果である。人的資本を考慮に入れると、成長に対する技術進歩の影響の大きさが増幅する。やや過剰推計という感もぬぐえないが、肯定的に見ると、内生的な資本ストックの増加を技術の貢献ととられることは非常に興味深い試みであり、経済成長に対する技術進歩の重要性は十分伝わってくる結果である。

4　韓国のTFP成長

表5、表6で示されているように、韓国のTFPの寄与率は極めて低い。Young（1994）の結果では、16%、Kim and Lau（1994）の結果では－6%である。また、技術進歩の解釈を広げて計測したBarro and Sala-I-Martin（2004）の結果でも、20%に過ぎない。したがって、韓国の持続的高成長は、質的効率性によるものというよりもむしろ、資本蓄積など量的蓄積によるところが大きいといえる。ではなぜデータは韓国においてTFPの貢献度が小さかったことを示しているのであろうか。

考えられる理由の一つは、政府の非効率な産業政策が生産性の効率化を妨げたということである。政府介入による設備投資計画により飛躍的に投資が伸び、資本蓄積による経済成長

の貢献が非常に大きかったが、一方で民間の生産性の効率化が阻害された。Rodrick（1994）は韓国、台湾の例をあげ、東アジア地域における産業政策はTFPを高める上で有効ではなかったと指摘している。

　しかし、このようなRodrickの指摘に対し、Kim（2005）は重化学産業が1980年代初めの韓国経済を牽引した例をあげ、政府の産業政策が技術進歩を妨げたのか否かという判断の困難性について指摘している。産業政策は資源配分の歪みをもたらす反面、産業構造の転換を促進することから生じる便益も存在する。1980年代以前と以後とで製造産業のTFP成長率を比較すると、1980年代以後、重化学産業のTFP成長率が伸び、したがって1970年代の低いTFPの成長から、1970年代の重化学産業の導入は失敗だったといえないはずであると主張するのである。

　低いTFPの成長理由を上述とは異なった視点から説明することも可能である。それは発展途上国が経済成長する場合、一般に技術進歩の貢献はそれほど大きくはないため、TFPはあまり成長しないという理由である。つまり、途上国の技術開発とは先進国の技術を学習・模倣し、いち早く安価な労働力でいち早く生産し輸出することであり、技術を学び導入し、それにわずかな付加価値をつけて商品として輸出するだけで手がいっぱいだということである。したがって途上国の一見すると最先端の工業製品・組立製品のなかで、付加価値の高い部分はすべて外国製であり、製品の高い技術水準は途上国の経済成長の源泉になっていないのである。途上国が新技術を生みそれを商品化できるには、まだ相当の時間を要するのである。

　特に韓国のケースでは、前述したように高い技術力の要する精密部品、高付加価値な部品・素材を日本から輸入し、そしてそれらを加工し工業製品化してアメリカ（近年では中国）へ輸出するという、発展パターンをとった。そのため投資による資本蓄積に集中し、あまり技術開発に力を入れる必要がなかったのである。このため対日貿易は常に赤字であり、日本からの輸入の80％以上が機械類、部品・素材という構成になっている。量的工業化、輸出促進を重視するあまり、部品・素材産業の育成を怠っていたのである。それは現在でも大きな問題となっている。[4]

　一般に産業化の初期段階においては市場の拡大や都市化が進み大規模な投資、資本蓄積、単純労働が必要である。経済が進歩するにしたがってより大規模産業、金融・流通・情報といったサービス産業へシフトし、そしてTFPの成長を促す知識資本、技能のある労働者、技術開発がいっそう重要になってくるのである。第1次産業、第2次産業、第3次産業と産業構造の転換が進むにしたがって、資本蓄積を主体とした経済成長から生産性の上昇による成長へとシフトしていくのである。

　表9はイギリス、アメリカ、日本、韓国の雇用構造を示したものである。表によれば1960年代の韓国は日本の1900年代、アメリカの1800年代、イギリスの1700年代に該当すると見ることができる。韓国における本格的な工業化は「重化学工業化宣言」がなされた1970年以降

表9　産業別雇用構造

	第1次産業	第2次産業	第3次産業
イギリス			
1700	60	15	25
1820	40	30	30
1890	16	44	40
1979	2.5	38.5	59
アメリカ			
1880	51.9	25.9	22.2
1900	43	30	27
1920	30.9	38.7	30.4
1940	25.5	37.4	37.1
1950	17.7	43	39.3
日本			
1880	80.9	6.5	12.6
1900	68.5	13.5	18
1920	54.4	20.5	25.1
1940	44.3	26.9	28.8
1948	56	21.3	22.7
韓国			
1963	63.1	11.2	25.6
1970	50.4	17.2	32.3
1980	34	28.7	37.3
1990	17.9	35	47.1
1999	11.6	27.1	61.3

注)Kim (2005)のTable 4に基づいている。

表10　R&D支出(対GDP比)

韓　国	2.64(％)
香　港	0.6
シンガポール	2.15
日　本	3.15
アメリカ	2.6
イギリス	1.89
フランス	2.19
ドイツ	2.5

注)　データは1996-2002年の平均値である。The World Bank (2006)より作成。

からであるが、1970年当時、韓国の雇用の50％は農業を中心とした第1次産業であり、第2次産業の雇用は17％程度にすぎない。ちなみに、日本の高度成長期は1950年代後期からであり、この当時の雇用構造は同じく高度成長が始まる韓国の1970年と類似している。高度成長が始まると、農業部門の余剰労働は都市の重化学工業部門に吸収され、第2次産業への就業が増加していく。韓国では第2次産業の雇用シェアが1980年には28.7％、1990年には35％と工業化のスピードに合わせて増加している。

多くの先進国は工業化の初期の頃に資本蓄積を行い、産業構造の深化とともに生産性の改善が成長の中心となる。韓国の工業化のスタートは1960年代の軍事政権による5ヵ年計画からであり、1970年代、80年代へと続いた急速な重化学工業の進歩、そして1990年代、特に通貨危機を境に、TFPの成長を促すような知識資本の蓄積、生産性への改善への取り組みが見られる。

前述のように、海外からの技術の学習による生産、そして積極的な投資による経済発展は

表11 IT投資のGDP成長への効果

	GDP成長率(%)		ITの貢献(%)	
	1990-1995	1995-2000	1990-1995	1995-2000
韓　国	7.5	5	1.4	1.2
日　本	1.7	1.5	0.2	0.5
ドイツ	2.2	2.5	0.4	0.5
フランス	0.5	2.2	0.2	0.3
	1989-1994	1994-1998	1989-1994	1994-1998
イギリス	1.4	3.1	0.4	0.6
	1990-1995	1995-1999	1990-1995	1995-2000
アメリカ	2.5	4	0.4	0.9

注) OECD (2004)のTabel 2-3に基づいている。

限界にきている。特に、1997年の通貨危機以降は高成長を維持していくための質的発展への転換が急務となっている。そのため、韓国では技術開発のための投資が進んできており、GDPに占めるR&D投資の割合は1960年代にはわずか0.2％に過ぎなかったものが、1996年から2002年にかけての6年間の平均値が2.64％を占めるまでに至っている（表10参照）。この数値は諸外国と比較しても高い水準である。

また、韓国ではIT産業に力を入れ、1998年にはIT化促進計画を策定し、高速インターネットの導入を進めてきた。

表11はOECD (2004) による、IT投資のGDP成長への効果を国別に見たものである。表より韓国のGDP成長率は、1990年代前半の通貨危機以前と後半の通貨危機以後とでは、GDP成長率が大きく低下していることがわかる。経済成長のITの貢献（寄与度）は、1％台の横ばいである。これだけの数字では判断が難しいので、経済成長に占めるIT貢献の割合（寄与率）を求めると、1990-1995の期間では18％、1995-2000の期間では24％のなっており、経済成長の4分の1はIT産業が占めるまでに至っている。

また弱点の一つである高付加価値の部品・素材産業の育成にも力を入れている。「中小企業系列化促進法」、「中小企業事業調整法」を制定し、部品・素材を開発する中小企業の育成に力を入れている。しかし、現状ではあまりうまくいっていないようである。部品、素材の輸入による対日赤字もなお続いている。

5　展望とおわりに

韓国経済は戦後政府の強力な主導のもと、工業化に成功し、「漢江の奇跡」と呼ばれる高度経済成長を長期間にわたって持続させた。他の東アジア諸国、台湾、シンガポール、香港も韓国同様に高い経済成長率を達成した。韓国の高度成長の一番大きな要因として、強い国際的競争力を持つ輸出産業を育成し、輸出によって工業化のキャッチアップに成功した点であ

る。一方、Young（1995）、Kim and Lau（1994）などに代表される成長会計を分析した先行から、韓国のTFT成長率が高い経済成長に比してそれほど大きくはないという事実が示されている。つまり、韓国の工業化による高度成長は、過度の投資、海外からの技術移転によってもたらされたものであり、自立性が低く技術進歩を伴わなかったものであったと考えることができるのである。そして、こういった過度の投資によってもたらされた高度成長は、通貨・金融危機の引き金となり、金融危機以降、量的投入を基礎とした成長から質的改善を基礎とした成長へと転換が迫られている。

　日本、アメリカ含め現在先進国の多くは、過去に高度成長を経験している。それらの国の多くは技術進歩によってもたらされた高度成長というよりも、むしろ韓国同様に資本蓄積によってもたらされた。したがって、韓国など東アジアの成長パターンはそれほど特異なものではない。また、現在の日本、アメリカ、EU諸国はそれほど高い成長率を維持しているわけではないが、それら先進国は技術集約的産業構造となっている。したがって現在韓国が必要としていることは、非常に高い成長率ではなく、質的改善を基礎にした成長を追及すべきなのである。

　金融危機以降、韓国では技術集約的産業構造への転換をはかるべく、IT産業の育成、積極的なR&D投資と余念がない。ただ、それに対していくつか気がかりな点がなくはない。それは、韓国では近年、製造業の雇用シェアが諸外国と比較して極めて低いということである。それは経済成長にとってマイナス要因である。韓国の労働人口に占める製造業就労人口は20％、この数値は日本などの先進国とほぼ同じ割合である。日本、欧米などに追いつく以前にそういった国の水準にまで製造業への就業者割合が低下しているのである。これに対して韓国と同じ成長パターンを進む台湾は28％である。

　台湾と韓国の差が生じた理由の一つとして考えられることは、台湾などは中小企業を中心として製造業が発達したという事実がある。一方、韓国の、製造業は財閥同士の競争と淘汰によって生き残った少数の大企業が発達させたのである。前述のように、韓国の製造業は海外、特に日本から技術水準の高い部品・素材を輸入して加工し、それをアメリカなどへ輸出して経済成長を遂げたという歴史があった。したがって韓国の製造業は中小企業が存在しない中抜けの状態であるといえる。それが製造業への就業者数を少なくしている理由の一つと考えられる。

　本来は、まず、雇用を高品位の製造業が吸収し、高度で精密な素材・部品といった中間財と新しい技術、無形の知識資本が結合し、生産性つまりTFPの成長を高めていかなければならない。そして、同時に生産性の高いサービス業が勃興し追加雇用を生んでいかなければならないのである。

　一方で、就業者数が第2次産業に代わり増加している金融・流通・情報などサービスの分野でも韓国は先進国に追いついたとはいえない。まだ大きな開きが存在するのは周知の事実である。したがって70年代、80年代のような高度成長はもはや不可能かもしれないが、その

代わり安定成長を維持し、そして先進国に追いつくためには、技術力の高い製造業と生産性の高いサービス業への転換を必要としているのである。

韓国は経済発展を短期に達成したという歴史的にみても数少ない国のひとつである。したがって、非常に潜在力の高い国であることは否定することが出来ない。しかし、転換が遅れた場合には、欧米などの先進国に追いつくことができず、経済が停滞してしまう可能性も十分存在するのである。

(1) 台湾も蒋経国総統のもとで韓国同様に重化学工業に力を入れた。一方、シンガポール、香港を輸出産品の高付加価値化に向けた。
(2) 光州事件とは1980年5月、全斗煥軍政下の光州で起きた民主化を求める運動と軍事政権による弾圧のことである。韓国では「5・18光州民主化運動」と呼ばれている。一時経済が大きく低迷した。
(3) Krugman(1994)の論文に反応し、その後シンガポールは生産性の成長を高める方向へ舵を切った。
(4) 台湾についても同様の傾向があるが、韓国のような財閥があまり存在せず、部品を製造する中小企業も多い。したがって、TFPの成長率も韓国よりいくらは高いようである。

[参考文献]

内閣府(2006).「2006年秋　世界経済の潮流」内閣府政策統括官室(経済財政分析担当)

Barro, Robert J and Xavier Sala-I-Martin (2004), Economic Growth. The MIT Press, Cambridge, Massachusetts.

Collins, Susan and Barry Bosworth (1996). "Economic Growth in East Asia: Accumulation Versus Assimilation." Brookings Papers on Economic Activity 2, 135-191.

Jorgenson, Dale and Eric Yip (2001). "Whatever Happened to Producctivity Growth?" In E. R. Dean, M. J. Harper, and C. Hulten, eds., New Developments in Productivity Analysis, 205-246. University of Chicago Press, Chicago.

Kim, Jong-Il (2005), "Growth Potential of Korean Economy Growth Accounting Perspective." Economic Papers 8 No.1.

Kim, Jong-Il and Lawrence J. Lau (1994). "The Sources of Economic Growth of the East Asian Newly Industrialized Countries, Journal of the Japanese and International Economies 8, 235-271.

Krugman, Paul (1994). " The Myth of Asia's Miracle." Foreign Affairs73, 62-78.

OECD (2004). Understanding Economic Growth. Organisation for Economic Co-operation and Development, Paris.

Rodrik, Dani (1994). "Getting Interventions Right: How South Korea and Taiwan Grew Rich." Economic Policy 20.

Solow, Robert M (1957). "Technical Change and the Aggregate Production Function." Review of Economics and Statistics 39, 312-320.

World Bank (1993). The East Asian Miracle: Economic Growth and Public Policy. Oxford University Press.

World Bank (2006). World Development Indicators. The World Bank.

Young, Alwyn (1992). "A Tale of Two Cities: Factor Accumulation and Technical Change in Hong Kong and Singapore." NBER Macroeconomics Annual, 1992, 13-54. Cambridge, MA: MIT Press.

Young, Alwyn (1994). "Lessons from the East Asian NICs: A Contrarian View." European Economic Review, 964-973.

Young, Alwyn (1995). "The Tyranny of Numbers: Confronting the Statistical Realities of the East Asian Growth Experience." Quarterly Journal of Economics, 110, 641-680.

アジア経済における貿易・投資の変化と日本の対応

茂 木　創

はじめに

　本稿は、1985年以降の日本の対アジア貿易構造の変化を統計的に把握し、とりわけ、日系企業のアジア諸国での展開が日本経済に与える影響について考察を試みた論考である。分析対象とした国は、日本のほか、韓国、台湾、香港、シンガポール、インドネシア、マレーシア、タイ、フィリピン、中国、ベトナムの11カ国である。[1]

　第2節では、貿易構造の変化を二つの視点から考える。第一に、日本を含むアジア諸国がどの地域に輸出をしているか考察し、各国の輸出地域の変化を分析する。第二に、貿易財の多様化として産業内貿易の変化を考える。経済発展に伴って、取引される財が多様化することはすでに多くの論考によって指摘されている。[2] また第2節では、1985年から2003年までのアジア諸国の経済発展と産業内貿易の変化についての関係についても言及する。アジア貿易の拡大と多様化をうけ、第3節では、資本移動、とりわけ直接投資の効果について考える。日本からの直接投資の変動を分析した後、直接投資形態の変化について言及する。第4節では、日本からの直接投資によって現地生産された財がどこに向かっているのか仮説を検証し、第5節で残された課題と今後の展開について言及する。

1　財・サービスの自由化から生産要素の自由化

　1985年のプラザ合意が、わが国を含むアジア経済にとって、重要な転換点であったことに異論を挟む余地はないだろう。その後20年を経て、わが国を取り巻くアジア経済は大きく変容を遂げた。

　プラザ合意直後に発表された通商白書（1986）では、「（プラザ合意による）ドル高の是正は、中長期的な観点からは、我が国の国際収支黒字を縮小させる効果を持つが、その過程においては、近年の我が国企業の国境を超えた経済活動が一段と加速される。これまでの輸出中心の企業活動は、ドル高是正の下で、海外直接投資、輸入、技術移転等にますますシフトする

ものと考えられる。また、こうした企業のミクロ面での国際的事業展開は、世界の相互依存関係も深化させている。すなわち、企業の多面的な国際化を背景に、80年代に入り、太平洋地域を中心に世界の産業構造、貿易・投資構造の変化やサービス貿易、ハイテク貿易という新たな貿易形態の進展が生じている。我が国経済は世界経済の構造変化に柔軟に対応して自律的な構造変革を図るべき時期に来ている。」と述べ、わが国の輸出牽引型の経済成長の終焉を告げた。

折しも離陸の準備が整っていたアジア経済は、プラザ合意という外部性を受け、急成長を遂げるに至った。その後の貿易構造は、概ね白書の予測通りの展開となったのである。

1995年の世界貿易機関（WTO）発足以降、2000年を前後して、わが国もアジア諸国との間の財、サービス貿易の自由化を促進するための、自由貿易協定（FTA）や共通効果特恵関税（CEPT）の締結に向けて制度的な枠組みの必要に迫られた。さらに近年は、労働移動の自由化を含む経済連携協定（EPA）に向けての動きが加速しており、2002年11月のシンガポールとのJSEPA（日本シンガポール新時代経済連携協定）を皮切りに、2005年4月にはメキシコとのEPA/FTAが発効した。外務省（2005）によると、相手国によって歩み寄りには差があるものの、ASEAN（東南アジア諸国連合）諸国全体、およびインドネシア、マレーシア、フィリピン、タイおよび韓国といった二国間交渉において早期交渉終結に向けての努力がなされている。

ここ数年間のアジア諸国との経済交渉は、財、サービス貿易自由化から生産要素の自由化へと関心が移ってきているといってよいだろう。こうした協定内容の変化の要因は様々である。

労働市場をみれば、アジア諸国の経済成長に伴う人的資本の蓄積によって、アジア諸国が良質な労働供給源へと成長したことが挙げられる。World Bank（1993）では、アジア諸国の初等教育就学率と一人当たり所得の関係を回帰分析によって計測しているが、それによると、日本、韓国、シンガポール、台湾、香港、インドネシア、マレーシア、タイにおいて、その所得水準から予測される以上の高い就学率を記録したことが指摘されている。

高い人的資本蓄積を達成したアジア諸国からの労働受け入れは、わが国の産業構造に大きな影響をもたらすことは疑いない。しかし、わが国における少子高齢化に伴う産業基盤の脆弱化を補完するためにも、労働市場の門戸を開放することはもはや待ったなしのところまで来ている。2004年11月の日本・フィリピンEPAの締結を契機に、フィリピン国籍をもつ看護師・介護福祉士の日本での就労が可能になったが、わが国における専門的・技術的労働者の受け入れは依然として少なく、EPAによってさらなる人材の確保が期待されている。

資本市場では、アジアのエマージング・キャピタル・マーケット（新興資本市場）で、各国政府が積極的な外資優遇措置をとり、資本移動の自由化が促進されたことが要因として挙げられる。特に直接投資に関しては、もともと内外無差別原則を貫いてきた香港を除けば、1980年代後半以降、積極的な直接投資自由化政策が採用されてきた。

アジア地域の経済成長、そして市場の成熟に伴って、労働、資本の移動が低コストで行わ

れる環境、制度が必要となってきたのである。

　FTA から EPA への転換を促しているのは、このようなアジア経済における要素市場の自由化の動きだけではない。アジア諸国における FTA 交渉の難しさ、それ自体にも大きな要因が含まれている。GATT/WTO24条では、FTA では殆どすべての貿易を自由化することをもって自由貿易地域と認めているが、各国での保護産業に対する門戸開放で意見の不一致が生じるため、FTA の締結は非常に難航しているのが実情だ。FTA がまとまりにくいのは、各国個別の事情から生じる、総論賛成・各論反対の主張をどこで按分するかというデリケートな問題を含んでいるからである。

　渡辺（2005）で述べられているように、アジア経済はすでに「デ・ファクト（事実上）」の経済的結合を深化させている。そこに自由貿易地域を実現させるためには、深川（2005）が指摘するように、①一定の制度化、②多様性に沿った枠組みの構築、③リーダーシップ問題（どこの国が盟主たりえるのか）を解決させることが急務だが、それは非常に難しい問題である。[10]

　今日、こうした閉塞状況を打破するためには、財、サービスの自由化だけでなく、生産要素の自由化をも含む幅広い経済連携の枠組みを構築することであるという視点で外交政策が行われている。そのためには、日本経済において、いわば「聖域化」されてきた外国人労働者の受け入れを含む EPA の締結が急務となっているのである。

　プラザ合意における円高・ドル安に伴うアジア諸国の輸出志向型への転換と、わが国産業の生産拠点の海外シフトの動きと、現在の生産要素移動の自由化を伴う動きは、性格を異にするものである。プラザ合意をアジア経済拡大の第一の転換点とすれば、この時期は、財・サービスの自由化を求めてアジア経済が拡大していった段階である。これに対して、現在交渉が進められている EPA は、生産要素移動の自由化という点で、第二の転換点と考えることができる。このような自由化の進展によって、今後日本の産業構造も再び大きな転換を余儀なくされる。

　この20年の間、アジアの経済地図は大幅に塗り替えられた。構造転換連鎖の波は中国、インドへと波及し、次の候補地、ベトナムへと移りつつある。[11]

2　貿易構造の変化

(1)　輸出相手国の多様化

　アジア諸国の多くは、欧米列強の植民地支配によって、長くその経済は制約されたものであった。しかし、第二次世界大戦以降、次々と独立したアジア諸国は、内戦、政治停滞、文化的な軋轢を経て独自の経済成長経路を歩んできた。すでに多くの指摘があるように、アジア諸国は輸入代替から、輸出指向型の経済発展へと政策を変更しながら、域内外での市場取引を活発化させてきた。[12]

　1985年、1995年、2003年の三時点における自国の輸出総額に占める相手国向けの輸出額の割合を示したのが表1である。各国の輸出状況をみてみよう。

表1 輸出シェアマトリクス(1985年・1995年・2003年)

輸出国	輸入国	日本	中国	香港	韓国	台湾	インドネシア	マレーシア	フィリピン	シンガポール	タイ	ベトナム
日本	1985		7.09	3.72	4.05	2.88	1.24	1.24	0.53	2.20	1.15	0.08
	1995		4.96	6.26	7.05	6.52	2.25	3.79	1.61	5.20	4.45	0.21
	2003		12.16	6.33	7.37	6.62	1.52	2.39	1.91	3.15	3.40	0.56
中国	1985	22.22		26.20	0.00	0.00	0.45	0.68	1.13	7.53	0.42	0.00
	1995	19.13		24.19	4.50	2.08	0.97	0.86	0.69	2.35	1.18	0.48
	2003	12.44		16.86	4.67	2.27	1.04	1.37	0.73	2.13	0.95	0.70
香港	1985	4.24	26.03		1.80	2.37	1.12	0.74	1.03	2.82	0.69	0.19
	1995	6.09	33.28		1.62	2.67	0.61	0.90	1.16	2.84	0.93	0.37
	2003	5.29	41.73		2.58	2.40	0.44	0.88	0.97	2.03	1.10	0.43
韓国	1985	15.00	0.00	5.17		0.65	0.65	1.48	0.79	1.62	0.47	0.00
	1995	13.63	7.31	8.54		3.10	2.37	2.36	1.19	5.35	1.94	1.08
	2003	8.91	18.11	7.56		3.63	1.74	1.99	1.53	2.39	1.30	1.32
台湾	1985	11.26	0.00	8.27	0.83		0.91	0.63	0.78	2.88	0.77	0.00
	1995	11.78	0.34	23.38	2.30		1.67	2.60	1.48	3.95	2.75	0.91
	2003	8.26	14.85	19.67	3.17		1.05	2.11	1.60	3.46	1.48	1.85
インドネシア	1985	46.23	0.45	1.87	3.53	1.92		0.41	1.07	8.75	0.44	0.03
	1995	27.06	3.83	3.65	6.42	3.89		2.17	1.30	8.29	1.55	0.63
	2003	22.28	6.23	1.94	7.08	3.66		3.87	1.55	8.84	2.28	0.77
マレーシア	1985	23.78	1.06	1.36	5.96	2.28	0.43		2.42	19.51	3.44	0.00
	1995	12.68	2.65	5.35	2.79	3.14	1.32		0.91	20.32	3.92	0.36
	2003	10.69	6.49	6.46	2.90	3.60	2.03		1.37	15.74	4.40	0.79
フィリピン	1985	18.93	1.63	4.05	1.55	1.95	0.39	3.75		5.40	1.90	0.03
	1995	15.75	1.23	4.72	2.54	3.26	0.74	1.81		5.71	4.58	0.71
	2003	15.92	5.92	8.54	3.63	6.88	0.82	6.80		6.71	3.41	0.40
シンガポール	1985	9.08	1.40	6.15	1.19	1.64	3.54	14.97	0.92		4.02	0.55
	1995	7.65	2.29	8.40	2.69	3.99	1.96	18.80	1.60		5.66	1.48
	2003	6.53	6.83	9.72	4.08	4.65	2.80	15.36	2.18		4.15	1.62
タイ	1985	13.36	3.81	4.04	1.85	1.62	0.61	4.99	0.75	7.94		0.00
	1995	16.79	2.91	5.17	1.42	2.40	1.44	2.75	0.73	14.03		0.83
	2003	14.20	7.10	5.39	1.98	3.22	2.83	4.83	2.02	7.31		1.58
ベトナム	1985	4.62	0.00	6.81	2.22	0.00	0.00	0.00	0.00	5.18	0.66	
	1995	25.99	6.44	4.57	4.18	7.81	0.96	1.97	0.73	12.28	1.80	
	2003	14.42	8.66	1.85	2.44	3.71	2.32	2.25	1.71	5.08	1.66	

注意)数値(a)は各国(i)の輸出総額(Xi)に占める輸出相手国(j)への輸出額(xj)を示している。計算式は以下で示される。

$$a = \frac{x_j}{X_i} \text{ ただし、} \sum_j^i x_j = X_i$$

資料)以下資料より茂木が作成。
International Monetary Found, *Derection of Trade Statistics*, various years.
United Nations Statistics Division, *U.N.: Commodity Trade Statistics, Series D, various years*.
Asian Development Bank, *Key Indicators of Developing Asian and Pacific Countries*, various years.
財政部統計處編『中華民國臺灣區進出口貿易統計』各年版。

　まず、日本の輸出シェアをみると、対NIES（新興工業国：韓国・台湾・香港・シンガポール）向けの輸出シェアは、シンガポールが5.20％（1995年）から3.15％（2003年）に減少していることを除けば、各国とも3〜4％（1995年）だった輸出シェアを軒並み6〜7％（2003年）へと拡大させている。これとは対照的に、ベトナムを除く対ASEAN 4向けの輸出シェアは、

1995年と2003年を比較すると、フィリピンが1.61％（1995年）から1.91％（2003年）と微増しているものの、概ね減少傾向であることがわかる。また、ベトナムを除くASEAN諸国の対日輸出シェアも減少している。

中国は、プラザ合意以前から日本のアジアにおける主要輸出相手国の一つであった。1989年の天安門事件以降、日本の対中輸出は伸び悩んだが、2003年には12.3％の輸出シェアを占めるに至っている。しかし、中国の対日輸出は22.22％（1985年）から12.44％（2003年）と減少傾向にある。

特筆すべき傾向は、対ベトナム輸出の増加である。2003年の輸出シェアは、1985年に比べて7倍の増加を示している。逆に、ベトナムの対日輸出は、4.62％（1995年）、25.99％（1995年）、14.42％（2003年）と変化しており、1990年代以降、日本が、ベトナムの輸出にとって重要な相手国となっていることがわかる。

総じてみると、日本の輸出先は、1980年代にNIES、1990年代にASEAN諸国、そして2000年代に中国、ベトナムへと変化していることがわかる。各国の対地域別の輸出シェアを表したものが図1である。図1の正三角形には、それぞれ日本・NIES、中国・ベトナム、ASEAN4が頂点に取られている。内部に示されている三角形の大きさは、各国の対アジア（分析対象国）向けの輸出シェアを示している。内部の三角形の面積が大きくなるほど、アジア向け輸出が拡大していることを示している。

図1をみると、分析対象国すべてにおいて三角形の面積が拡大しており、アジアの域内輸出が拡大していることがわかる。1997年にはアジア通貨危機を経験したが、アジア地域における相互依存関係は深化しており、今後もこの傾向が続くことが予想される。

さらに特徴的なのは、分析対象国すべてにおいて中国・ベトナムへの輸出シェアを拡大させている点である。シンガポールは、隣国マレーシアや他のASEAN諸国との取引が大きいことは周知の通りだが、1995年から2003年へと次第に対中国・ベトナムへの輸出シェアが増加していることが読み取れる。台湾では、政治的な緊張が依然として残っているにもかかわらず、対中国・ベトナム輸出シェアが増加していることがわかる。

さらに、中国は対日・NIES輸出シェアは大きいものの、日本向けの輸出シェアは減少している。これとは対照的に、ベトナムは、日本向けの輸出シェアと中国向けの輸出シェアを拡大させ、NIES向けの輸出シェアは減少傾向にある。

表1、および図1から、以下のシナリオを読むことができる。日本は、1990年代から次第にASEAN諸国から中国・ベトナムへと輸出相手国をシフトさせていった。しかし、中国は対日輸出シェアを減少させ、対ASEAN諸国向けの輸出を拡大させている。逆にベトナムにおいては対日輸出シェアを拡大させている。もし、ベトナムが中国と同様の経路をたどるとするならば、ベトナムの次なる輸出相手国となるのは、ASEAN諸国ということになるだろう。とりわけ、インドネシア、マレーシア、フィリピン向けの輸出が拡大することが予想される。

図1　輸出シェアの地域別変動

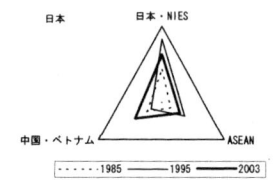

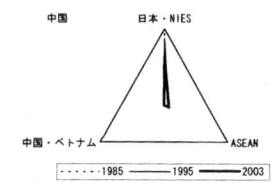

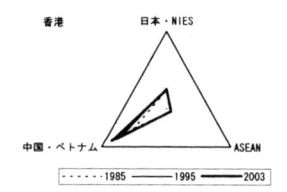

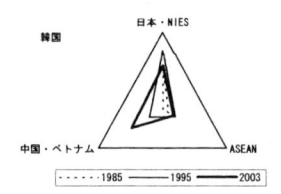

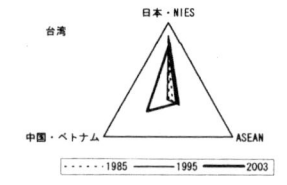

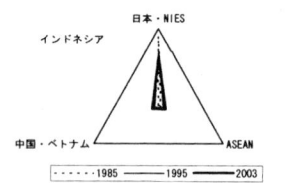

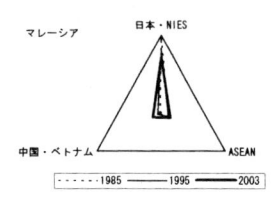

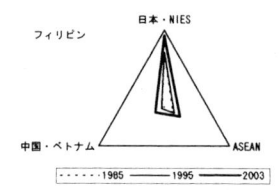

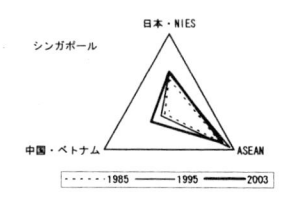

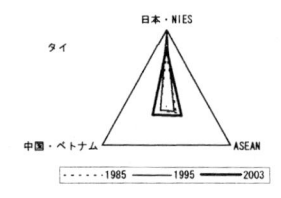

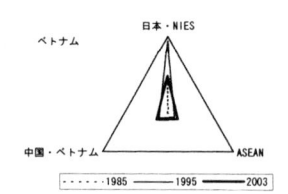

注意1）NIESは韓国、台湾、香港、シンガポールを、ASEANはインドネシア、マレーシア、フィリピン、タイからなる。
注意2）最大目盛は各国で異なっている。各国の最大目盛は以下の通りである。単位は％。

日本　30	台湾　　　　50	シンガポール　30
中国　60	インドネシア　70	タイ　　　　　40
香港　50	マレーシア　55	ベトナム　　　50
韓国　40	フィリピン　45	

資料）以下資料より茂木が作成。
International Monetary Found, *Direction of Trade Statistics*, various years.
United Nations Statistics Division, *U.N.: Commodity Trade Statistics, Series D*, various years.
Asian Development Bank, *Key Indicators of Developing Asian and Pacific Countries*, various years.
財政部統計處編『中華民國臺灣區進出口貿易統計』各年版。

（2） 産業内貿易の変化

アジア諸国の急速な経済成長によって、同一産業内の貿易も活発化している。そもそも、「産業内貿易がいかにして生じるか」という問題は、Grubel（1967）および Grubel and Lloyd（1975）や Aquino（1978）らの先駆的な研究から、Krugman（1979・1980）による love of variety 理論[13]など、ブランドによる差別化貿易（水平的産業内貿易）を取り扱ったモデルと、Falvey（1981）の品質による差別化（垂直的産業内貿易）を扱ったモデルを用いての究明へと研究が進んでいる[14]。

アジア諸国の経済発展と産業内貿易の進展に関しては、すでに多くの研究がなされている。渡辺（1983）、小野田（1983）、田中・長田（1983）、梶原他（1984）、法専（1991）などでは Grubel and Lloyd（1975）タイプの産業内貿易指数を用いて、また、茂木（2002）では、Aquino（1978）タイプの産業内貿易指数を用いて経済発展に伴う産業内貿易の進展を実証している。

また近年では、Fukao et.al.（2003）が、産業内貿易を水平的産業内貿易と垂直的産業内貿易に分類し分析を行っている。アジア諸国の各産業が、産業間貿易から垂直的産業内貿易へと貿易構造を変化させ、同様の結果は、国別の分析でもあてはまることを指摘した。

Grubel and Lloyd（1975）タイプの産業内貿易指数を定義すると、i 産業における j 国の k 国に対する産業内貿易指数 B_{ijk} は、

$$B_{ijk} = \frac{\sum_{i=1}^{n}(X_{ijk}+M_{ijk}) - \sum_{i=1}^{n}\left|X_{ijk}-M_{ijk}\right|}{\sum_{i=1}^{n}(X_{ijk}+M_{ijk})} \cdot 100 \quad \cdots\cdots(1)$$

となるが、B_{ijk} は経常収支不均衡の程度が大きくなるにつれ、過小評価される傾向がある（ただし X_{ijk} を i 産業における j 国の k 国に対する輸出量、M_{ijk} を i 産業における j 国の k 国に対する輸入量とする）。そこで、いま、Aquino（1978）タイプの産業内貿易指数 C_{ijk} を、

$$C_{ijk} = \frac{1}{1-K} \frac{\sum_{i=1}^{n}(X_{ijk}+M_{ijk}) - \sum_{i=1}^{n}\left|X_{ijk}-M_{ijk}\right|}{\sum_{i=1}^{n}(X_{ijk}+M_{ijk})} \cdot 100,$$

$$\cdots\cdots(2)$$

$$K = \frac{\left|\sum_{i=1}^{n} X_{ijk} - \sum_{i=1}^{n} M_{ijk}\right|}{\sum_{i=1}^{n}(X_{ijk}+M_{ijk})}$$

と定義する。i 産業における j 国の世界（w）に対する産業内貿易を縦軸にとり、横軸に経済成長の程度を示す変数として１人あたり名目 GDP（ドル）をとったものが図２である。図を見ると、１人あたり GDP が10,000ドルを超える水準になると、逆に産業内貿易指数が減少していく傾向が読み取れる。アジア諸国のうち、１人あたり GDP が10,000ドルを超えたのは、日本（1981年）[15]、香港（1988年）、シンガポール（1989年）、台湾（1992年）、そして韓国（1995年）[16]の５カ国のみである。先に述べた先行研究では、計測期間が1980年代までであり、したがっ

図2　経済成長と産業内貿易

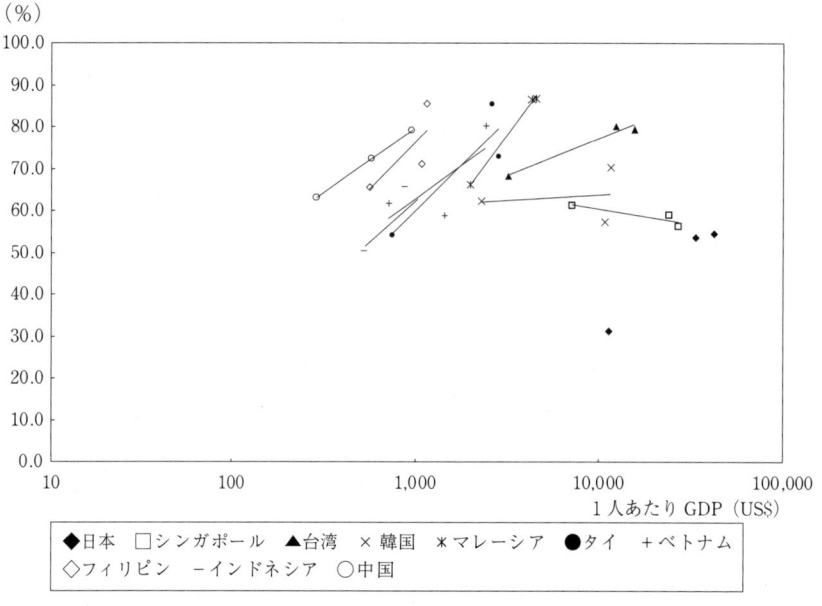

（横軸：1人あたり GDP（US$）、縦軸：％）

凡例：◆日本　□シンガポール　▲台湾　×韓国　＊マレーシア　●タイ　＋ベトナム　◇フィリピン　－インドネシア　○中国

資料）図1に同じ。茂木が作成。

て産業内貿易指数が上昇しているという結論に限定されていた。しかし、今回の計測によって、一定の経済水準に達すると産業内貿易指数が低下（ないし収斂）していくことが観測された。[17]

　この原因は何であろうか。詳細については稿を改めて分析する必要があるが、考えられる理由は二つ挙げられる。

　一つは、アジア域内貿易における財の種類、品質の平準化である。当初、アジア諸国では、単純部品は低所得国で生産し、精密部品、組み立てなどは高所得国でおこなうという、異工程間取引が行われていた。しかし、低所得国の経済成長と人的資本の高まりから、財の種類や品質が平準化し、現地で一括して生産することが可能となった。その結果、工程間で国際分業を行う必要性が減少し、産業内貿易が減少したことが考えられる。

　もう一つは、日本の対アジア直接投資の影響である。Ohno and Okamoto（1994）によると、ドイツ、アメリカ、日本を対象にしたキール世界経済研究所の回帰分析結果では、日本については、直接投資と貿易は補完関係にあることが指摘されている。しかし、直接投資によって現地生産された財が、必ずしも日本に還流せず、第三国に輸出される場合がある。こうした状況が成立するのは、（日本からの）直接投資受け入れ国が一定水準の経済成長を遂げ、輸出志向的な経済政策を行っていることが前提となる。この場合、直接投資と貿易は補完関係にはならない。[18]

　経済成長そして所得の増加を先進国が観察し、操業に耐えうるに十分魅力的な市場と判断

されれば、先進国から途上国向けの直接投資が増加する。しかし、途上国自体は先進国に向けて輸出を行わず、第三国との国際的異工程間取引を行うことによって、結果として、先進国と途上国との間の産業内貿易が減少する状況が考えられるのである。[19]

3　アジア諸国での日系多国籍企業の展開

　日本の直接投資はどのように推移したのだろうか。日本のアジア諸国向けの直接投資（フロー）の推移を俯瞰したのが図3である。図3の左図にはASEAN諸国、右図にはNIES向けの直接投資の推移が示されている。

　岡本（1994）の指摘の通り、日本からASEAN諸国への直接投資が増加したのは1980年代後半、とりわけプラザ合意以降である。1990年になるとASEANならびに対中国直接投資が指数的に増加している。しかし、1997年に発生したアジア通貨危機によって浮き彫りとなったアジア・エマージング・マーケットの脆弱性、不信感などから、日本の対ASEAN直接投資は、マレーシアを除けば、各国1,000億円規模にとどまっている。この水準は、NIES向けの直接投資とほぼ同額である。

　いうまでもなく、先述した河合・須藤（1996）や、日本貿易振興機構（JETRO）の調査にもあるように、直接投資に関しては、各国独自の出資制限があり、際限なく直接投資できるわけではない。したがって、対ASEAN諸国向けの直接投資は、すでにNIES水準に達しており、新たな直接投資先が日本の多国籍企業に求められている。[20]

　図3に示されたように、ASEAN諸国、NIES向けの直接投資が伸び悩んでいる中、増加し

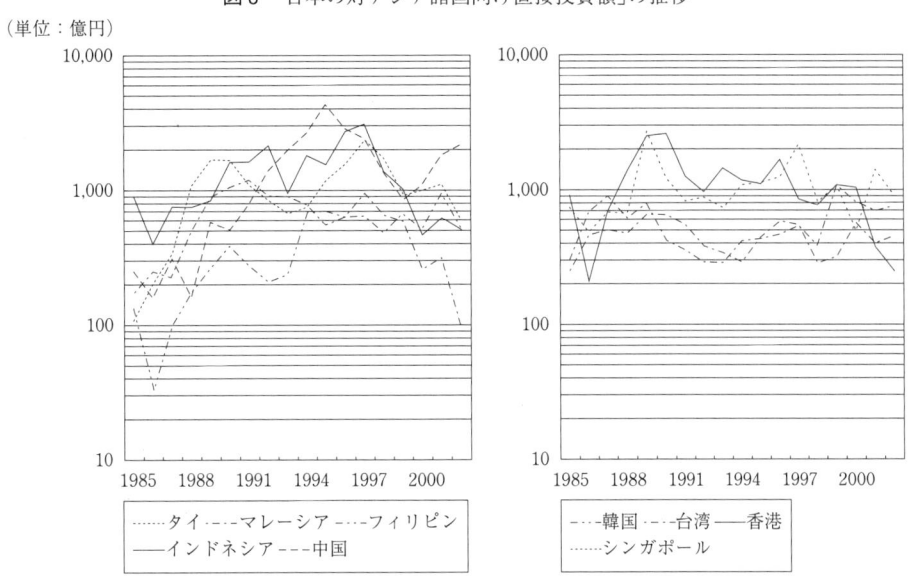

図3　日本の対アジア諸国向け直接投資額」の推移

資料）財務省『国際収支状況』、日本銀行『外国為替相場』より茂木が作成。

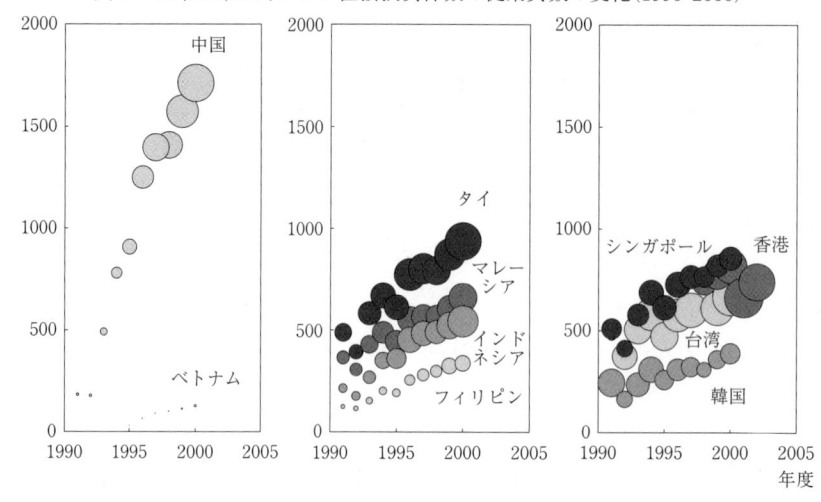

図4 日系企業の対アジア直接投資件数と従業員数の変化(1990-2000)

注意)縦軸にアジア各国に展開する日系多国籍の累積企業数、バブルの直径で日系多国籍企業の従業員数を示している。
資料)経済産業省『わが国企業の海外事業活動』各年版より茂木が作成。

　ている国が中国である。中国向けの直接投資は、件数、従業員規模からみても他のアジア諸国と比肩できないほどの増加を示している。この関係を示したのが図4である。図4には日系企業の対アジア直接投資件数と従業員数の変化が示されている。経済成長の程度によってNIES（右図）、ASEAN諸国（中央図）、中国・ベトナム（左図）の3つのグループに分類して表示している。

　投資件数だけをみると、件数ASEAN諸国もNIESとほぼ同じ投資状況であることがわかる。また、僅かながらではあるが、ベトナム向けの直接投資も増加傾向にあることが読み取れる。

　しかし、NIESにおいては、1990年代以降、従業員数が減少しているのが特徴的である。これは日系企業がNIES諸国内で、労働集約的な産業から資本集約的な産業へと投資先を変化させていることの証左である。

　検討してきたように、産業内貿易が縮小している事に加えて、NIES諸国における日系企業が資本集約的な財の生産を行っていることから考えると、資本集約財を生産する直接投資受け入れ国と、資本集約的な財の生産に比較優位があるとされる本国（日本）との間で、貿易利益を得ると考えるのは、ヘクシャー＝オリーン定理と矛盾する。しかしながら、本国（日本）が資本集約的な財の生産に比較劣位にあるとは考えにくい。そこで、次節では、アジア諸国の日本に対する輸出（日本の輸入）と日本の対アジア直接投資の関係を考えてみよう。日本からの直接投資が、アジア諸国の輸出にどのような影響をもたらしているのか、その関係を分析する必要がある。

4 対アジア直接投資の経路

本節では、日本からの直接投資が、アジア諸国の輸出にどのような影響をもたらしているのか考える。図5は、日本からの直接投資によって生産された財が、どのような経路をたどって輸出されるかを模式的に示したものである。

アジア諸国（i）向けの直接投資と、貿易が補完的になるケースが破線で示されている関係①である。この場合、日本からの直接投資によって、同一産業内での異工程間取引（産業内貿易）が生じることによって、貿易量が増加することが考えられる。しかし、すでに検討してきたように、日本および NIES においては、産業内貿易それ自体が減少している。

この事実から考えられるのは、図5に示した関係②のケースである。つまり、日本からの直接投資によって生産された財が、本国（日本）に直接輸出されるのではなく、第三国に輸出されるという可能性である。

この関係をみるために、日本のアジア諸国からの輸入関数を推計する。アジア諸国の対日輸出関数を推計しないのは、整合的で比較可能な形で表現したいということだけでなく、所得との関係も同時に考察したいためである。そこで、日本（J）のアジア諸国（i）からの輸入量（$M_{J \leftarrow i}$）を、所得（Y_J）、外貨建て円レート（e）、直接投資（$FDI_{J \rightarrow i}$）を用いて回帰する。想定される関係は、

$$M_J = M(Y_J, e, FDI_{J \rightarrow i}) \cdots\cdots\cdots (3)$$

である。また、独立変数と従属変数間の期待される関係は、

$$\frac{\partial M_J}{\partial Y_J} > 0, \quad \frac{\partial M_J}{\partial e} > 0, \quad \frac{\partial M_J}{\partial FDI_{J \rightarrow i}} > 0. \cdots\cdots\cdots (4)$$

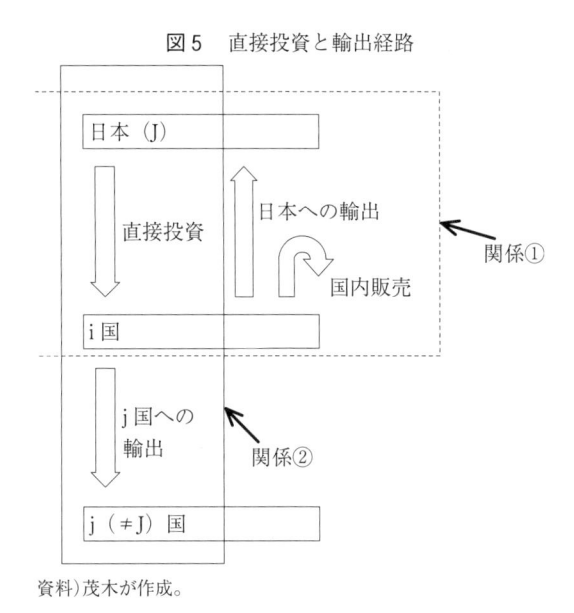

図5 直接投資と輸出経路

資料）茂木が作成。

表2　日本の対アジア輸入関数の推計(1985-2003)

相手国	α	β	γ_0	γ_1	γ_2	c	$\bar{R}^2$
韓　　国	1.26 17.99 0.00	−0.15 −2.07 0.06	0.09 2.31 0.04	0.24 5.91 0.00	0.15 3.97 0.00	−6.31 −8.38 0.00	0.98
台　　湾	0.69 6.08 0.00	1.32 5.23 0.00	0.29 3.31 0.01	0.40 4.32 0.00	0.01 0.15 0.88	−0.26 −0.21 0.84	0.95
香　　港	−0.65 −1.29 0.22	2.07 2.52 0.03	0.20 3.00 0.01	0.08 1.04 0.32	0.10 1.19 0.26	17.44 2.42 0.03	0.77
シンガポール	1.42 4.76 0.00	−0.64 −0.89 0.39	0.13 1.06 0.31	0.10 0.73 0.48	−0.01 −0.85 0.93	−10.58 −2.30 0.04	0.82
インドネシア	0.22 1.15 0.27	0.13 1.98 0.07	0.16 1.90 0.08	−0.02 −0.26 0.80	−0.09 −1.13 0.28	6.48 4.28 0.00	0.58
タ　　イ	1.20 4.86 0.00	0.79 3.98 0.00	0.01 0.13 0.90	0.15 1.44 0.17	0.08 0.87 0.40	−4.17 −1.72 0.11	0.95
マレーシア	0.68 1.59 0.14	0.56 1.37 0.19	−0.18 −1.81 0.09	−0.03 −0.27 0.79	0.14 1.13 0.28	4.57 0.86 0.40	0.76
フィリピン	−0.49 −2.30 0.04	0.90 5.08 0.00	0.16 2.12 0.05	0.18 2.41 0.03	0.04 0.50 0.62	12.19 5.31 0.00	0.94
中　　国	−2.43 −2.42 0.03	2.59 3.38 0.00	0.17 0.97 0.35	−0.11 −0.53 0.60	0.01 0.07 0.95	42.39 3.22 0.01	0.85
ベトナム	0.05 0.09 0.93	0.28 4.56 0.00	0.32 1.74 0.10	−0.05 −0.21 0.84	0.20 1.28 0.22	2.38 0.47 0.65	0.97

注意)
為替レートは年平均値を用いて推計。
上段は推計値、中段は t 値、下段は p 値。
資料)以下資料より茂木が作成。
International Monetary Found, *Diection of Trade Statistics*, Various years.
International Monetary Found, *International Financial Statistics*, various years.
United Nations Statistics Division, *U.N.: Commodity Trade Statistics, Series D, various years*.
Asian Development Bank, *Key Indicators of Developing Asian and Pacific Countries*, various years.
財政部統計處編『中華民國臺灣區進出口貿易統計』各年版。

ただし、日本からの直接投資が行われ、その効果が日本の輸入量にあらわれるまで、ラグがあると仮定し、その期間を2期とする。(3) 式を、c を定数、t を年として、

$$\ln M_J(t) = \alpha \ln Y_J(t) + \beta \ln e(t) + \sum_{k=0}^{2} \gamma_k \ln DFI_{J \to i}(t-k) + c \quad \cdots\cdots\cdots\cdots (5)$$

と定式化し、推計結果を示したものが表2である。(4) 式を満たす良好な結果が示されたのは、台湾、インドネシア、タイ、フィリピン、中国、ベトナムである。ただし、マレーシアに関しては、対マレーシア直接投資とマレーシアからの輸入量には負の関係があり、表1とあわせて考えると、日本からの直接投資は、マレーシアでの生産を経て中国、ベトナム、フィリピン、香港などに向かっていると考えることができる。

この分析は相関関係を示しているに過ぎず、因果関係を分析したわけではない。しかし、アジア諸国の直接投資と貿易の因果性の分析を行う際には、きわめて強い仮定のもとで行わざるを得ないであろう。

5　ま と め

アジア経済はプラザ合意を契機として、急速な経済成長を遂げてきた。貿易、投資を通じた相互依存関係が深化し、1990年代はまさにアジア経済の「成長期」であったといえる。しかし、本稿の分析でも明らかになったように、輸出は日本、NIES、ASEAN、そして中国、ベトナムへと向かい、そして2000年代に入り、中国、ベトナムはASEAN諸国向けの輸出を拡大するようになった。また、産業内貿易も、成長期を経て次第に収斂していくことが予測できる。

さらに、マレーシアについて言えば、日本からの直接投資の流れは、本国への輸出（逆輸入）のみならず、第三国市場をターゲットとして展開している。これは第三国それ自体が成長により購買力が高まり、魅力的な消費市場になってきたからと考えられる。

他方、問題点としてより低コストで操業できる市場を求めて直接投資の参入、撤退のサイクルが早まれば、直接投資の利点である技術移転や経営資源移転の効果が受け入れ国に定着できない可能性もある。

今後、日系多国籍企業が、低コストで操業できる市場を求めてさらに直接投資相手国を探していくのか、それとも直接投資それ自体は一定水準で推移しながらも、EPAなどによって得られる良質で安価な労働のもとで操業を行っていくことになるのか、選択の岐路に立たされていることは間違いない。

（1）　本稿では所得格差と慣例により、シンガポールはNIESにいれている。
（2）　たとえば、茂木 (2002) など。
（3）　カッコ内は筆者による加筆である。
（4）　プラザ合意以前のアジア経済の成長についての卓越した分析に、渡辺 (1983)、田中・長田 (1983)、小野田 (1983)、梶原・金箱・高阪 (1984) がある。

（5） 渡辺（1994）ではこれを「砕啄同時」という絶妙な言葉を用いて表現している。「親鳥の体で温められた卵が雛となり、雛は卵の殻を「砕」いて外にでて行こうとするのですが、自分の力だけでは殻は破れません。このときを親鳥は本能的に見計らって殻を「啄」き、そうして雛は殻からでて外を自由に動き回れるのです。（中略）今日の西太平洋にみなぎる活力は、西太平洋諸国が長らく蓄積してきた開発へのエネルギーがある一定量に達した時、ちょうどその時に日本の円高のインパクトが与えられて、その活力が一挙に溢れ出したものだ、つまり「砕啄同時」だというふうに私にはみえるのです。(p.329)」
（6） インドネシア・マレーシア・フィリピン・タイをここではASEAN4と定義する。
（7） 日本・フィリピンEPAは2004年11月に、日本・マレーシアEPAは2005年5月に大筋合意。
（8） 通商白書（2005）では、専門的・技術的な就労者として、教授、研究、技術分野に携わる外国人などを含む14カテゴリーに分類している。
（9） 河合・首藤（1996）。
（10） 渡辺（2005）では、深化する日中経済と、それと反対に政治的な日中の対立がある現況を鑑みて、偏狭なナショナリズムを克服することこそ、東アジア共同体の構想には必要不可欠であると述べている。小島（2005）は、東アジア共同体構想における障害として、①朝鮮半島の分断と中台分断、②大国の思惑と大国間関係、③中国の将来への懸念、④東アジアの地域的多様性、⑤日本側の戦略、展望の欠如といった5つの要因を挙げている。
（11） 渡辺（1991）（1994）。
（12） 山澤・平田・谷口（1983）、梶原和・金箱・高阪（1984）、World Bank（1993）、速水（1995）他。
（13） Krugman（1979）（1980）は、消費者が財のバラエティーを選好し、独占的競争モデルの中で産業内貿易による貿易利益を理論的に説明した。
（14） これに対して、Lipsey（1976）など「産業内貿易は統計上の現象である」と考える研究者もいることをTharakan and Kol（1989）は指摘している。
（15） カッコ内は10,000ドルを超えた年を表している。
（16） ただし、韓国はアジア通貨危機の影響によって1998年に6,829ドルにまで減少、再び10,000ドルを超えたのは2002年である。
（17） 「収斂」というのであれば、どの水準に収斂するのか、理論的にも実証的にも説明が必要であろう。この転移ついては稿を改めて言及したい。
（18） いうまでもないが、これが代替性を主張する論拠とはならない。
（19） 詳しくは次節で説明。
（20） 「ジェトロ―日本貿易振興機構」のウェブページ（http://www.jetro.go.jp/indexj.html：2005年8月18日にアクセス）にある国・地域別情報を参照。

[参考文献]

Aquino, A. (1978) "Intra-industry Trade and Inter-industry Specialization as Concurrent Sources of International Trade in Manufactures," *Weltwirtschaftliches Archiv*, Helt 2.

Falvey, R. (1981) "Commercial Policy and Intra-industry Trade," *Journal of International Economics*, Vol.11.

Fukao. K., Ishido, H. and Ito, K. (2003) "Vertical Intra-industry Trade and Foreign Direct Investment in East Asia," *Journal of the Japanese and International Economics*, Vol. 17.

Grubel, H. G. (1967) "Intra-industry Specialization and the Pattern of Trade," *Canadian Journal of Economics and Political Science*, Vol. 33, No. 3.

Grubel, H. G. and Lloyd, P. J. (1975) *Intra-industry Trade: The Theory and Measurement of International Trade in Differentiated Products*, The Macmillan Press Ltd.

Krueger, A. O. (1978) *Foreign Trade Regimes and Economic Development*, Cambridge, Mass.

Krugman, P. R (1979) "Increasing Returns, Monopolistic Competition, and International Trade" *Journal*

of International Economics, Vol. 9.
Krugman, P. R (1980) "Scale Economies, Product Differentiation, and the Pattern of Trade," *American Economic Review*, Vol. 70.
Lipsey, R. E. (1976) "Review of Grubel, H. G. and Lloyd, P. J. "Intra-industry Trade (1975)"," *Journal of International Economics,* Vol.6.
Lloyd, P.J. and Lee, H. H. (2002) *Frontiers of Research in Intra-Industry Trade,* Basingstoke, Palgrave Macmillan.
Loertscher, R. and Wolter, F. (1980) "Determinants of Intra-industry Trade: Among Countries and across Industries," Weltwirtschaftliches Archiv, Band 116, Helt 2.
Ohno, K. and Okamoto, Y. eds. (1994) *Regional Integration and Foreign Direct Investment: Implications for Developing Countries*, Institute of Developing Economies, Tokyo.
Tharakan, P.K.M. and Kol, J. (1983) *Intra-Industry Trade: Empirical and Methodological Aspects*, North-Holland, Amsterdam, New York（佐々波楊子監訳（1993）『産業内貿易：理論と実証』文眞堂）
United Nations (1993) *Foreign Investment and Trade Linkage in Developing Countries.*
Vernon, R. (1966) "International Investment and International Trade in the Product Cycle", *Quarterly Journal of Economics.* Vol.80.
Wong, K. (1995) *International Trade in Goods and Factor Mobility,* Cambridge, Mass.
World Bank (1993) *The East Asian Miracle: Economic Growth and Public Policy,* Oxford University Press.
赤松要（1956）「わが国産業発展の雁行形態」『一橋論叢』11月号。
伊藤元重・大山道広（1985）『国際貿易』岩波書店。
浦田秀次郎（1992）「日本の直接投資とアジアの貿易」小浜裕久編『直接投資と工業化』日本貿易振興会。
岡本由美子（1995a）「日本企業のグローバル化とASEAN経済の変容」白井孝編（1995）『グローバリズムとリージョナリズム』勁草書房。
岡本由美子（1995b）「海外直接投資と経済発展」『アジア経済』アジア経済研究所，第36巻8号。
小野田欣也（1983）「ASEANの貿易構造変化と産業内分業」『アジア経済』アジア経済研究所，第24巻10-11号。
外務省（2005）「東アジア諸国との経済連携協定交渉の現状と課題」（外務省ウェブページ：http://www.mofa.go.jp/mofaj/gaiko/fta/pdfs/kyotei_0504.pdf：2005年8月8日アクセス）
梶原弘和・金箱光人・高阪克彦（1984）「日本――アジア近隣諸国の経済関係の構造分析」『世界経済評論』世界経済研究会，12月号。
河合正弘・首藤恵（1996）「金融の自由化と国際化」河合正弘・QUICK総合研究所アジア金融研究会編『アジアの金融・資本市場』日本経済新聞社。
経済産業省（1986）『通商白書1986』大蔵省印刷局。
経済産業省（2005）『通商白書2005』国立印刷局。
小島朋之（2005）「「東アジア共同体」と日中協力」『アジア研究』アジア政経学会，第51巻2号。
田中拓男・長田博（1983）「ASEAN地域の経済発展と分業構造」『アジア経済』アジア経済研究所，第24巻10-11号。
トラン・ヴァン・トゥ（1992）『産業発展と多国籍企業：アジア太平洋のダイナミズムの実証研究』東洋経済新報社。
速水佑次郎（1995）『開発経済学』創文社。
深川由起子（2005）「東アジアの新経済統合戦略――FTAを超えて」『アジア研究』アジア政経学会，第51巻2号。
法専充男（1991）「我が国貿易構造の水平分業化と企業のグローバリゼーション」『海外投資研究所報』日本輸出入銀行。
茂木創（2002）「日本の対アジア産業内貿易の決定因：産業特性による接近」『新島学園女子短期大学紀要』第22号。

山澤逸平・平田章・谷口興二（1983）「太平洋アジア諸国における貿易と産業調整」『アジア経済』アジア経済研究所，第24巻10-11号。
渡辺利夫（1983）「アジアの市場構造と日本の対応」『アジア経済』アジア経済研究所，第24巻10-11号。
渡辺利夫（1991）『転換するアジア』弘文堂。
渡辺利夫（1994）『アジア経済読本』東洋経済新報社。
渡辺利夫（2005）「東アジア経済統合の現段階――共同体生成は可能か」第20回 SGRA フォーラム in 軽井沢（2005年7月23日）

北東アジアの経済統合にみる政治経済的課題

川島　哲

はじめに

　本稿は、北東アジアにその焦点をあて、当該地域の政治経済問題がその経済統合を行う過程のなかでいかにクリアせねばならない課題となってきているかについて検討することを目的とする。経済統合において北東アジアを例としても、例えば中国では、都市との格差が拡大する農業、農村、農民の「三農問題」の解決が重視され、2006年には農業税が廃止された。しかし、中国では近年、一般市民や農民等による暴動が急増しており、成長率が10％を上回る経済過熱の状況など、江沢民時代の成長優先路線がもたらした影の部分が大きな問題になっている。[1]

　日本が求める「東アジア共同体」とは、経済面では、FTAの締結を通じた貿易の自由化のみならず、直接投資のルール作りやサービス貿易の自由化、通関の円滑化など広い範囲での経済連携協定（EPA）の締結に加えて、地域の共通通貨なども含めた経済統合を中心とするものである。[2]東アジア、特に北東アジアでは、昨年（2006年）12月中旬に開催された6カ国協議において北朝鮮問題を取り上げ新聞紙面などはこの話題でもちきりであった。北朝鮮と米国の主張の隔たりが大きく、次回会議の予定も立っていない現状（2006年12月27日現在）であるが、今後の北東アジアの状況をみるうえで、この問題は大きくクローズアップされてくるということは言を俟たないことである。

　そこで、本稿においては、限られた紙幅のなかで、北東アジアをはじめ東南アジアまで含めた東アジアにおいて、どのような将来的針路がとられてくるのであろうかという大きな視点のもと、何点かの基本的問題をさぐることでその検討材料としたいと思う。

1　6カ国協議にみる米国のスタンス

　本章においてはまず、6カ国協議関連について米国のスタンスの相違が北東アジア諸国・地域にどのような影響を与えているのかという点についてふれてみてみたい。

米国のライス国務長官（Condoleezza RICE：以下ライス）が2006年10月19日から22日にかけて我が国をはじめ、中国、韓国、ロシアを歴訪した。主な歴訪目的には、核実験実施を宣言した北朝鮮に対する制裁に関して各国と話し合うことであった。

　しかし、歴訪目的はそれにとどまらず、ライスは「北朝鮮問題に関する6カ国協議の参加国を基礎とした、東アジアの多国間の集団安全保障機構を作るべき」と各国の首脳に主張した。ライスの歴訪はいわば、「アジア版NATO」の設立を関係諸国に呼びかけるものでもあったのである。[3]

　ライスは歴訪した中国・北京において、米国の記者団に対し「東アジア諸国が、地域の安全保障を脅かす諸事態について皆で話し合う組織すら持っていないことは良くない。北朝鮮の核実験で、この欠陥が明白になった」という主旨の発言を残している。

　ライスは、6カ国協議の枠組みを地域安保機構に格上げしていき、北朝鮮も核廃絶と引き替えにこの安保機構に加盟できるようにして、豪州やフィリピンなどの国々も参加をもちかける構想を明らかにした。[4]

　この構想を改めてライスがフォーマルな形で北東アジア諸国にプロポーザルを行ったという事実は、米国にとっての対アジア戦略の大転換を意味している。

　第二次大戦後、米国の対アジア戦略の根幹となってきたのは、日米、米韓、米台、米中
といった、いわば米国及び北東アジア各国・地域の二国間関係に限定された面でいわば「ハブ＆スポーク戦略」ともいえるものであった。このような対アジア戦略は、アジア諸国に横の紐帯を強めることにはならず、バイな形で米国に頼らざるを得ない状況を永続化するものだった。ライスが、地域の集団安保機構をアジア諸国に説いて回ったことは、アメリカが従来のハブ＆スポーク戦略を捨て、逆にアジアに団結を求め始めたことを意味している。この米国の方向転換の背景には、イラクやアフガニスタンの泥沼化、イランとの対立
が袋小路に入っている現状などが考えられ、ブッシュ政権の強硬戦略がある意味でうまく機能せずに来た結果、米国は北東アジアのことに関与する余裕をなくしていることを見受けることができる。[5]

2　アジアの経済統合問題に関して

　アジア共同体構想に関しては、悲観論も多く見受けられたが、2005年12月にクアラルンプールに開催された第1回東アジアサミットなどをはじめ最近とみに現実味を帯びてきた感がある。そこで、本章においては、当該問題に関して少しくみてみることにしたい。

　この問題に関しては、様々な議論が出てきている。

　第1に、いわゆる靖国問題などの歴史問題が残るかぎり共通の文化は生まれることはない、そしてアジア共同体などは不可能に近いという文化的懐疑論である。しかしアジア共同体の議論が深まれば深まるほど、現実は、偏狭なナショナリズムを克服する動きを逆に増し続けるのみならず、我々の心と歴史のなかにあるいわばアジア主義を目覚めさせる。そしてそれ

が統合の動きを支えつづけていくという文化的懐疑論の逆説に基づくものである。

第2に、アジア共同体を形成していくことは中国脅威論から来る懐疑論である。

とはいえ現実問題としては、中国の経済力が日本を超える日が不可避であるばかりでない。また、現実には我が国は中国との共存なくして日本の繁栄はありえないといっても過言ではないレベルで両国の相互依存が深化している。

それに加えてその相互依存は、韓国やASEANを介在し広く東アジア全般に及び、その制度化を促進し続けている。いわば中国脅威論の逆説である。

第3に、アジア共同体の形成に関して米国が反対し、日米安保にも反することになるという懐疑論である。しかし、その点で顕在化してくるのは、ポスト冷戦後の現在直面する危機が、軍事面というよりもむしろ、金融危機や環境劣化、飢餓や貧困問題、海賊やテロなど非伝統的安全保障領域の問題でみられるという点である。その解決に冷戦期の軍事安保が容易に機能しないという現実である。そして逆にアジア域内の地域協力が求められ、実際に東アジア域内の市民たちがそれぞれの領域で地域協力の歩みを強めつづけている現実である。軍事安保論の逆説である。[6]

また、我が国の現状をみてみると、ASEAN諸国をコアとして、日本、中国、韓国、豪州、インドなどが、自由貿易協定（FTA）の交渉を行っており、一部についてはすでに協定締結にまで至っている。こうした個別の動きの先には、ASEAN＋日中韓、あるいはそれにインド、豪州、ニュージーランドを加えた、広域の自由貿易地域の構築が考えられる。ただこの東アジア地域でも、域内の連携強化を大きく進めるチャンスが訪れている現在、その前提として、地域の二大大国である日本と中国の関係修復が絶対条件となることは言を俟たない。

東アジア諸国との連携強化においては、経済的側面にとどまらないのであるが、経済的側面のみに限定して検討してみても、経済連携を進めていくとの利益はあまりにも大きい。東アジア域内の貿易は近年になって急速に拡大している。域内経済において国境を超えた分業が進展している。

こうした日本のグローバル戦略を実現していく上では、アジア外交の積極的展開よりも重要で、より困難な政治的課題が存在する。それは内なる国際化、すなわち日本の国内制度をグローバル化に合わせて変化させることである。農業をグローバル化の現実に合わせた形に変え、外国人労働の増加という現実に対応できる仕組みをしっかり構築し、医療・福祉・教育など、これまでグローバルな動きから隔離されてきた分野でも開放を進めることである。これまではこうした内なる国際化が十分に進まないことが立ちはだかりその障害になってきたことで、日本のFTAや経済連携協定（EPA）交渉は予想していたほど進むことができなかったという現実がある。実際に成立したFTA/EPA協定も、あまりにも多くの例外規定が見られる。農業・医療・福祉・教育のような分野は、確かに開放のプロセスで調整の苦しみを味わうことが予想される。より長期的にはその面での開放を進めていく以外にこれらの面での活性化を促す以外にその解決の方法はないといわれる。[7]

3 アジア経済統合における農業

　日本の初めてのFTA締結国であるシンガポールとの間には農業問題が立ちはだかることがなくこの点が幸いしたといわれる。また、経済統合において、その大きな問題になるのが農業面での問題である。本章においては、その農業問題について少しくみてみる。

　周知のとおり、農業問題は東アジア共同体形成を阻害する最大の要因とみなされてきた。日本や韓国のように国民所得水準が高い工業国と、それ以外のアジアの発展途上諸国の間には巨大な農産物価格差が存在している。それゆえ、日韓などは自国農業保護の目的で輸入農産物に高い関税をかけざるをえず、それが共同体形成の阻害要因になるという点である。しかし、グローバルな情報革命の進展で、農業問題をめぐる国際構造は根幹から変化しつつあるというのが現状である。換言するならば、経済統合にとっては、農業は阻害要因という面にネガティブに捉えることのみでなく、逆にその補完要因として機能する可能性も潜在的要素として存在するということである。

　第1の視点として、情報革命下で、第二次産業とともに農業をはじめとした第一次産業もまた、情報処理とハイテク化が進むことで知識集約度が高まったことで、第3次産業化の道を歩んでいるという点である。トマトやほうれん草のひとつに至るまで、生産者や農場の名前が個々にラベルとして明記され、その質と安全との嗜好を競争していくという時代に到来しつつあるのが現実である。こういった状況変化ゆえ、農産品は、単なる農作物としての側面のみならず、情報付加価値の詰め込まれた知識集約型商品へと変容してきた。

　成長発展する東アジアでは、富裕な中間層を主たる購買層としてそれら第三次産業化された高品質の食糧品への需要が高まってきている。アジア域内の共通の食文化と食の多様化もあり、アジア共通の農業市場形成の可能性が高まってきているともいえるのである。

　第2に、情報革命により、国境を越えて多国籍企業による農業生産が高まりをみせている。いわば農業のビジネス化によって、東南アジアや中国での「開発輸入」、換言すれば、できあいの農産物を単に買い付けることにとどまらず、輸入側が何らかの形で生産過程に関与する製品の輸入の形で、東アジア農業の生産と消費の緊密化が進んできている。[8]

　我が国の農業は他産業と比べ柔軟さを欠くという点での議論もある。

　我が国の農業の根幹にあるものは、戦後の農地改革で生まれた小規模自作農が、土地を保有し、かつ農業生産活動を行い、それを世襲として子孫がそれを継承していくことであった。こうした農家をサポートしていくのが農業共同体の組織であり、クローズドなコミュニティーの中で様々な面でサポートを行っている。生産や流通への外側からの参入に関してはそれを前提として包含した問題を考慮してきていない。それに加え、そのような国内制度を維持するため、輸入障壁を可能な限り高く設定し、海外からの輸入を制限してきたのが今までの姿であるといっても過言ではない。そのようななかで、世界でも有数の高い食料価格を多くの国民に負担させてきたという点については言を俟たないであろう。

この点を他の産業（たとえば製造業）と比較して考えてみるとどのようになるのか。

製造業の場合、生産手段である土地や建物を所有するのは企業である。そして、資金を広範にわたり集め、労働に従事している者の多くは、個人事業者ではなく賃金労働者である。そして世襲ではない。それゆえ、様々な個性を持つ人材を広範に集めること可能となる。若年層は企業の中でスキルを習得することが可能である。そして、1つの会社に生涯にわたり勤務するということのみでなく、他の企業へ移ることが可能となる。

また、流通という点について考えてみても多様な経路が存在する。それは商品のキャラクターや時代のニーズに伴い変化している。企業は常に海外との国際競争にさらされているが、それが生産性向上の原動力となっている。海外との競争の中で自然と自らが得意とする分野へのシフトが起きている。農業と他の産業とはまったく違う存在であるから比較すること自体ができないという議論もある。それを勘案してみても、農業をいわば聖域化し、他の産業の常識を通用させなかったという面も否めない事実である。

農業の担い手を増やそうと意図するときは、農家の子供だけに限定せず、より広く人材を求める努力をする。所有と経営の分離は近代経営の原則であり、小規模自作農だけが農業生産者ではない。農業にとって重要な経済資源である農地を有効活用することは、より生産性の高い事業者に貸与あるいは売却される機会を拡大することも考慮せねばならなくなるという現実がある。[9]

4　地域秩序の再考

我が国もそのアジアでのプレゼンスが問題視されてきている昨今であるが、長期的な視点が求められている今日の現状である。本章においては、その地域秩序の再考としてみてみる。

まず、北朝鮮問題に関しては、2006年7月のミサイル発射、核実験により、それまでのイメージのなかにあった中国の北朝鮮に対しての存在感が思っていたほど大きな影響力を有していないという印象を受けることとなった。これは中国がいわば限定的な関与をしているという前提が崩れたことを意味している。また核不拡散の観点から見てみても、中国（及びロシア）としても宥和政策をこのまま続けることはできない。中国は北朝鮮の「暴発」を招きかねない制裁には反対であっても、国連憲章第7章にもとづく制裁決議に拒否権を行使することはなかった。こうして北朝鮮に対する政策は、国際的には「限定的関与」から「限定的封じ込め」に移行しつつあるのが現状である。しかし、それでも「限定的」の形容詞はとれそうもない。日米と中韓（そしてロシア）のあいだに、これでなにを達成するか、合意がないからである。

日米は北朝鮮の核・ミサイル放棄を目的とする。一方、中韓は北朝鮮崩壊を恐れる。韓国にとって統一のコストはたいへんなものである。また中国にとっては、北朝鮮から中国東北地方への難民流入も心配であるが、それ以上に将来の統一韓国の政治的地位が中国の安全保障に直接かかわる問題としてある。こうして見れば、北朝鮮について、国連安保理の制裁決

議、「限定的封じ込め」の先にどういう問題がありそうか、わかるだろう。いずれそれほど遠くない将来、北朝鮮の崩壊、統一韓国の政治的地位が東アジアの大きな国際的課題として浮かび上がってくるかもしれない。ではどうするか。少なくとも、2点、指摘できる。

その1つは、6マイナス1、つまり6か国協議から北朝鮮を除いた5か国協議の枠組みの活用である。もう1つは、韓国がこの問題について「当事者意識」をもつことである。韓国のテレビ局SBSの緊急世論調査によれば、「(北朝鮮の)核実験を招いた責任はだれにあるか」との質問に対し、「米国」と答えた人が38％、「北朝鮮」が36％だったという。韓国の北朝鮮政策がこういう国民世論に縛られることは最悪である。しかし、北朝鮮の核実験実施の直後に開催された首脳会談で、盧武鉉大統領がなお「歴史問題」にこだわったように、現在の韓国政府には政治的リスクをとってこの問題に取り組もうという意志は見えない。これは困る。韓国政府は朝鮮半島の将来をどう構想するのか、国民世論に縛られることなく日米中露と協議する必要がある。(10)

おわりに

アジア経済統合の現実問題としていくつかの経済問題及び政治問題をとりあげてみてきた。ここで、今までの悲観的な色彩の強かった経済統合が2005年の東アジアサミットをはじめ着実に動き始めその胎動が聞こえてきていることが感じられる。今後、北朝鮮問題をはじめ様々な課題のある北東アジア地域ではあるが、経済統合への動きは進んでいくことだろう。

我が国のグローバル戦略を実現していく上では、アジア外交の積極的展開よりも重要で、経済的な側面のみならず、より困難な政治的課題が存在する。それは換言するならば、内なる国際化、すなわち日本の国内制度をグローバル化に合わせて変化させることである。農業をグローバル化の現実に合わせた形に変え、外国人労働の増加という現実に対応できる仕組みをしっかり構築し、医療・福祉・教育など、これまでグローバルな動きから隔離されてきた分野でも開放を進めることである。そして、今まではこうした内なる国際化が十分に進まないことが立ちはだかりその障害になってきたことは否めない。また、日本のFTAや経済連携協定（EPA）交渉は予想していたほど進むことができなかったという現実がある。この問題がひとつの大きな課題となる。

第2に、農業問題である。これは東アジア共同体形成を阻害する最大の要因とみなされてきた。それゆえ、特に日韓などは自国農業保護の目的で輸入農産物に高い関税をかけざるをえず、それが共同体形成の阻害要因になってきたという点である。

そのようななか、情報革命により、国境を越えて多国籍企業による農業生産が高まりをみせている実状が垣間見られる。いわば農業のビジネス化によって、東南アジアや中国での「開発輸入」、換言すれば、輸入する側が何らかの形で生産過程に関与する製品の輸入の形で、東アジア農業の生産と消費の緊密化が進んできているという点である。このような潮流のなかで我が国の農業も国際競争にさらされ今後の行方は注視していかざるを得ない状況に来て

いる。これが第二の課題である。

本稿においては、紙幅の関係で触れられなかった点、また、深く掘り下げることができなかった点が数多く存在している。この点については次回の稿にゆずりたい。

（1） 第28政策提言　日本国際フォーラム政策委員会『変容するアジアの中での対中関係』、財団法人日本国際フォーラム、2006年10月。8ページ。
（2） 第28政策提言　日本国際フォーラム政策委員会『変容するアジアの中での対中関係』、財団法人日本国際フォーラム、2006年10月、11ページ。
（3） 田中宇の国際ニュース解説　2006年10月31日 http://tanakanews.com/
（4） http://www.washtimes.com/world/20061024-114535-9108r.html
（5） 田中宇の国際ニュース解説　2006年10月31日 http://tanakanews.com/
（6） 進藤榮一「東アジア共同体の逆説」、CEACコラム、東アジア共同体評議会、(http://www.ceac.jp/j/column/060728.html）2006.7.28［紀伊国屋書店『じんぶんや』第23講より転載］
（7） 伊藤元重「経済・社会の開放進めよ」、CEACコラム、東アジア共同体評議会、(http://www.ceac.jp/j/column/060928.html）2006.9.28［『日本経済新聞』2006年9月26日号「経済教室」欄より転載］)
（8） 進藤榮一「東アジア統合農業を軸に」、CEACコラム、東アジア共同体評議会、(http://www.ceac.jp/j/column/061027.html）2006.10.27［『日本経済新聞』2006年10月25日号「経済教室」欄より転載］)
（9） 伊藤元重「農業にも構造改革の目を向けよ」CEACコラム、東アジア共同体評議会、(http://www.ceac.jp/j/column/061018.html）2006.10.18［『産経新聞』2006年10月16日号「正論」欄より転載］)
（10） 白石隆「地域秩序再考の時」、CEACコラム、東アジア共同体評議会（http://www.ceac.jp/j/column/061024.html）2006.10.24［『読売新聞』2006年10月22日号「地球を読む」欄より転載］)

日中間環境技術移転の市場原理によるパターン[1]

龍　世祥

はじめに——環境技術移転研究の北東アジア的視野と本題の位置づけ

　北東アジア地域[2]を対象に国際地域の次元でアプローチする際に、下記の考えは重要な論点となる。すなわち、産業革命以降、世界経済社会は人間再生産過程と経済再生産過程および自然再生産過程の間に悪循環側面の拡大が加速し、まさに悪循環社会となっていると全体的に判断される。北東アジア地域、更に中国をこのような悪循環構造をもっている意味においては世界の縮図と見なすべきである。

　この悪循環構造は、歴史的に自然環境悪化と伝統的貧困の深刻化を特徴とする途上国タイプ悪循環と自然環境の悪化と現代的貧困の高度化を特徴とする先進国タイプ悪循環に分けて二重的なものとして考えることができるが、現実的に経済発展の格差、自然賦与の差異など[3]の地域的特徴を反映しつつ、重層的に現れている。例えば、先進国の今まで100年以上にわたって経験してきた農村型環境問題、産業公害型環境問題、都市・生活型環境問題、地球型環境問題が、当該地域全体においても途上国の一国においても同時に重層的に存在しているのである。なお、この重層的な環境問題はその空間的広がりを視点に[4]①温暖化、オゾン層破壊、資源の枯渇化などのような地球環境問題、②酸性雨を代表とする地域環境問題と③各国内で起きている環境問題という3つの側面から把握できる[5]。

　環境問題の深部要因を北東アジア地域的に考える際に、何より重要なのは、地域間の人間関係の不安定要素、つまり冷戦構造の基礎でありながら、冷戦構造の崩壊に伴って崩壊していない「相互不信構造」により環境破壊問題が直接的に、間接的に引き起こされたことである。言うまでもなく、このような人間平和問題のさらなる深部の要因が格差構造とリンクしている貧困問題にある[6]。

　その次は、当該地域の自然環境問題の経済側面の要因が主に「雁行型経済成長モデルの普及」と「圧縮型工業化・都市化の進行」との二つの過程から特化されているが、この悪循環構造の軸となっているのは雁行型発展モデルである。

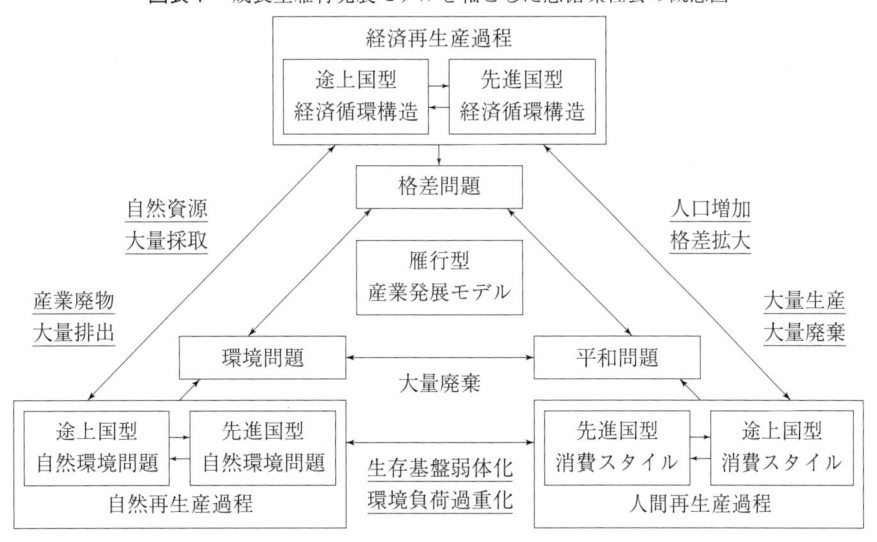

図表1　成長型雁行発展モデルを軸とした悪循環社会の概念図

```
                    経済再生産過程
              ┌──────────┬──────────┐
              │ 途上国型   │ 先進国型   │
              │ 経済循環構造│ 経済循環構造│
              └──────────┴──────────┘
                     ↑
   自然資源         格差問題          人口増加
   大量採取            ↑             格差拡大
                   雁行型
   産業廃物        産業発展モデル      大量生産
   大量排出                           大量廃棄
              ┌─────┐        ┌─────┐
              │環境問題│←大量廃棄→│平和問題│
              └─────┘        └─────┘
          ┌──────┬──────┐  ┌──────┬──────┐
          │途上国型│先進国型│  │先進国型│途上国型│
          │自然環境│自然環境│  │消費   │消費   │
          │問題   │問題   │  │スタイル│スタイル│
          └──────┴──────┘  └──────┴──────┘
            自然再生産過程  生存基盤弱体化  人間再生産過程
                          環境負荷過重化
```

　産業構造論の視点でさらに検討すると、雁行型経済成長モデルの意味が、途上国と先進国間において順次に起きていく「需要波及作用＋格差波及作用」によって消費から生産へと、小分類の産業から、中分類の産業へと、そして、「産業連関波及作用＋格差波及作用」によって、中分類の産業から、大分類の産業へとの産業技術移転、さらに産業から国民経済へと経済成長のキャッチアップから認識されるが、そのマクロ的構図は、途上国における工業化・都市化の圧縮的達成過程と先進国をリーダーとした生産水準・消費水準の格段的追跡過程から描かれる。なお、その展開過程からは成長型雁行モデルの基本的性格を把握できると思う。

　まず、市場経済のなか、このモデルの展開と格差構造の存在とは充分且つ必要の関係となっていることである。次に、このモデルが先進国経験済みの産業構造高度化のパターンを法則化して、途上国にコピーしていることである。さらに言うと、このモデルは、多様性による共生原理ではなく、普遍主義、強力主義による支配原理が経済領域に応用されたものである。すなわち、北東アジア地域を視野にして考察すると、このモデルは、格差拡大と成長至上が起因した環境問題、平和問題と貧困問題などの悪循環の深刻化と相乗する効果を持っている（図表1を参照）。

　ところが、格差構造が存在すれば、雁行型経済発展モデルを否定することはできないが、一方、現実においては、平和問題と環境問題が無視できなくなっている以上、格差構造に基づいて成立している雁行型経済発展モデルを認めながら、その性格と限界を是正しようとする調和型循環社会を構築する側面がますます強まる傾向が見えてきている。特に、20世紀末の北東アジア地域において、悪循環構造を脱却する動きも強まっていて、新たな枠組が形成しつつあると判断している。私はそれを「エコ型雁行発展モデル」という。「エコ型雁行発展モデル」の基本的構造は、成長型雁行モデルに、互に連動関係を持つ平和化装置、均衡化

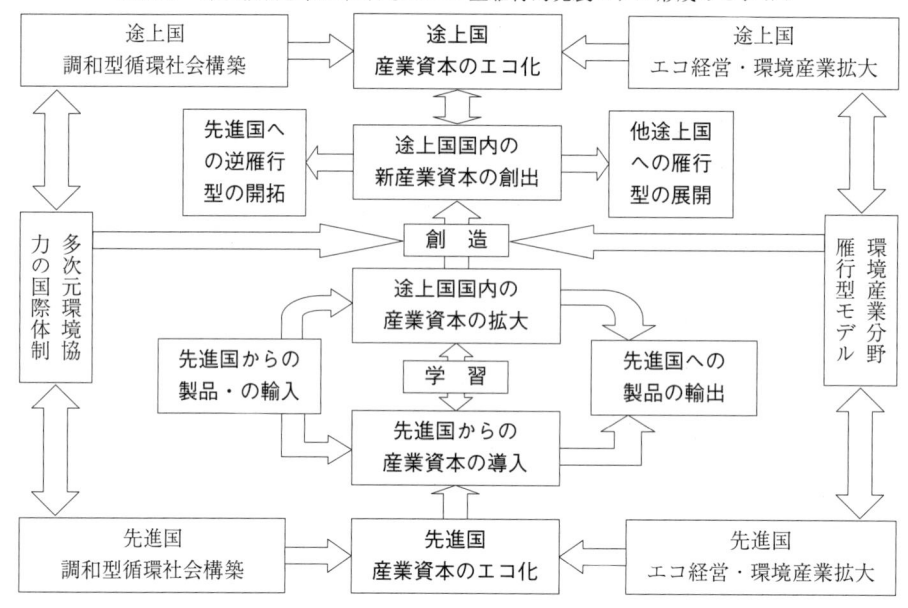

図表2　環境技術移転に注目したエコ型雁行的発展モデル形成のビジョン

装置とエコ化装置が据え付けられることである。平和化装置の機能は「共通価値」の創出、「相互不信構造」の溶解の防止などである。均衡化装置の機能は産業技術の自主創造を強調する「格差是正」である。エコ化装置の機能は、環境技術の「格差構造」の活用を通じて、「環境協力」と「経済協力」を融合することである。そのポイントは環境技術移転である。

　こうして理解したエコ化装置と「成長型雁行発展モデル」との関係を注目して、エコ型雁行モデル形成ビジョンが図表2のように描かれているが、その中には、先進国と途上国間（特に日中間）の人、物、お金の循環に伴いながら、環境技術移転が行われている。環境技術移転の基本的なパターンとしては主に、①環境マネジメントの強化による直接投資の資本性格のエコ化パターン、②京都メカニズム・CDMの起動による温暖化原因物質市場形成パターン、③環境産業の拡大と環境ビジネスの国際的展開による環境技術移転のパターン、④多主体の環境協力によるアジア循環地域構想の実施パターンなどが整理されるが、図表3に示されているように、その移転メカニズムを多主体間の環境協力に機能している非市場原理に基づくケース、産業界間の環境ビジネスに機能している市場原理に基づくケースと、政府間、或いは産業間の協議と市場原理を融合した準市場原理に基づくケースにわけて整理することもできると考えている。

　本稿では、日中間における環境技術移転事業の市場原理による基本的パターンを注目して、エコ型雁行モデルの形成ビジョンを考察する。それは、図表2の上下側に示されたように、先進国と途上国の国内資本のエコ化はそれぞれ、国内に行われる企業の自主的な環境経営への取り組み、環境産業の拡大および循環型社会づくりなどの展開により整理出来る。その中からは先進国と途上国間の環境技術水準の格差と潜在市場規模の格差を背景とする市場原理

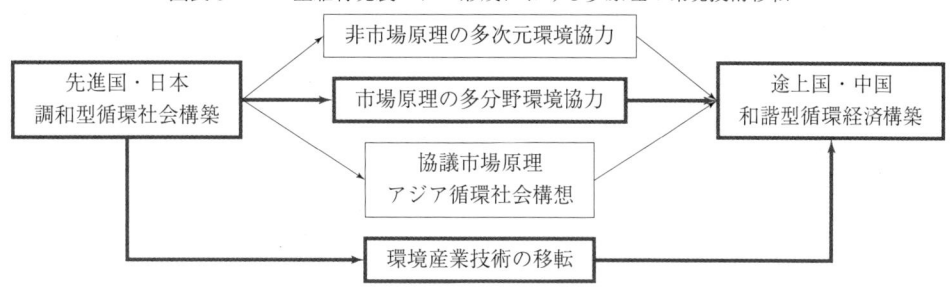

図表3　エコ型雁行発展モデル形成における多原理の環境技術移転

```
                    ┌──────────────────────┐
                    │ 非市場原理の多次元環境協力 │
                    └──────────────────────┘
┌──────────┐  ┌──────────────────────┐  ┌──────────┐
│ 先進国・日本 │→│ 市場原理の多分野環境協力 │→│ 途上国・中国 │
│調和型循環社会構築│  └──────────────────────┘  │和諧型循環経済構築│
└──────────┘  ┌──────────────────────┐  └──────────┘
       │        │  協議市場原理          │        ↑
       │        │  アジア循環社会構想     │        │
       │        └──────────────────────┘        │
       │        ┌──────────────────────┐        │
       └───────→│   環境産業技術の移転   │────────┘
                └──────────────────────┘
```

が機能しているメカニズムとして、次の3つの環境技術移転のパターンが検出できると考えられる。それらは、①ISO14001認定取得を中心に、途上国へ進出している企業の環境マネジメントの強化による直接投資の資本性格のエコ化を通してソフト的環境技術、いわば環境マネジメントのノウハウが移転されるパターンと、②先進国の途上国における環境ビジネスの展開を通してハード的環境技術が移転されるパターンと、③「緑色貿易障壁」といわれる新たな国際貿易エコ化動向がソフト・ハード両面の環境技術移転をもたらすパターンである。[11]

1　市場原理パターン1——環境マネジメントの強化による環境技術移転

(1)　マネジメントの強化による資本エコ化パターンの仕組み

1980年代に入ってから、先進国においては環境マネジメントが推進、普及されつつあり、さらに、1990年代以降、産業界が自主的にISOを動かしてISO14001シリーズ率先に導入するようになった。つまり、産業資本には性格的に環境保全という機能が先進国において率先的に付加されつつあった。

ところが、従来の「雁行型成長モデル」に従って行われた途上国への国際直接投資の資本には、この性格がそれほど付帯されていなかった。それは、それまで途上国に進出した先進国企業は、現地において様々環境問題を引き起こしたことで、「環境経済学」教科書に国際資本による「公害輸出」、「環境破壊の国際化」、「コモンズの悲劇」等々の概念が定着しているほど、国際的に厳しい批判を受けている故でもあると考えられる。勿論、その背景に途上国にはその当時、産業資本を先進国のようにエコ化させる社会制度の整備が十分に行われていないこともあった。

この数年来途上国と国際社会においては、直接投資資本に対する環境規制などのエコ化環境が整備されつつある。「エコ型雁行発展モデル」の形成過程においては、エコ的性格を持ちながら直接投資が行われることによる国際投資資本のエコ化が、進出先から途上国に波及効果を与えてエコ経営システムの伝播、環境マネジメントのノウハウと環境技術の移転のルートとなっている。特に、中国におけるISO14001資格認定登録企業間の連携関係による資本性格のエコ化、あるいは企業環境マネジメント面の技術伝播はこのルートの活用によって起動し、促進されていることと考えられる。その波及経路は主に外資企業→合弁企業→連

図表4　環境マネジメントの強化による直接投資の資本性格のエコ化パターン

```
                    ┌─ 外資企業 ────┐
                    │  ISO14001 取得 │
先進国企業           │                │   途上国企業
ISO14001    ────────┼─ 合弁企業 ─────┼──→ ISO14001
資格認定登録         │  ISO14001 取得 │   資格認定登録
                    │                │
                    └─ 連携企業 ─────┘
                       ISO14001 取得
            │                                   │
            └──→ 国際資本性格のエコ化 ←─────────┘
                 環境経営技術の国際化
```

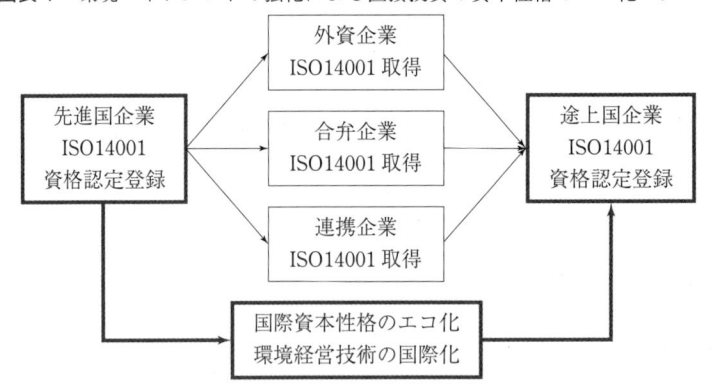

図表5　ISO14000シリーズ発行の経緯

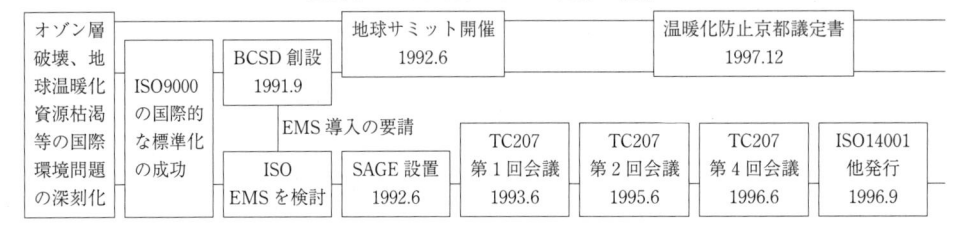

オゾン層破壊、地球温暖化資源枯渇等の国際環境問題の深刻化	ISO9000の国際的な標準化の成功	BCSD創設 1991.9	地球サミット開催 1992.6			温暖化防止京都議定書 1997.12	
		EMS導入の要請		TC207 第1回会議 1993.6	TC207 第2回会議 1995.6	TC207 第4回会議 1996.6	ISO14001 他発行 1996.9
		ISO EMSを検討	SAGE設置 1992.6				

携企業→現地企業となっている。その仕組みは図表4のように整理出来る。

(2)　ISO14000シリーズ発行の経緯における日本の率先的な取り組み

　ISO14000シリーズ発行の経緯は図表5のとおりである。地球環境悪化を背景に、国連主催のブラジル・リオデジャネイロで地球サミットが1992年6月に開催され、「持続可能な発展」がキーワードとなる「環境と開発に関するリオ宣言」、「アジェダ21」等が採択された。一方、リオ地球サミットと同様な背景に、企業界からはISO9000シリーズの成功を活かして、環境マネジメントを世界的に標準化させようという動きが1990年代になって起こった。特に、この地球サミットを成功させるため、この世界27カ国の産業界リーダー48人からなる「持続可能な発展のための産業人会議」(BCSD)が1991年6月に創設された。それには、日本からも京セラ会長、王子製紙会長、日産自動車会長、新日鐵会長、三菱コーポレーション会長、東ソー会長、経済同友会メンバーの7名の産業界のリーダーが参画していた。

　BCSDでは、今後の産業界における「持続可能な発展」の諸局面についての論議が行い、特に、持続可能な発展を目指すためには、企業における環境対策促進のための国際規格が必要であるとの認識を持ち、ISOに対して、環境マネジメントに関する国際規格制定の依頼をした。

　これを受けて、ISOでは、加盟各国の賛同を得、地球サミット開催と同時に「環境に関する（標準化を検討する）戦略的アドバイザリー・グループ」(SAGE)を1991年9月に設置した。

SAGEは主に次の委任事項を行って機能する組織である。即ち、①持続可能な産業発展の概念において具体化されるキーエレメントの世界的運用を促進するために、将来の国際規格作業のニーズを発掘することと、②環境パフォーマンス／環境マネジメントの標準化に関する全体的なISO/IEC戦略的計画を勧告すること、最後に、③ISO理事会及びIEC総会に対し、その勧告について報告を行うことである。

　ISO理事会は、SAGEからの報告を受け、1993年2月に環境マネジメント専門委員会TC207を新設し、TC207第1回会合が1993年6月に開催された。また、1995年6月のオスロのTC207第3回全体会議で環境マネジメントシステム（EMS）の仕様を規定したISO14001が他の4規格と共にISO14000シリーズの体系の原案としてISO中央事務局に登録された。最後に、1996年6月のTC207第3回全体会議の策定によって、ISO14001が、1996年9月に環境マネジメントシステムの指針としての規格ISO14004と共に発行した。

　それに伴って、各国とも、ISO14000シリーズをほぼ、そのまま国家規格として制定していたが、日本は、ISO14000シリーズの重要性に鑑み、ISOの発行向けの検討過程とほぼ同じ進行で、国内の体制作りに積極的に取り組んで来ていたので、ISOの発行を公表した時点に、JISQ14000シリーズ発行して、すぐに申請・審査を始めた。この率先的な体制整備も一要因となり、日本のISO14001認証登録件数は最初から2位の国に大差をつけて首位となってきている。

（3）　中国におけるISO14000取得の実績と及び日本との比較

　中国におけるISO40001への取り組みのスタートは1997年度であった。最初の審査を行って、資格認定件数は数件であったが、そのなか、日本の進出企業が4件あった。その後、SO14001資格認定登録件数は1999年の僅か85件から、毎年急速に増加し、2001年には上位クラスに入り、2003年末にはイギリスについて3位の5,064件に達し、2004年にイギリスを追い抜けて2位の8,862件に伸びてきた。さらにISOの2006年8月の公表によれば、2005年末にISO14001の登録件数は、138カ国・地域から111,162件の登録報告があった。1位の日本は断然トップの23,466件、中国は日本について12,683件である。前回調査が行われた2004年末時点より、この1年間の増加数も、日本が一位で3,882件、中国が2位で3,821件でありその次は韓国が3位で2,346件である（図表6を参照）。

　中国の登録企業リストを調べたところ、これらは、中国に進出した外資企業、合弁企業、あるいは外国企業との業務連携企業が多く占められている。ところが、中国の国内企業の登録件数の増加率が急激に上昇し、この波及効果をも考えて近い数年後、中国国内企業の登録件数が世界トップとなるには違いない。それよりは、むしろ、このルートの活用により、中国国内企業の管理水準が史上に例のないスピードで現代化とエコ化との両輪で同時進行していることはさらに注目されるべきことである。

図表6　世界ISO14001審査登録件数および上位順位の推移

順位	2005年	2004年	2003年	2002年	2001年	2000年	1999年
1位	日本 23,446	日本 19,584	日本 13,416	日本 10,620	日本 8,123	日本 5,556	日本 2,773
2位	中国 12,683	中国 8,862	英国 5,460	ドイツ 3,700	ドイツ 3,380	英国 2,534	ドイツ 1,800
3位	スペイン 8,620	スペイン 6,473	中国 5,064	スペイン 3,228	英国 2,722	スウェーデン 1,370	英国 1,014
4位	イタリア 7,080	英国 6,253	スペイン 4,860	英国 2,917	スウェーデン 2,370	ドイツ 1,260	スウェーデン 850
5位	英国 6,055	イタリア 4,785	ドイツ 4,144	中国 2,803	スペイン 2,064	オーストラリア 1,049	米国 711
6位	米国 5,061	米国 4,759	米国 3,553	スウェーデン 2,730	米国 1,645	米国 1,042	台湾 652
内：	韓国4,955	韓国2,609			中国1,085	中国510	中国85
世界	111,162	90,569	66,070	49,449	36,765	22,897	13.368

出所：1999年度の審査登録件数はISO Worldにより。その他はhttp://www.technofer.co.jp/により。

図表7　世界の環境産業の市場規模　　（単位：10億ドル）

	ECOTEC				JEMU				
	1992	2000	2010	成長率推移	1992	1997	2000	2010	成長率推移
世界合計	210	320	570	6.5- 7.8	211	281	336	650	7.4- 9.3
内：アジア	38	63	149	8.2-13.7	42	59	73	171	9.2-13.4
内：日本	30	44	72	5.8- 6.3	30	38	44	72	5.8- 6.3

出所：『環境白書』平成12年版により作成。

2　市場原理パターン2——環境ビジネスの国際的展開による環境技術移転

（1）日本の環境産業の拡大傾向

　資本のエコ化傾向と連動して、環境産業を新規成長産業として育成し、拡大させるのが、産業政策に重点としておかれているのは現代経済発展のもう一つ新しい動向である。この環境産業の世界市場規模の拡大傾向（図表7を参照）には注目すべきことが3点ある。第1点は、環境産業の成長率は経済成長率より遙かに高いことである。第2点は、1990-2000年の10年間の推計された現状より、2000-2010年の10年間の予測されている成長率が高まることである。第3点は地域別に見ると、欧米に比べ、アジア地域が遅れているが、伸びから見ると、今後の10年にはアジアの成長率は欧米より明らかに急速的である。　アジアの環境産業の世

図表8　日本の環境産業の市場規模と雇用規模(2000年推計)

	市場規模(億円)		雇用規模(人)	
	1997年	2010年	1997年	2010年
Ⓐ環境汚染管理 　　（装置及び資材製造、サービスの提供、建設及び機器の吸え付け）	142,140	188,430	311,258	340,350
Ⓑ環境負荷低減技術及び製品 　　　　　　　　　（装置、技術、サービスの提供）	2,256	5,464	3,516	8,774
Ⓒ資源管理 　　（装置製造、技術、素材、サービス提供、建設、機器据え付け）	103,031	207,049	380,371	517,883
総　　　　計	247,426	398,443	695,145	861,260

出所：環境白書 H12年度。

図表9　日本の環境産業の市場規模と雇用規模(2003年推計)

	市場規模(億円)			雇用規模(人)		
	2000年	2010年	2020年	2000年	2010年	2020年
Ⓐ環境汚染管理	95,936	179,432	237,064	296,570	460,479	522,201
Ⓑ環境負荷低減技術及び製品	1,742	4,530	6,085	3,108	10,821	13,340
Ⓒ資源管理	201,765	288,304	340,613	468,917	648.043	700.898
総　　　　計	299,444	472,266	583,762	768,595	1,119,343	1,236,439

出所：平成15年5月29日付環境省総合環境政策局環境経済課報道資料より。

界市場に占める割合は、1992年に19.9％、1997年が20.9％、2000年が23.5％、さらに2010年が26.3％と達し、他地域より、高い成長率で拡大している。このような動向が北東アジアにおいて同様に見られるが、その市場規模は日中韓三ヶ国だけでも、世界の約15％以上を占め、約1000億ドルとなる見込みである。その中では、日本の環境産業の市場規模が圧倒的である。その成長率は、経済不況の90年代においても年平均5.8％となり、2010年まではさらに6.3％に高まっていくと、ECOTECとJEMUとの両機関が一致となり試算と予測をしている。中国と韓国は、基数が日本よりかなり小さいが、その平均成長率は遙かに高いことが明らかに現れている。

　日本の環境産業規模とその雇用規模については、環境省（当時環境庁）が2000年にOECDのマニュアルに従って行った市場規模、雇用規模の推計の結果は図表8のように、エコビジネスの市場規模は、1997年で24兆7,000億円となっており、わが国の国内生産額の2％強を占めると推計されている。2010年時点の将来予測としては、39兆8,000億円となると推計された。また、雇用規模については、1997年では69万5,000人であり、2010年時点では86万1,000人に増加するという推計結果が得られている。

　なお、2003年には、環境省では、2000年、2010年及び2020年における環境産業の市場規模及び雇用規模について推計を行った。その結果、表に示されているとおり、2000年現状と

2010年予測の内訳に関して、2000年推計に比較して上方修正、あるいは下方修正があったが、環境産業の市場規模は、2000年には29兆9千億円だったものが、2010年には47兆2千億円、2020年には58兆4千億円になると推計され、雇用規模については、2000年には76万9千人だったものが、2010年には111万9千人、2020年には123万6千人になると推計された。

(2) 中国の環境産業の拡大傾向

1995年、国務院所属の「環境保護局」を初めとする36の関連の部と委員会(省庁に相当)が共同に史上初の「第1回環境保護産業基本状況調査(1993年)」を行った。その引き続きとして、1997年12月から1998年6月にかけて97年時点の環境保護産業の基本状況調査を完成した。この調査結果によれば、中国の環境産業が1990年からさらに急速に発展し、年間の成長率14～15％で、経済全体の成長率の約1.5倍となっている。97年現在、環境産業には約1万の組織があり、従業者数は170万人、固定資本は720億元で、年間の生産高は522億元に達しているが、国民経済に占める割合は0.84％である。

2000年時点の環境産業の現状については、国務院が発表した『環境保護産業発展の「十五」規劃』によると、2000年末に至って、環境保護産業の事業所数が専業と兼業を合計で1万社以上に達し、その内、企業部門と事業部門はそれぞれ8500社以上、1500社以上と成っている。従業者数は180万人以上、固定資本総額は800億元である。2000年度の総生産高は1080億元で、その中では、環境保護製品分野は300億元で27％を、資源綜合利用分野は680億元で63.0％を、環境サービス分野は100億元で9.2％を示している。なお、同『規劃』により、「十五」期間においては、中国の環境保護産業がさらに発展し、2005年ではその総生産高が2000億元と達し、そのうち、環境保護製品分野は550億元で27.5％を、資源綜合利用分野は950億元で47.5％を、環境サービス分野は500億元で25％を占め、成長率は15％を維持することがその時点に予測されていた。

ところで、中国環境保護総局の発表によれば、中国政府が「十一五」期間に環境保護事業に投資される全社会総額は13,750億元となると推計している。環境専門家はこの数字に基づいて当期間の中国環境産業の成長率について毎年18％となると予測している。これらの推計と推測に基づいて、図表10に示されるように、中国の環境産業の市場規模は、2010年に5000億元に近づいて急増していくと考えられる。

(3) 環境ビジネスの国際的展開による環境技術移転のパターンの仕組み

中日間においては、環境産業が急スピードで拡大しているものの、規模的、技術水準的に格差が大きい。そのため、この分野では雁行型の原理で協力の可能性がこれから高くなると判断出来る。環境産業の拡大に伴って、国際貿易構造の変化にも環境関連製品の貿易額が規模的にみてまだ小さいが、伸び率が高いのは目立つ。環境産業協力の拡大を実現できれば、これから、更に拡大していくと判断される。

図表10　中国環境産業規模の推移

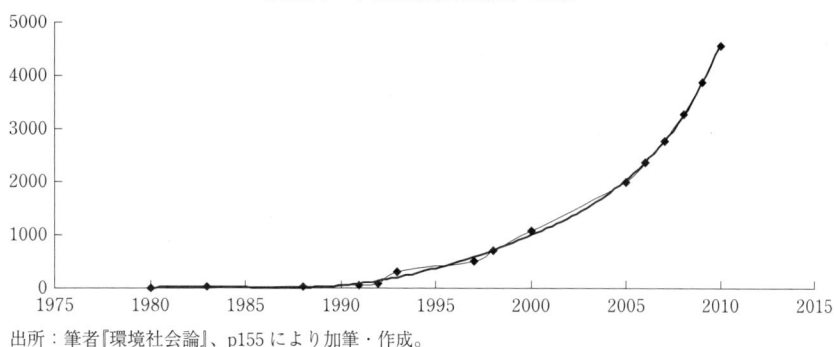

出所：筆者『環境社会論』、p155により加筆・作成。

図表11　環境ビジネスの国際的展開による環境技術移転のパターン

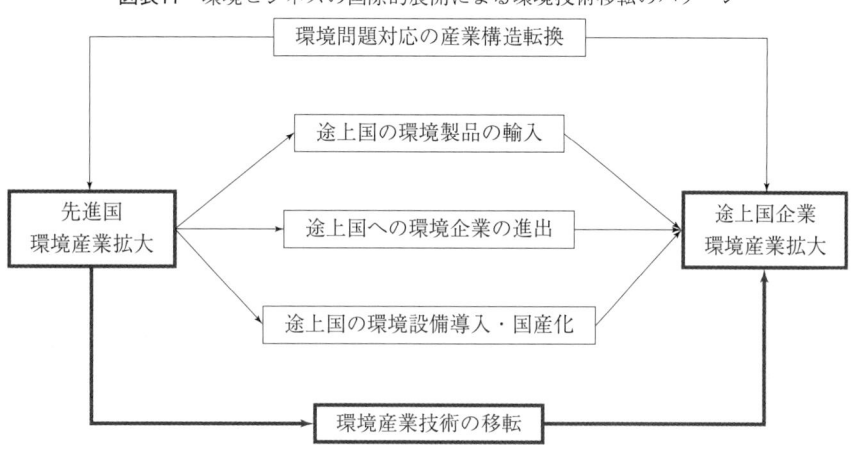

ところが、環境産業技術を国際ビジネス原理による雁行型モデルを援用して途上国への移転を図る際に、いかにコスト面と技術水準面などの格差障害を越えてできるだけ速く先進国の環境保全効果の高い技術を普及させるかは重大な課題となっている。この課題の解決に向けて、従来の雁行型モデルによる途上国の環境製品輸入からスタートするケース以外、先進国の環境産業業者の途上国への進出と途上国の先進国からの環境技術の導入・国産化という二つの輸入→生産→輸出の過程を簡素化したアプローチが着実に開かれている。

先進国・日本の環境産業の途上国・中国への事業進出については、たとえば、アサヒプリテック株式会社による中国への貴金属リサイクル事業進出の事例が取り上げられる。この事業は、中国国内市場から貴金属を含む原材料を回収し、アサヒプリテック株式会社の自社工場で分析・抽出・精製した貴金属製品を再び中国国内市場に販売する中国国内完結型のビジネスモデルを構築するものである。この関連で、既に2003年3月12日、中国・上海市において当社による100％出資の貴金属リサイクル事業会社「上海朝日浦力環境科技有限公司」を設立した。貴金属リサイクル事業分野において日系企業が中国に進出するのは、史上初のことである。これは、アサヒプリテック株式会社が永年培ってきた独自の貴金属リサイクル技

図表12　環境ビジネスの国際的展開(事業連携)による環境技術移転のパターン

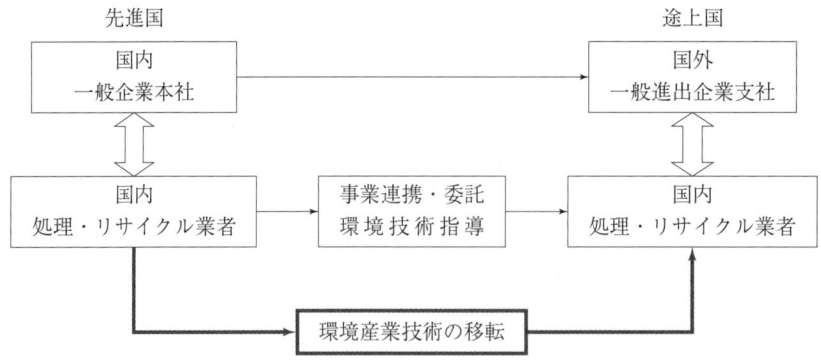

```
     先進国                                        途上国
  ┌─────────┐                                ┌─────────┐
  │   国内    │ ──────────────────────────→  │   国外    │
  │一般企業本社│                                │一般進出企業支社│
  └─────────┘                                └─────────┘
      ↕                                            ↕
  ┌─────────┐    ┌─────────┐    ┌─────────┐
  │   国内    │    │事業連携・委託│    │   国内    │
  │処理・リサイクル業者│──│環境技術指導 │──│処理・リサイクル業者│
  └─────────┘    └─────────┘    └─────────┘
      │              ┌─────────┐              │
      └─────────→│環境産業技術の移転│←─────────┘
                     └─────────┘
```

術・ノウハウに対する信頼感に加えて、中国国内完結型のビジネスモデルが、その独自性と先進性において中国当局から高い評価を受けた結果でもある。設立場所は上海市であるが、事業活動の対象範囲は中国全土にわたり、当面、中国への進出が相次ぐ半導体・電子部品メーカーからの回収を考えている。

　途上国・中国の先進国・日本からの環境技術導入・国産化のケースについては、典型事例的にさらに下記のように三つのパターンに分類して事例的に説明することができる。

①設備・技術導入・応用パターン

　大連・開発区にある大連東泰産業廃棄物処理有限公司は、主に開発区に外資企業に向けて産業廃棄物の処理・リサイクル事業を行っている会社である。その中、先進国の進出企業（主に日系企業）産業廃棄物を本国並みの基準で適正処理できるため、日本から燃焼型ゴミ処理設備の導入と技術指導によって処理事業を展開している。なお、石油精錬企業の生産によって生じる大量な廃触媒剤のリサイクル事業の場合、当該公司がドイツの五大化学廃棄物処理会社の一つであるTFCから導入したプラズマ技術によって、廃触媒剤からコバルト、モリブデン、ニッケル、バナジウムなどの有価金属を精錬する無害化処理技術の開発に成功した。このプロジェクトは、国家科学技術部の科学技術型中小企業技術創出基金の援助を受けて実行している。

②委託連携・技術指導パターン

　このパターンは、また東泰公司と日系企業の連携関係を例にして説明すると、日本国内にある汚水処理・リサイクル業者は一般企業A社本社の委託を受けては、A社の大連・開発区に進出した支社に対して国内基準に同様に汚水の処理・リサイクル事業を担当するが、採算性的にA社本社の同意を得て、この事業を中国国内の汚水処理・リサイクル事業ができる東泰公司に連携関係を持ち、委託することにする。東泰公司が日本国内の汚水処理・リサイクル業者の技術指導を受けて、日本と同様の基準で事業を行う。この事業連携により、東泰公司が高い水準の汚水処理・リサイクル技術を学習できて、さらに中国国内の汚水処理市場に強い競争力で事業展開を行う。

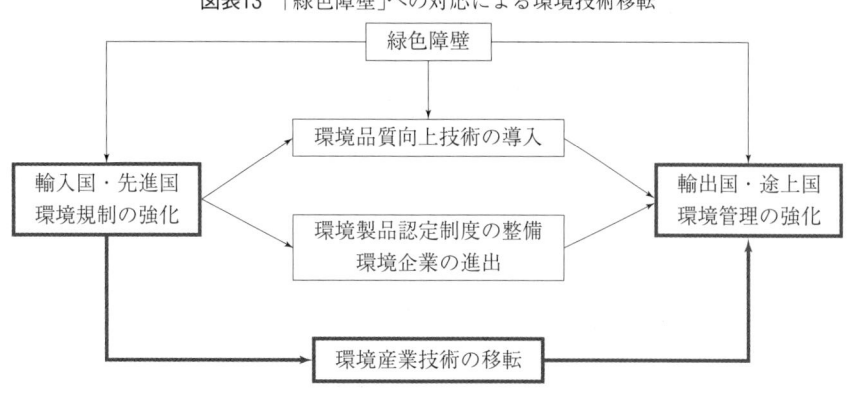

図表13 「緑色障壁」への対応による環境技術移転

```
                          緑色障壁
           ┌─────────────────┬─────────────────┐
           ↓                 ↓                 ↓
                    環境品質向上技術の導入
    輸入国・先進国                              輸出国・途上国
    環境規制の強化                              環境管理の強化
                    環境製品認定制度の整備
                    環境企業の進出
           ↑                                   ↑
           └──────── 環境産業技術の移転 ────────┘
```

③環境技術導入・国産化パターン

1990年代に、養鶏業の急速な拡大と家禽排泄の激増による環境汚染の深刻化を背景に、中国・大連市環境科学設計研究所が国家政府の環境関連技術開発の補助を受けて、日本・K社から実用化している家禽排泄処理の設備と技術を300百万元（約1億5千万円）で購入した。ところが、養鶏業の生産方式においては日本と中国と違いによって養鶏から生じた家禽排泄の質がかなり違ってきたものであった。そのため、当該研究所は日本のK社の技術指導と協力をも得て、K社の技術を基にして国内養鶏業に応用できる国産の家禽排泄処理設備を開発した。その大連北方環境保護設備有限公司が生産した設備の単価も日本の300万元（約1億5千万円）から30万元（約1千5百万元円）まで約10倍下シフトできて、全国に販売している。

3　市場原理パターン3——「緑色障壁」への対応による環境技術移転

製品の生産、開発、包装、運輸、使用、リサイクルなどに資源・環境基準を設定する国・地域が目立って増えてきている。中国ではこれを緑色障壁といっている。

「緑色障壁」という用語が消極的に、輸入国（主に先進国）が国内生産と加工処理環境を保護するために、環境基準で直接的または間接的に輸出国（主に途上国）に対して採用した制限と禁制を意味する概念とし輸出入国双方に理解、利用される場合はある。そのために、「緑色貿易摩擦」が引き起こされている。

例えば、国際的な農産物市場における主要な輸入国では、生産物や食品に対し食品加工や残留農薬、動植物の病気などの点において、厳しい規制と規格が採用され、施行されてきた。その結果、中国から輸出された多くの農産物や加工食品は関連市場から締め出され、毎年多大な損害を被っているのである。中国は対象国に交渉することも大いにある。

ところが、一方、最近、中国は、「緑色障壁」を環境管理水準向上のチャンスであると積極的な意味で大いに意識しはじめ、「緑の障壁」に対するそれぞれの対応策を導入した。農産物に関して言えば、「緑色障壁」に対応するために、緑色食品認定を発展させてきた。これは、安全な食品認定制度において上から2番目のランクである。緑色食品認定とは厳しい生産環

境を要求し、全過程において食品の品質を監視し、その証であるシンボルマークの取り扱いを管理するものである。この認定制度は15年前に規格化された時から中国において急速に発展してきたが、近年その発展は特に著しい。国内生産者はこの厳しい認定制度をクリアするために緑色食品開発に強力に行うようになってきた。

このようにした環境品質向上と環境認定制度整備などは主要輸入国である先進国から環境製品生産技術と環境マネジメントのノウハウを導入することに伴って行われる。ここから、一つの市場原理に機能される環境技術パターンを検出できると考えられる。

終わりに

以上、中日間の市場原理による環境技術移転をキーワードに「エコ型雁行発展モデル」の形成過程を検討する目的で今までの調査研究資料を抜粋的に整理してきたが、このテーマの継続研究課題として、特に次の三つ作業が設定している。

第1作業は、環境技術移転問題をさらに深めるために、今まで力を注いできた環境産業分類などの研究をリンクして、環境技術の分類を行い、中日間技術水準の格差を測定することである。その上で、環境産業別、或いは環境技術の分野別に「「エコ型雁行発展モデル」の形成過程を実証的に考察・確認することである。さらに、本文にも提起していた資本エコ化と途上国の産業創出の努力の進展を追跡的に観察する上で、成長型雁行発展モデルからエコ型雁行発展モデルへとの転換のポイントとなる格差是正の効果を検証することである。

第2の作業は、本文のはじめにも述べてあるように、環境問題の非市場性という性格に関わる環境技術移転の準市場原理と非市場原理についての整理である。

第3の作業は、技術移転の角度からみれば、従来の「雁行型発展モデル」に比較して「エコ型雁行発展モデル」では、環境技術移移転プロセスが簡素化され、移転期間が短縮化され、時には世界最新技術の導入からスタートすることが実現されることについての解釈である。

この作業に関しては、今進行している中国農村部の廃棄物処理分野とグリーンエネルギー分野における環境技術移転の調査研究を通じて、これまで認識してきた下記の論点の再検証を試みたい。つまり、中国は、途上国・環境技術導入に抱えられている資金、吸収能力などの課題の解決と環境技術導入の短縮化、或いは最新水準の技術導入を同時に図り、可能にしている。その措置は、①積極にFPIなどの民営化体制導入、先進国の直接投資の導入などを支持すること、②環境規制の整備と環境投資の強化により潜在環境産業市場を拡大し、顕在化すること、③国内環境投資企業が最新技術を持っている先進国大手環境産業企業と合弁企業を作ること、④環境プロジェクトに国内外を対象に競争体制を導入すること、⑤政府間協議の場合に最新技術の導入を前提に行うことなどである。

（1） 本稿は筆者「エコ型雁行モデルの形成過程における環境技術移転パターン」（『富大経済論集』第51巻、第3号）に示した全体問題意識に基づいて、その本題に関連する内容を整理・加筆した

ものである。
（２）「北東アジア地域」の範囲については、大別して、①日本の日本海沿海地方、韓国・北朝鮮の東海地方、ロシアのシベリア極東地域と中国東北部の吉林省・黒竜江省などを構成地域とする狭義的理解、②日本列島、朝鮮半島、ロシア極東地域、中国東北部とモンゴルを構成地域とする中間的理解、及び③環日本海経済圏、環黄海経済圏と北方経済圏という３つの地方経済圏から構成された準広域経済圏、さらに中国の東北だけではなく、西北、華北をも包括する広域経済圏という広義的理解がある。筆者は平和問題と環境問題と経済問題を統合した循環社会の視点で国際地域問題を論究する場合、環境問題の時間・空間的の広がりという性格などを考慮すべきことを強調し、「北東アジア地域」を上述した中間的理解と関連六カ国の国家主体をも国際的地域として理解することにしている。この理解をより詳細の説明に関しては、下記の文献を参考して頂きたい。
筆者「悪循環構造とその共同的脱却——調和型循環社会構築の国際地域的課題——」『金沢経済大学論集』第35巻第３号、2002年３月。
（３）人間・自然・経済の視点から見た悪循環構造の途上国・先進国間の展開に関する筆者の検討は主に下記の文献により参照出来る。
龍世祥「広義再生産過程の視角から見た北東アジア経済協力とその課題——地球環境問題への国際地域論的アプローチ——」環日本海学会『環日本海研究』第３号、1997年９月。
龍世祥「悪循環構造とその共同的脱却——調和型循環社会構築の国際地域的課題——」『金沢経済大学論集』第35巻第３号、2002年３月。
（４）中国における環境問題の重層的存在については、下記の文献よる筆者の試論があった。
「中国における『悪循環経済』と今後の選択」『広義経済過程の視角からの産業構造変動とその調整に関する理論研究』（第10章）金沢大学大学院社会環境科学研究科に提出した博士学位論文、1995年９月。
（５）藤田暁男、龍世祥「北東アジア地域の環境問題」『国連北東アジア金沢シンポジウム（第６回）論文集』、2000年６月。
（６）平和問題と環境問題の視点から取られる環境経済学の課題として、戦争・紛争による直接的な自然環境、生活環境と経済環境の破壊以外に、①軍事競争による軍事産業拡大、及びその産業連関的波及効果の拡大がもたらす資源・廃棄物の両面の環境負荷の増加、②経済構造の格差構造の相関性がまず取り上げるべきと私は考えている。
（７）雁行産業発展モデルの産業構造論的多次元意味についての検討は下記の文献を参照。
龍世祥「雁行形態論の多次元的意味と波及原理——成長型雁行モデルからエコ型雁行モデルへ——」『金沢星稜大学論集』第36巻第１号、2002年７月。
ただし、ここでの検討は雁行産業発展論の途上国視点の提出者・赤松要と先進国視点の提出・ヴアーノンの下記の論著に基づいて行われるものである。
　　①赤松要「吾国羊毛工業品の貿易趨勢」名古屋高商『商業経済論叢』第13巻上冊、1935年７月。
　　②赤松要「わが国産業発展の雁行形態——機械器具工業について——」『一橋論叢』第36巻第５号、1956年11月。
　　③赤松要「経済発展と外国貿易」同『講座・国際経済（第３巻）国際貿易』（序説）有斐閣、1961年11月。赤松要「低開発国経済の雁行的発展」同『世界経済論』（第10章）、国元書房、1965年４月。
　　④ R.Vernon, "International Investment and International Tradein Product Cycle", Quarterly Journal of Economics, May, 1966.
　　⑤赤松要「海外投資の雁行形態論」『世界経済評論』第19巻第２号、1975年２月。
（８）雁行産業発展モデルの産業構造論的性格についての検討は下記の学会報告を参照。
龍世祥・環日本海第９回研究大会（札幌・北海学園大学）第５分科会報告要旨「北東アジアにおけるエコ型モデルの展開」『環日本海研究』第10号、2004年。
（９）この論点に関して一つの質疑が存在すると考えられる。それは、日本が欧米を追いつけたことと雁行型モデルとの因果関係をいかに解釈するかという問いである。私は、この追い付けの過程

には、雁行型モデルの機能に関連しながら、格差是正の効果を持つメカニズム、つまり、この次に提起する均衡装置がつけられ、機能させられていたと考えている。勿論、この検証は一つの研究課題となっている。

(10) 筆者が「エコ型雁行発展モデル」を初めて提起したのは下記の学会報告である。その要約は『環日本海研究』第5号に掲載される。
「環日本海地域における環境保全産業の現状と国際協力」環日本海学会第4回研究大会第6分科会、1998年11月1‐2日、秋田市。

(11) ここからの内容は『北東アジアの環境・経済・社会に関する共生課題の研究』(富山大学教育研究特別経費プロジェクト報告書・2004年度、2005年5月)より筆者担当の関連内容を抽出して加筆したものである。その主要な参考文献は下記のとおりである。

①龍世祥「北東アジア地域における環境協力とその課題」『環日本海圏における経済・文化交流と歴史的環境』金沢経済大学経済研究所(特定共同研究)、2002年3月。
②環境庁『環境白書』(平成12年版) 2000年6月。
③『中国環境保護産業発展対策研究』中国環境保護産業協会、1997年7月。
④国家国務院『全国環境保護産業「15」発展計画(案)』、2001年4月。資料源:中国清潔生産網-http://www.chinacp.com/newcn/chinacp/policy_of_setc8-1.htm。
⑤中国環境産業協会『中国環境保護産業技術装備水準評価』中国環境科学出版社、2000年9月。
⑥中国国家環境保護総局、中国国家環境保護産業協会『中国環境保護産業状況(1997年)』、1998年。
⑦龍世祥「中国・東北部現地調査の資料集とヒヤリングノート」2005年3月7‐21日。
⑧龍世祥『循環社会論――環境産業と自然欲望をキーワードに――』晃洋書房、2002年6月、
⑨龍世祥「(石川)県内事業所のISO14001認定取得を主とするエコマネジメントへの取り組みの現状」『地域経済のエコシステム化に関する調査報告書』(『北経調季報』、No.62、2000年
⑩中国環境保護総局公表資料「第1回九寨天堂国際環境論壇」2005年10月28日。
⑪アサヒプリテック株式会社公表資料:http://www.asahipretec.com/ir/press/lib/030324_china.html

企业营销道德研究

方　　斌·高　伟　富

1　引　　言

以交换为核心的营销活动始终贯穿于社会经济活动的各个环节。企业营销道德建设，有助于企业管理者和员工的素质特别是伦理道德素质的全面培育和发展，使之能以伦理道德手段来约束自身行为，自觉地抵制一切不道德的营销活动。因此，营销道德状况对于社会经济的正常运行和社会道德的建设面貌都有着举足轻重的作用。本文首先说明营销道德的内涵及评价标准，然后讨论营销道德与市场经济的关系，并且分析各种影响企业营销道德建设的主要因素，最后提出营销道德建设的一些主要措施。

2　营销道德及其评价标准

（1）　营销道德的涵义

道德属于意识形态的范畴，它是人们共同生活及其行为的准则和规范。道德具有非正规形式的规范力量，它适用于广泛的个人和组织行为。

营销道德指企业的营销活动应该遵循的准则、规范和应该符合的社会道德标准。它涉及企业营销活动的价值取向、伦理规范和社会责任等问题，对企业的营销活动起着指导作用。社会和公众就是根据营销道德标准来对企业的营销活动进行价值判断，确定其是否符合广大消费者及社会的利益，能否给广大消费者及社会带来最大的福祉，是否有利于促进企业间的正当竞争和推动社会经济的健康发展。营销道德的实质是要求企业妥善解决企业利益同顾客利益、社会利益之间的关系，承担应负的社会责任，协调好盈利和道德之间的关系，杜绝损害社会和公众利益的营销行为；要求企业处理好和竞争者及其他渠道企业之间的关系，通过正当竞争实现双赢，推进产业进步和经济发展。

（2）　营销道德的评价标准

根据营销道德标准对企业的营销活动进行是非、善恶判断，称为营销道德评价。营销道德在

不同的社会制度下和不同的历史时期，评价标准可能有所差异。但应指出的是，在研究和确定营销道德的评价标准时，应有明确的是非、善恶观念。营销道德的最根本的准则，是企业的营销活动应维护和增进全社会和人民的福利；而与此相悖的，则是非道德的营销行为。

营销道德的评价标准主要分为功利论和道义论两大类。

功利论主要以行为后果来判断行为的道德合理性，即如果某一营销行为能给社会大多数人带来利益，则该行为就是符合营销道德的，否则就是不道德的。

道义论从处理事物的动机来审查是否具有道德，而不是从行动的后果来判断，并且从直觉和经验中归纳出某些人们应当遵守的道德责任和义务，以这些义务履行与否来判断行为的道德合理性。

功利论和道义论为企业营销道德评价提供了基本的思路，但这些理论不可能成为解决营销道德失范的万能钥匙。营销道德失范在某种意义上是利益冲突的反映，而市场营销领域中的利益冲突的解决在很大程度上取决于企业所确立的营销理念。在现代社会市场营销观念的指导下开展营销活动的企业，必然会比在传统的生产观念、销售观念指导下开展营销活动的企业体现出更高的营销道德水平。如果企业在营销活动中，能自觉地将企业自身的发展与社会的整体利益、长远利益结合起来，即能够在社会责任的支配下开展营销活动，那么企业营销活动的结果又将把自身的营销道德水平提升到一个新的高度。

3 营销道德与市场经济

不少人认为，营销道德与市场经济是相互对立的，因为营销道德属于大公无私，而市场经济则是自私自利、贪财图利的舞台。这种看法是错误的。营销道德与市场经济不是相悖的，两者之间存在着密切相关的关系。

（1）市场经济是讲道德的经济

市场经济是按规则运作的经济，因此它是法治经济。同时，市场经济又是讲道德的经济，从这个意义上来说市场经济又是德治经济。规则和道德构成市场经济的两大基石。

规则是指人们有意识地创建的一系列政策法规，它是保证市场有效运作的基本原则。规则关系到市场内部的结构和安排是否合理、市场交易和企业内部交易是否协调，它有利于保证社会分工、合作的不断发展和扩大，从而使市场经济制度得以正常运转。因此，市场规则的建立和市场秩序的逐步规范，是发展市场经济的一个重要前提。

但仅靠规则还是不够的，因为它难以适应市场经济的多样性，无法容纳市场经济社会利益要求的多样性和利益结果的复杂性，难以促进人们之间的社会合作力和聚合力的形成和增强，因此还需要道德约束的力量。

市场规则是保证市场有效运作的基本原则。市场规则的确立，离不开完备的法律规范，也离不开有效的道德支撑和约束。法律和道德共同规范着人们的行为和价值取向，二者共同作用、相互影响、相互促进，在保证市场的正常运行中起到了重要的作用。人们参与市场经济活动，

需要制定开展活动所必需的各种市场规则。而市场规则的有效实施,依赖于参与"游戏"的人们在"游戏"中对规则的遵守。再好的"游戏"规则最终都要靠"人"来维系,要依赖于规则执行者的道德自律,有赖于"游戏"参与者道德理念的确立。如果参与"游戏"的人们不遵循道德原则,随意破坏"游戏"规则,则"游戏"将无法正常地持续进行下去,再好的"游戏"规则也只是一纸空文。在"游戏"参与者不遵循"游戏"规则后,即使诉诸法律来求得解决,这也会使市场效率受到影响。这也意味着,靠道德自律以外的其他方式来监督人们的经济行为,从整体上来说会加大社会的运行成本。只有当人们确立了在活动中遵循道德原则的信念,整个社会才会真正形成良好的道德体系,市场规则也才会在"游戏"中得到普遍的遵守。市场经济要讲法治,也要讲道德,法治是外在的约束,道德是内在的自律,两者缺一不可。

(2) 道德是支持市场经济发展的一种资源

第一,道德作为一种资源,它能够对市场和资源配置起到独特的调节作用。

人们综合利用各种经济杠杆来调节市场、配置资源,主要是依据经济规律的作用。经济规律具有客观性,它对市场行为主体有一种内在的强制性和约束力。经济规律的这一特性,决定了它对市场和资源配置是一种硬调节。市场对资源配置虽然起着重要的基础性作用,但这种调节功能不是唯一的,还需要辅之以法律的调节和道德的调节。运用法律手段调节市场,配置资源,具有国家意志的属性,它主要是通过经济立法和经济司法,使经济活动有法可依,保护合法行为,惩治违法行为,保证经济活动的规范化和有序化。所以法律调节有严格的强制性,也是具有重要作用的一种硬调节。相对于经济手段和法律手段的硬调节来说,道德调节则是一种软调节。道德规范是不需要外力强制执行的非制度化的规范,它的特性是强调"自我",是对人的内在约束力,因此是人的一种"自我立法"。人们通过自我道德的感悟和道德实践,来规范人们的社会政治经济生活的行为。可以说法律是带有刚性的强制的道德,道德是具有柔性的自觉的法律。

道德对市场经济的软调节作用,主要体现在规范市场主体的行为,对市场进行匡正和矫治,并为市场经济的发展提供道义上的支持和价值上的援助,形成经济运行和道德运作的双向约束和激励的良性机制,使市场经济具有道德的价值导向。道德作为市场经济发展中的这种理性杠杆,是一种无形的精神力量,它的作用是巨大的。但也不能把伦理道德调节市场配置资源的作用,夸大到不适当的地步,走进"道德决定论"的误区。"道德决定论"和"道德无用论",同样都是错误的、不正确的。只有把经济手段和法律手段的"硬调节",与伦理道德这一理性杠杆的"软调节"有机地结合起来,形成一种"合力",才能真正地优化资源配置,使市场经济健康有序地发展。

第二,道德作为一种资源,能够为人们指明在经济活动和社会活动中应当承担的道德责任和义务,能够调节市场经济中的利益冲突。

任何一种经济体制都有与其相适应的道德基础。作为通过市场配置资源的经济运行机制的市场经济,它的运作也有其道德基础。市场经济要求所有经济活动的参与者必须具备与之相适应

的个体道德修养，承担相应的道德责任和义务，具有自爱、自律、诚实、公平、正义感、谦逊、公共精神及公共道德规范。市场经济活动参与者的个体道德修养，为市场经济活动中的行为选择提供了道德基础，而道德规范则是维持市场经济正常人际关系和社会公序良俗所必需的行为准则。

道德规范在市场经济活动中起着非常重要的作用。它是人们评价市场经济行为的是与非、善与恶的基本价值尺度，它构成人们的基本道德人格；它是人们的外在的道德行为准则，成为人们在市场经济活动中应当共同遵守的起码的道德规则，只有所有市场经济活动的参与者都自觉地遵守这些道德准则，才能保证社会经济活动得以正常有序地开展。在各种利益冲突和道德选择中，如果社会不能确立与其相适应的道德规范体系来约束人们的行为，那么市场经济就将失去社会公众的基本的道德支撑，从而出现人们道德精神生活和经济活动严重无序的现象。

第三，道德规范体系能够保障市场经济活动有效进行。

一个有效率的市场制度，除了需要一个有效的产权和法律制度相配合之外，还需要在诚实、正直、合作、公平、正义等方面有良好道德的人去操作这个市场，即市场经济的有效运行还要以市场经济活动的参与者遵守共同的道德规范为基础。如果市场经济活动的参与者不遵守道德规范，不是互相信任、诚实守信，而是互相欺骗，言而无信，这将造成市场经济活动的低效率甚至无效率，提高了经济运行的成本。而如果诚实守信的道德规范在社会中真正确立起来了，市场经济活动的参与者都自觉地遵循公共的社会道德规范，则将降低经济活动的监督成本，促使经济活动得以更加有效地开展。

市场经济活动的个体参与者，都有追求利益最大化的动机。但如果只有追求自身利益最大化的目的而忽视道德规范，则从长远来看，不能保证自身利益最大化，也不能使社会整体利益和长远利益最大化。市场经济活动的参与者应该遵守共同的社会道德规范，在经济活动中由"零和博弈"转变为"双赢"或"多赢"，协调处理好个体利益、集团利益和社会利益之间的关系，才能真正地实现自身的利益的最大化，同时也推动经济与社会的向前发展。

（3） 营销道德是企业的生存之本

企业是市场竞争的主体。对企业来说，要在激烈的市场竞争中胜出，就必须遵循市场规则和道德原则。

道德是企业立身之本、兴业之道。营销道德是企业的一项最重要的资源。对于一个企业来说，资金困难、技术落后、市场危机都不是最可怕的，这些问题都能够通过努力得到解决。对企业来说，最可怕的是不讲营销道德，导致出现营销道德危机，这才是企业的致命伤。企业出现营销道德危机，会使企业在社会公众中失去信用，将导致公众对企业产生信任危机，最终将使企业丧失自己的生存空间。在任何时代和任何社会环境中，营销道德观念都应被视为企业生存和发展的最高理念。

4　影响企业营销道德的因素

（1）企业高层管理者的个人道德哲学

企业高层管理者的个人道德哲学是影响企业营销道德决策的决定性因素。因为，第一，企业高层管理者是企业营销决策的最终决定者。尽管企业有若干管理人员参与营销决策，但当企业高层管理者与其他营销决策参与者发生意见分歧时，高层管理者有最后决定权。第二，企业高层管理者的个人道德哲学必然会融入企业的经营决策中。从某种意义上讲，企业哲学、企业价值、企业精神、企业目标、企业民主、企业道德等是企业高层管理者道德哲学和行为的折射和扩大。第三，企业高层管理者的道德哲学及个人素质决定着企业的发展方向。在当今这一科学技术迅猛变革、产品生命周期不断缩短、消费者需求不断变化、市场竞争日趋激烈的时代，企业如何进一步发展，主要取决于高层管理者的个人道德哲学及其个人综合素质。

企业高层管理者的个人道德哲学对企业营销道德建设的影响，是通过高层管理者的经营理念体现出来的。企业高层管理者的正确的经营理念融入企业营销决策的制定与实施中，从而保证企业营销决策的道德合理性。同时，高层管理者利用其权威和感召力向广大员工传播其经营理念，进而影响员工的行为。当企业高层管理者的经营理念是正确的并为广大员工所认同和接受时，它对企业的营销决策和营销活动会产生积极作用；反之，会产生消极的副作用，使营销决策和营销活动违背基本的道德原则。

（2）企业文化

企业文化是指处在一定社会背景下的企业在长期生产经营过程中逐步形成的独特的企业价值观、企业精神以及以此为基础而产生的行为规范、道德标准、企业风格习惯及传统、经营哲学和经营战略。

企业文化对企业营销道德的影响主要体现在以下几个方面：

第一，企业文化制约着企业营销道德建设的动机。

企业文化的核心是企业价值观，它引导着企业的营销活动，从而引导企业营销道德建设的动机。卓越的企业价值观能引导企业管理者及全体员工将企业利益与消费者利益、社会利益有机地结合起来，从而有利于企业营销道德体系建设决策的制定与实施；而错误的企业价值观，将引导企业管理者及员工片面追求利润最大化，将企业利益与消费者利益、社会利益置于对立的地位，从而扭曲企业营销道德体系建设的动机。

第二，企业文化规范着企业营销道德建设的内容。

因为，作为企业文化内容之一的企业目标为企业的发展指明了奋斗方向；其次，企业文化中的企业规章制度是企业管理者及员工开展营销活动必须遵循的规则和准则，而这种规则与准则对企业主体行为带有强制性；最后，企业文化中的行为文化如企业道德等，也规范着企业的营销道德的建设。

第三，企业文化的凝聚功能有利于营销道德建设计划的实施。

作为企业文化核心的企业价值与企业精神，是企业的凝聚力和向心力的源泉。实践证明，单纯依靠强制性的管理措施，很难取得企业营销道德建设的成功。要建设有效的营销道德体系，必须依托正确的企业价值观及企业精神来激发全体员工的积极性和创造性。企业文化的凝聚功能源于其归属机制（个人离不开群体）、准则机制（高尚的文化准则及价值准则）、情感机制（塑造一种亲密、友爱、信任的气氛）以及内聚机制或向心力机制。优秀的企业文化能增强企业的凝聚力，促进企业营销道德体系建设计划的实施。

（3）营销道德的监管机制

对企业的营销道德方面的行为监管薄弱，对营销道德失范行为惩罚不力，会直接影响企业营销道德建设的积极性。

具备较为完善的国家信用管理体系，有信誉且公正的征信中介服务在全国普及，信用管理行业的市场化程度较高，在市场交易中可以快速取得资本市场、商业市场上的绝大多数企业和消费者个人的真实资信背景报告的国家称之为"征信国家"。在征信国家，信用中介服务行业的市场化、社会化程度相当高，征信业十分发达。征信服务在国家法律法规和政府监督范围内，对商业活动中各种客户所面临的信用风险提供商业化和社会化的规范管理服务。征信服务与国家法律和政府监督的作用有机地结合起来，在全国范围内形成有效的信用信息沟通渠道和合理的失信约束惩罚机制。对有信用不良记录的公司和个人通过市场化的征信手段将其列入失信的"黑名单"，并对其不良记录通过正常渠道传播，在法律允许的期间内影响其市场交易能力和受信能力，且在法定期限内不能注册新的企业，而且这些处罚不会简单地随着个人和公司的破产、停业而消失。这使得失信者和失信企业无法在各种市场上生存，从而达到规范市场信用秩序、净化市场环境和减少犯罪的目的。

在征信国家，企业和消费者个人信用信息数据的开放和市场化运作是信用管理体系的重要内容。许多国家通过相应的法律或法规对信用数据的开放做出明确规定。一般来说，采集和共享的信息包括银行内的借贷信息和政府有关机构的公开记录等，征信服务机构可以通过公开和正常的渠道取得和检索法律规定可以公开的信息。各国的征信中介机构一般都建有自己的信用数据库，记录企业或个人的相关信用信息。功能完善的信用数据库已成为建立社会信用体系必备的基础设施。

但在非征信国家，则存在这样一些问题：在征信数据的开放与使用等方面没有明确的法律规定，政府部门和一些专业机构掌握的可以公开的企业信息没有开放，增加了征信和企业信息获取的难度；信用社会中介服务行业发展滞后，虽然也有一些为企业提供信用服务的市场运作机构（如征信公司、资信评级机构、信用调查机构等）和信用产品，例如信用调查报告、资信评级报告等，但不仅市场规模很小、经营分散，而且行业整体水平不高，市场竞争基本处于无序状态；信用中介机构有些没有自己的信用资料数据库，建有数据库的规模也普遍偏小，信用信息不完整；没有建立起一套完整而科学的信用调查和评价体系。这一切，导致无法对企业的信

用状况做出公正、客观、真实的评估,市场不能发挥对信用状况的奖惩作用,企业也缺乏加强信用管理的动力。

市场经济发达国家大都有比较健全的国家信用管理体系,这一体系包括国家关于信用方面的立法和执法、政府对信用中介行业的监督管理、政府对全社会的信用教育和信用管理的研究与开发。而在其他一些国家,对社会的各种失信行为还没有形成强有力的法律规范和约束,针对信用方面的立法仍然滞后;同时,有法不依和执法不严的问题也相当严重,社会上更是缺乏严格的失信惩罚机制。政府对信用市场的监督管理薄弱,对从事信息服务的中介机构缺乏监管,造成虚假信息盛行,社会反响强烈。诚信监管薄弱,对失信行为的处罚不力,使社会上出现了"诚信悖论",认为讲诚信的只有吃亏,而不讲诚信还会得利。"诚信悖论"对诚信建设具有非常巨大的负面影响作用。

(4) 信息不对称

在经济活动中,所谓信息不对称是指经济行为人对于同一经济事件掌握的信息量有差异,即部分经济行为人拥有更多更良好的信息,而另一部分则仅拥有较少的、不完全的信息。在生产者与消费者之间、中间商与消费者之间进行的博弈是在信息不对称的状况下进行的,消费者处于明显的信息劣势。

根据信息不对称理论,信息不对称状况会导致"逆选择"和"道德风险"问题。逆选择是指在价格水平一定的条件下,信誉好、质量高的交易对象会退出交易,而信誉差、质量低的交易对象则会大量涌入,即所谓"劣币驱逐良币"现象。道德风险则是指拥有信息优势的经济行为人发布虚假信息欺骗处于信息劣势的经济行为人,通过损害后者的利益来为自己牟利。信息不对称和道德风险是导致营销道德失范的一个重要因素。

5 结 论

企业营销道德建设,可以从以下几个方面着手进行:

(1) 提高企业管理者的营销道德素质

企业营销道德建设过程中,企业管理者有着关键性的作用。企业管理者的品格、职业道德素质如何,对企业的营销道德建设影响极大。一个企业,如果管理者不讲营销道德,失信于人,那么也不能想象他会要求企业的员工在经济交往中也奉行营销道德观念,这样的企业失信于人、营销道德缺失是必然的。

企业在营销活动中的各种失信活动,虽然直接执行者是企业的员工,但追根究底,应承担责任的是企业的管理者。在大多数情况下,是在他们的指使、纵容甚至可能是在胁迫之下,员工才会做出这些损害消费者利益的事情。因此,企业出现营销道德缺失、面临营销道德危机,板子基本上应该打在企业管理者特别是高层管理者身上。

"上梁不正下梁歪,中梁不歪倒下来"。"正人先正己"。在构建营销道德体系之时,有必要重

温这些看似肤浅实则包涵着极其丰富内涵的经验之言。

企业管理者应该处理好"义"和"利"之间的关系，要做到"义利兼顾"。企业管理者在开展营销活动时，既要追求经济效益，也要追求社会效益；既要遵守国家的法律法规，又要对社会诚实守信。企业的营销活动当然要"有利可图"，但绝不能"唯利是图"。每一个负责任的企业、每一个讲求营销道德的企业管理者应深刻认识到营销道德建设对企业的重要意义，在企业建设中，切实弘扬以营销道德为本的精神，树立正确的经营理念，规范企业的市场营销行为；要认识到守信或失信不是一件小事，而是关系到企业生死存亡的大事；要认识到营销道德也是一种资源，它能转化为企业的宝贵的资产，转化为生产力；要认识到企业的营销道德建设和个人的营销道德建设是紧密联系在一起的，如果企业失信于社会，则个人也将失信于社会。

企业管理者在充分认识到了营销道德建设的重要性后，就应努力在经济活动中身体力行，积极在企业推行营销道德管理，设置必要的营销道德管理机构，制定营销道德管理制度。对内，以此来规范员工的行为，对员工进行以营销道德为重要内容的道德教育，宣传营销道德是资源、营销道德是金钱、营销道德是生命、营销道德是生产力、营销道德促发展等现代营销道德观，提高企业员工的营销道德水平，增强员工维护企业营销道德和个人营销道德的自觉性，在企业内部形成人人讲营销道德、遵循营销道德规范的良好的文化氛围，从而有效地提升企业的营销道德水平；对外，企业的营销道德管理部门要负责对客户进行营销道德调查，并制定当客户出现营销道德失范时的一系列解决办法，以保护自身利益，这不仅可以大幅度减少因对方营销道德失范而给企业带来的损害，而且可以形成对营销道德失范企业和机构的市场约束机制，使营销道德记录不良者在各企业的客户管理中被筛选掉，使其没有市场活动的机会和空间。要把营销道德作为企业和企业家的理念，作为管理者和全体员工追求的目标，将遵循营销道德规范的思想覆盖到全体员工、覆盖到企业的所有经营活动和经营行为。

（2） 建设有效的营销道德监管机制

市场规则在市场经济活动中能否得到有效的遵守和执行，在很大程度上取决于能否有效地解决信息不对称问题。要使遵循营销道德者得益，使营销道德失范者受损，就必须使交易各方都能获得相关的足够的信息，从而使欺诈行为没有得以滋生的土壤。解决信息不对称导致的道德风险的最好的办法，就是将信息公开，使不对称逐步变为对称。为此，建立高度发达的营销道德监管体系，保障营销道德规范得到遵循和实施，是克服信息不对称、建设营销道德的重要保障。有关中介机构通过监督和记录市场信息的交易行为，向市场发送信号以减少信息不对称，从而促进参与交易行为的市场主体提高维护企业营销道德的积极性。

企业营销道德信息的市场化是营销道德服务行业发展的客观基础，是建设营销道德体系的必由之路。因此，对营销道德信息的开放和促进营销道德管理信息行业的更快发展应是当务之急。要以法律的形式规范公共信息、企业营销道德信息的取得和使用程序。即使对于那些不宜在全社会公开的企业的营销道德信息，政府也应有一套管理和获得企业营销道德信息的规范有效的渠道，应加快这方面的立法步伐。同时，由于对企业营销道德的评价主要是建立在企业和企业

管理者营销道德历史记录基础之上，因此一方面要鼓励有关中介机构注重企业营销道德信息库的建设，另一方面政府有关部门要建立行业或部门的营销道德信息库，待条件成熟时，可将自建的营销道德信息库中的部分内容提供给有关中介机构或与有关中介机构共享，为营销道德信息行业的发展提供支持。营销道德信息中介服务行业的发展必须在政府的有效监督和管理之下，对其机构的准入、资质条件加以规范，使其真正成为体现公平、公开、公正原则和品格的企业营销道德信息的管理服务机构。

企业营销道德体系的建设和维护要付出一定的成本，同时也能获得一定的收益。这里所说的营销道德体系的建设和维护所获取的收益，是指因企业因营销道德提升而使人们愿意长期和企业开展经济交往活动及增加对企业的营销道德支持所增加的收益；所说的成本，是指为建设和维护企业营销道德体系所放弃的机会成本。建设和维护企业营销道德体系所获取的收益和所付出的成本之差就是建设和维护企业营销道德体系的净收益。在良好的营销道德环境中营销道德的提升所带来的净收益的增加，大于在不良的营销道德环境中因营销道德的提升所带来的净收益的增加。

同样，企业营销道德失范也要付出一定的成本，同时也能获得一定的收益。这里所说的营销道德失范所获得的收益，是指企业建设和维护等量的营销道德需要付出的机会成本；而所说的成本则是指因企业营销道德失范所导致的法律惩罚及人们减少与企业的经济交往活动、减少对企业的营销道德支持所造成的损失等。营销道德失范所获取的收益和付出的成本之差就是营销道德失范的净收益。在良好的营销道德环境中因营销道德失范而带来的净收益的减少，大于在不良的营销道德环境中因营销道德失范而带来的净收益的减少。

研究结果表明，企业营销道德的净收益与企业营销道德水平呈正相关关系，并且收益的营销道德水平弹性很大，这意味着收益变化对营销道德水平变化很敏感。在完善的市场经济国家，因为市场机制完善，能有效地解决信息不对称所造成的市场失灵现象，因此建设和维护营销道德带来的净收益的增加很大，而营销道德失范带来的净收益的减少也很大，从而使得企业愿意尽量提升企业的营销道德并维持在较高的水平。而在市场机制不很完善的国家，收益虽然也和企业的营销道德水平存在正相关关系，但收益的营销道德水平弹性较小，也就是说收益的变化对营销道德水平的变化不很敏感。在这种环境中，建设和维护营销道德带来的净收益的增加很有限，而营销道德失范所带来的损失也很有限，企业对将营销道德提升和维持在较高的水平的行为自然缺乏积极性。

建立并完善企业营销道德评估体系，逐步解决信息不对称的问题，从而提高收益的营销道德水平弹性，是促进企业管理者重视营销道德建设的重要的外部力量。

（3）构建有效的营销道德失范惩罚机制

营销道德环境不完善，导致一方面对营销道德失范行为惩罚不力，另一方面使遵循营销道德规范的行为获取的收益也不明显。这就使得在市场上出现了"劣币驱逐良币"的现象，导致讲求营销道德的企业退出市场或自动放弃营销道德原则。

建设社会营销道德体系必须立法先行,加以规范。当立法条件尚未成熟时,也必须出台相关的法规或部门规章,对市场进行规范。当务之急,是制定公平使用信息法,并修改商业银行法和反不正当竞争法等相关的法律。立法的目的是创造一个开放和公平享有、使用企业营销道德信息的环境。立法包括多个方面,如银行营销道德方面的立法、非银行方面的立法、规范商业营销道德和消费者营销道德行为的立法、规范商业授信行为的立法、规范营销道德中介服务行业行为的立法等。

要扼制企业的营销道德失范行为,除了要加强企业的自我约束外,还必须完善法制建设。法制建设可以促进企业遵纪守法和促进营销道德观念的确立,在法律制度的保障下营销道德机制才能充分发挥其作用;还要尽快建立和完善营销道德失范惩罚机制,明确在市场经济中,营销道德失范的法律边界是什么,营销道德失范到什么程度将给予何种程度和形式的制裁,使营销道德失范者无机可乘。通过这种营销道德失范惩罚机制的设立,加大企业或个人营销道德失范的成本,迫使其行为趋向守信,让守信成为遵循营销道德规范者的市场通行证。只有当法律的惩罚力度使营销道德失范者的成本大于其收益时,法律才会起到有效的约束作用。

要有效地构建和实施营销道德失范惩罚机制,还应该注意加强以下几个方面的工作:

首先,要加强舆论监督。舆论监督对于在信息不对称条件下披露营销道德缺失的行为,引起有关各方面的警觉,是很有作用的。

其次,要发挥行业协会的重要作用。行业协会的自我管理可以通过建立内部约束规则规范行业竞争秩序和维护消费者利益,达到保护和提升整个行业的营销道德水平、共同实现利益最大化的目的。

第三,必要的司法介入。司法介入,对于查清那些严重营销道德失范的行为及其责任人很有作用,同时也能给营销道德失范者造成强有力的威慑。例如,消费者与企业相比是弱势群体,没有必要时的司法介入,消费者的权益很难得到有效的保障。在上海、北京等地,在商品房纠纷中,多次发生开发商或物业管理公司的人员殴打业主的暴力事件,如果没有司法介入,不但购房者的权益甚至连他们的人身安全都得不到保障。

第四,要构建有效的退出机制。这是对严重的营销道德失范行为的最为严厉的惩罚。对于那些"害群之马"应该将它们从相关的行业里驱逐出去,从而净化行业的竞争环境。退出机制的构建及其惩罚力度,对于行业里的营销道德失范企业来说是一柄悬在头上的"达摩克利斯之剑",谁也不敢对此等闲视之。

(4) 营销道德的建设需要政府道德的支撑

政府道德是整个社会道德体系中必不可少的一个重要环节。政府道德问题对整个社会道德具有引导作用,影响极大,因此,道德观念与道德体系的建设应当首先从政府做起,而整个社会的道德制度与道德体系的建设和完善也有赖于政府道德的支撑。

一方面,政府要负责制定市场规则,维护"游戏"规则的实施和规范。在由计划经济转向市场经济的改革中,政府无疑要发挥重要作用,在建立营销道德体系中也是如此。政府要大力扶

植和监督营销道德中介服务行业的发展,积极推动这方面的立法,并保证政府各部门的公共信息向社会开放,让大家平等地取得和使用,同时监督市场经济主体间依法公平、公正地披露信息和取得使用信息的义务和权利得以实现,保护公平竞争。政府在制定市场规则时不应出现利益偏差,不能把保护特殊部门或特殊利益集团的利益写入特别保护条款,从而丧失公平性原则。政府要营造公平竞争的市场环境,给每个参与竞争的市场主体以公平竞争的机会,才能实现优胜劣汰,才能使市场规则得到有效实施,才能有助于营销道德机制的建立和完善。另一方面,政府部门应转变并建立起与市场经济相适应的政府职能,变无限政府为有限政府,变无所不为的政府为有所不为的政府,变为所欲为的政府为为所必为的政府。无限政府和无所不为的政府往往自以为是,"越位"、"错位"的同时必然"缺位",更容易轻诺寡信。而有限政府只按社会分工集中精力搞好宏观调控、社会管理和公共服务等本职工作,在经济领域则只承担调控者、公益者、管理者、仲裁者和制裁者的职责。有限政府只承担有限责任,因而更容易信守诺言、取信于民、维护整体政府道德,从而促进全社会的道德意识的建立和增强。

在政府制定市场规则的过程中,还应注意克服政策多变的弊端。由于缺乏政策制定的规范,导致政府官员制定政策的随意性,使得制定的政策模糊、多变。政策的多变性、不确定性,使人们对未来缺乏信心,缺乏稳定的预期,自然就出现追求眼前利益的短期行为而不会为了追求长期利益去致力于建立和维护企业的营销道德。

(5) 在全社会广泛形成营销道德的观念

营销道德首先是一种理念,这种理念只有被包括企业和公众在内的全社会广泛接受,才能成为企业的自觉行为。为此,必须在全社会范围内广泛进行营销道德规范的宣传和教育,使企业和公众深刻认识到营销道德建设是社会进步与文明发展的要求,是社会伦理在企业营销活动中的延伸,是企业行为约束机制之一,是对法律规范的补充。从企业方面讲,企业文化建设应以营销道德规范的树立为核心,形成"重道德,讲责任"的氛围,把营销道德规范渗透到全体职工的意识中去,把遵循营销道德规范作为自己的基本责任。从社会方面讲,政府有关部门或社会有关团体应广泛利用各种传播媒介广泛宣传,使公众意识到抵制营销道德失范行为是自己的基本权力。任何一位公众有权要求企业营销行为符合社会道德规范,任何一位企业成员又有责任以营销道德规范约束自己的行为。通过企业内部教育和社会教育,强化营销道德观念,在全社会树立营销道德新风尚。

参考文献

1、Walton, Clarence G. (1961), "Ethical Theory, Societal Expectations and Marketing Practices", in The Social responsibilities of Marketing, William D. Stevens, ed., Chicago: American Marketing Associations.

2、Alderson, Wroe (1964), "Ethics, Idealogies, and Sanctions", in Report of the Committee on Ethical Standards and Professional Practices, Chicago: American Marketing Associations.

3、Mcmahon, Thomas V.(1967), "A Look at Marketing Ethic", Atlanta Economic Review, 17 (March).

4、Famer, Richard N. (1967), "Would You Want Your Daughter to Marry a Marketing Man?" Journal

of Marketing, 31 (January).
5、Bartels, Robert (1967), "A Model for Ethics in Marketing", Journal of Marketing, 31 (January).
6、Westing, J. Howard (1967), "Some Thoughts on the Nature of Ethics in Marketing", in Changing Marketing Systems, Reed Moyer, ed., Chicago: American Marketing Associations.
7、Colihan, William J., Jr. (1967), "Ethics in Today's Marketing", in Changing Marketing Systems, Reed Moyer, ed., Chicago: American Marketing Associations.
8、Pruden, Henry (1971), "Which Ethics for Marketing?", in Marketing and Social Issues, John R. Wish and Stephen H. Gamble, eds., New York: John Wiley and Sons.
9、Steiner, John F. (1976) , "The Prospect of Ethical Advisors for Business Corporation", Business and Society, (Spring).
10、Murphy, Patrick E., Gene R. Laczniak, Robert F. Lusch. (1978), "Ethical Guidelines for Business and Social Marketing" Journal of the Academy of Marketing Science, 6 (Summer).
11、Robin, Donald (1980), "Values Issues in Marketing", in Theoretical Developments in Marketing, C. W. Land and P. M. Dunne, eds., Chicago: American Marketing Association.
12、Ross, William David (1930), The Right and the Good, Oxford: Clarendon Press.
13、Rawls, John (1971) , A Theory of Justice. Cambridge: Harvard University Press.
14、Garrett, Thomas (1966), Business Ethics, Englewood Cliffs, NJ: Prentice-Hall.
15、[美]基恩·R.拉克兹尼克．市场营销伦理学分析结构．见《营销学经典》(第1版)，第91页．大连：东北财经大学出版社，2000．
16、[美]S·普拉卡什·赛提．经济伦理：企业需要遵守的美德．文汇报，2002年7月7日．
17、[美]埃德温·爱泼斯坦．美国的商业伦理．国外社会科学文摘，2002（12）．
18、[俄]A·古谢伊诺夫．道德与市场．哲学译丛，1999（4）．
19、国务院发展研究中心市场经济研究所．建立中国市场信用体系的政策研究．经济研究参考，2002（17）．

◆金沢星稜大学ORC・北東アジア交流研究プロジェクト◆
(2005〜2011年の主な活動)

[2005年]

6月1日　北東アジア研究会(第1回)　講師：金沢大学名誉教授　藤田暁男
　　29日　北東アジア研究会(第2回)　講師：龍谷大学国際文化学部　徐光輝
7月27日　北東アジア研究会(第3回)　講師：JETORO金沢所長　山田尚史
8月28日〜29日
　　　　　フォーラム"能登夏季大学in七尾"―半島地域から文化・観光交流を考える―
　　　　　講師：加賀屋会長＝小田禎彦、中国国際旅行社代表取締役社長＝胡如祥、大連大
　　　　　学客員教授＝野村允、金沢星稜大学＝大藪多可志・藤井一二
9月5日〜10日
　　　　　中国東北地域の現地調査と資料収集―教育・研究交流訪中団―(大連・長春・瀋陽)
　　　　　大連大学（趙亜平理事長・教授ほか、日本海国際交流センター古賀克己理事長の
　　　　　紹介）、同大学中国東北史研究中心（王禹浪主任）、ジェトロ大連事務所（三根伸
　　　　　太郎主席代表）、富山県大連事務所（倉嶋所長）、東北師範大学（金喜在商学院長
　　　　　ほか）、吉林省博物院など訪問、協議。
10月26日　ORC金沢駅前サテライト(第1回)「北東アジアの経済・文化・教育交流」
　　　　　講師：金沢星稜大学教授＝大藪多可志・同助教授＝木村正信
11月16日　ORC金沢駅前サテライト(第2回)
　　　　　講師：富山大学経済学部教授＝龍世祥、金沢星稜大学講師＝方斌
11月24日　地域連携フォーラム2005「世界遺産、遙かなる敦煌を語る」(石川県立音楽堂)
　　　　　講師：中国敦煌研究院＝蔡偉堂・廬秀文副研究員、中国大使館友好交流部＝孫美
　　　　　嬌参事官、国際日本文化研究センター＝宇野隆夫教授　ほか
11月30日　ORC金沢駅前サテライト(第3回)　講師：野村允、星野中
12月7日　ORC金沢駅前サテライト(第4回)　講師：服部治、河原俊昭
　　同　　ORC北東アジア研究会(第4回)　講師：金沢大学副学長＝橋本哲哉
12月14日〜17日
　　　　　北東亜交流研究プロジェクトの訪中、ORC研究協議
　　　　　○大連民族学院外国語言文化学院…王秀文院長、徐氷副主任と共同研究協議
　　　　　ORCリレー講義＝大藪多可志・方斌・服部治
　　　　　○大連大学（趙理事長）・中国東北史研究中心（王禹浪主任）と研究協議
12月21日　ORC金沢駅前サテライト(第5回)「北東アジア、これからの文化交流」

講師：富山県日中友好協会＝栗三直隆副会長ほか9名

[2006年]

1月12日　大連民族学院＝劉玉彬副院長、徐氷教授・副主任、胡文忠生命科学院副院長来学、稲置理事長・早瀬学長訪問、ORC共同研究会、大学院生と交流

3月11日　「在中国日系企業研究」グループ研究会（大連）、6月大連フォーラムの協議

3月24日　大連民族学院＝王秀文学院長の来学、ORC共同研究会、協議
　　　　　王報告「日中間にみる桃をめぐるシンボリズムの比較―桃の民俗誌」

3月25日　季刊『北東アジア交流学』1（「アジア地域交流学の構築」）刊行

3月30日　日中共同執筆記念論集『東アジアの交流と地域諸相』（思文閣出版）刊行

5月中旬　ORCニュース『東アジアの交流と情報』Vol.1 発刊

5月31日　北東アジア研究会（第5回）"記念論集を語る"講師：河原俊昭ほか7名

6月2日～4日
　　　　　大連・金沢アカシア交流大学（中国・大連民族学院）
　　　　　"新世紀、中日間の教育・研究交流とコミュニケーション"
　　　　　講師：陳岩・宿久高・劉金才・譚晶華・修剛・王秀文・徐氷・曲偉・古賀克己・龍世祥・藤井一二・服部治・野村允・大藪多可志・木村正信・方斌

6月7日　北東アジア研究会（第6回）　講師：伏木海陸運送・ロシア事業部長＝宮崎三義

6月28日　北東アジア研究会（第7回）　講師：青山学院大学名誉教授＝田村晃一

7月23日　金沢・大連交流フォーラム"東アジアの交流と文化を語る"（金沢21世紀美術館）
　　　　　講師：大連大学教授＝王禹浪、同助教授＝劉愛君、中国大使館＝喬倫書記官

7月24日　富山・大連交流フォーラム"中国東北地区の考古と文化を語る"（富山国際会議場）
　　　　　講師：大連大学教授＝王禹浪、同助教授＝劉愛君、中国大使館＝喬倫書記官

7月26日　北東アジア研究会（第8回）　講師：新潟大学教授＝井村哲郎

8月5日～6日
　　　　　夏季公開セミナー"飛騨古川から文化・観光交流を考える"（岐阜県飛騨市）
　　　　　講師：中央公論新社編集部＝木村史彦、北海道大学教授＝大内東、東洋大学教授＝白川部達夫、金沢星稜大学＝大藪多可志・堂下恵、沢田史子

8月21日～23日
　　　　　韓国北陸日系企業の経済・経営に関する実地調査（服部・木村・野村ほか）

8月21日～28日
　　　　　中国東北地区資料調査、研究交流
　　　　　上京龍泉府遺址、渤海遺址博物館、寧安市文物考古管理所、黒龍江省文物考古研究所、黒龍江省博物館、黒龍江大学、東北師範大学ほか

9月13日　大連民族学院国際語言文化学院において藤井講義「日本古代的季節与行事」

9月14日　大連大学国際学術交流報告会において藤井報告「公元8世紀渤海国的遣日使与日本北陸地区的古代交流」

9月16日〜20日
　　　　敦煌研究院副院長・中国古代壁画保護国家文物局重点科研主任＝王旭東博士を訪問、『敦煌記念論集』の献本、莫高窟「特別解放窟」の実見ほか

11月初旬　ORCニュース『東アジアの交流と情報』Vol. 2 発刊

11月8日　北京＝中国人民大学・ORCプログラム交流講座（藤井・服部・大薮・木村）

12月8日　金沢フォーラム「21世紀、日中交流の明日を語る」（石川県立音楽堂）

［2007年］

4月10日　ORCニューズレター『東アジアの交流と情報』No. 3 発行
　　　　季刊『北東アジア交流学』Ⅱ（「アジア地域交流学の構築」）発刊

4月18日　北東アジア研究会（第8回）　講師：大阪商業大学教授＝滝澤秀樹
　　　　「中国の朝鮮族社会」（金沢全日空ホテル会議室）

4月26日　日中共同研究会・交流会議（大連）、大連大学中国東北史研究中心（王禹浪・林治華・王建国）・大連外国語学院（陳岩教授ほか）との研究協議

5月19日　2007年度ORC事業計画と共同研究会（日本海国際交流センター・中国館）

6月27日　北東アジア研究会（第9回）　講師：富山県日中友好協会副会長＝栗三直隆
　　　　「現代中国の光と影—民族と官僚制—」

7月9日　北東アジア研究会（第10回）　講師：大阪経済大学教授＝徳永光俊
　　　　「日本農業から見た北東アジア農業」（金沢星稜大学817室）

7月29日　能登半島の東アジア交流遺産・旅遊資源に関する日中共同巡見・資料調査
　　　　金沢星稜大学ORC・大連大学中国東北史研究中心・日本海国際交流センター

7月30日　セッションⅠ　金沢・大連交流講座（金沢星稜大学302室）
　　　　大連大学理事長＝趙亜平「中国における大学改革」、同科技処・教授＝林治華「中国におけるロシアの経済研究」
　　　　セッションⅡ　富山・大連交流講座（富山県埋蔵文化財センターホール）
　　　　大連大学教授＝王禹浪「中国遼東半島の漢代墓」、同教授＝王建国「内蒙古の新石器文化」、藤井一二「北陸と中国北方の交流研究」

7月31日　石川県埋蔵文化財センター・石川県立博物館資料調査（日中共同）

8月27日〜30日
　　　　ロシア沿海地方（ウラジオストク）資料調査と日本海洋上セミナー
　　　　極東国立総合大学（モルグン・ゾーヤ準教授ほか）、同博物館、ロシア科学アカデミー、ウラジオストク日本センター（荒川樹里所員ほか）

9月4日～9日
　　　　　（海外資料調査）中国東北地区の文化遺産・旅遊資源の資料調査と研究交流（藤井一二・木村正信・方斌・川島哲）…黒龍江省博物館（魏国忠黒龍江省社会科学院研究員による文物解説）、黒龍江大学東語学院、牡丹江市文物局・同図書館、牡丹江師範学院、延辺自治州図書館、同博物館、延辺大学（姜信子教授）他

10月1日　ORCニューズレター『東アジアの交流と情報』No.4発行（藤井「北東アジア交流研究の新段階」）

10月6日　京都フォーラム（京都光華女子大学プロジェクト・金沢星稜大学ORCプロジェクト連携講座）"東アジアの観光交流と地域社会"
　　　　　北海道大学教授＝大内東、京都光華女子大学＝岩田強教授・真田達也教授・河原俊昭教授・工藤泰子講師・石丸講師、金沢星稜大学＝大藪多可志教授・藤井一二教授・川島哲准教授・堂本恵講師、金沢工業大学＝平野嘉代子講師

10月24日　北東アジア研究会(第11回)　講師：金沢大学教授＝佐々木達夫
　　　　　「文明の十字路―アフガニスタン・バーミヤンの歴史的景観」（金沢星稜大学817）

11月9日～11日
　　　　　金沢星稜大学ORC・大連大学王禹浪教授・大連民族学院王秀文教授研究協議会（共同論集編集会議）

11月23日　東京フォーラム"北東アジアの交流と連接"（学士会館／東京・神田）
　　　　　セッションⅠ　"中国における日系企業と経営行動"
　　　　　講師＝馬成三（静岡文化芸術大学教授）・服部治（金沢星稜大学特任教授）・黄八洙（立教大学講師）・茂木創（拓殖大学講師）・木村正信（金沢星稜大学准教授）・方斌（同）・川島哲（同）
　　　　　セッションⅡ　"中国黒龍江流域と遼東の考古と文化"
　　　　　講師＝魏国忠（中国・黒龍江省社会科学院研究員）・王禹浪（大連大学中国東北史研究中心主任・教授）・藤井一二（金沢星稜大学教授・ORCプロジェクトリーダー）・孫永剛（中国大使館交流処書記官）ほか
　　　　　セッションⅢ　日中韓交流会　"北東アジアの研究連接と情報共有"

12月5日　日・中文化フォーラム in 金沢（金沢星稜大学ORC・札幌学院科研プロジェクト）"東北アジアの交流文化と共同研究"（金沢市文化ホール）
　　　　　講師＝魏堅（中国人民大学歴史学院教授）・計紅（同清史研究所副教授）・徐光輝（龍谷大学教授）、服部治・藤井一二・大藪多可志・方斌・川島哲（金沢星稜大学）、野村允（大連大学・大連民族学院客員教授）ほか

［2008年］
2月20日　季刊『北東アジア交流学』Ⅲ　発刊

4月10日　ニューズレター『東アジアの交流と情報』No.5　発刊
4月25日　北東アジア研究会（第10回）　講師：東洋大学教授　白川部達夫
　　　　　演題「東アジア小農社会と農民の土地所有」
5月30日　黒龍江省民族研究所（都永浩所長）で日中学術交流シンポジウム（黒龍江省社会科学院魏国忠研究員の参加）、ORC日中共同論集成果報告会＝藤井・服部・大藪・川島・方の報告
6月2日　大連工業大学日韓企業経営研究所で東北亜海外企業経営・人材交流研究会（日本海国際交流センター古賀克己理事長基調講演）。大連大学において王禹浪教授と研究協議会。
7月10日　ニューズレター『東アジアの交流と情報』No.6　発刊
7月26日～27日
　　　　　公開講座氷見夏季大学"いま、伝えたい最新情報"（於氷見市海浜植物園）
　　　　　講師＝松蔭大学教授　服部治・金沢星稜大学教授　大藪多可志・金沢星稜大学特任教授　藤井一二・京都光華女子大学教授　河原俊昭・京都光華女子大学講師　工藤泰子・氷見市教育委員本川由子・大阪商業大学教授　滝沢秀樹ほか。
8月29日　公開講座・東京フォーラム「世界遺産、敦煌からの伝言」（学士会館）
　　　　　セッションⅠ　テーマ「東アジアの交流と地域連接」
　　　　　　金沢星稜大学名誉教授・松蔭大学教授　服部治
　　　　　　　「中国経済特区の日系企業と経営文化」（ORC・Aユニット）
　　　　　　金沢星稜大学特任教授・大連大学客員教授　藤井一二
　　　　　　　「中国延辺の渤海遺産とデータベース」（ORC・Cユニット）
　　　　　　金沢星稜大学教授・観光情報学会副会長　大藪多可志
　　　　　　　「北東アジアの観光情報とIT活用」（ORC・Bユニット）
　　　　　セッションⅡ　テーマ「敦煌莫高窟の"壁画"を語る」
　　　　　　敦煌研究院考古研究所副研究員・博士　蔡偉堂
　　　　　　　「敦煌莫高窟、早期三窟（268・272・275窟）壁画の特性」
　　　　　　敦煌研究院資料中心　副研究員　廬秀文（通訳　蔡潔）
　　　　　　　「敦煌壁画女性と日本飛鳥・白鳳・天平美人の服飾比較」
　　　　　後援＝中華人民共和国駐日本国大使館・㈶文化財保護・芸術研究助成財団
9月2日　公開講演会「東アジアの交流と連接"遙かなる敦煌を語る"」（石川県立歴史博物館）
　　　　　セッションⅠ「世界遺産、敦煌壁画を語る」
　　　　　　敦煌研究院　廬秀文「敦煌壁画女性と日本飛鳥・白鳳・天平美人」
　　　　　　　同　　　蔡偉堂「敦煌莫高窟の今を語る」
　　　　　セッションⅡ「東アジアの交流と情報」　藤井一二

11月20日　ニューズレター『東アジアの交流と情報』No.7　発刊
12月19日　学術シンポジウム「東アジア、交流の回廊と空間」（於中国大連市）
　　　　　中国黒龍江省民族研究所所長　都永浩
　　　　　　「中国黒龍江省における民族文化研究の現在」
　　　　　大連大学教授・政協大連市委員会委員　王禹浪
　　　　　　「中国遼東半島の歴史と文化遺産」
　　　　　金沢星稜大学特任教授　藤井一二　歴史文化ユニット
　　　　　　「画像で語る東アジア交流研究の歩み」
　　　　　金沢星稜大学教授　大藪多可志　観光文化ユニット
　　　　　　「日本・石川県の観光情報とIT応用」
　　　　　金沢星稜大学名誉教授　服部治　経営文化ユニット
　　　　　　「中国日系企業における企業文化の形成と課題」

[2009年]

3月31日　ORC研究成果報告書『北東アジアと北陸地域の経済・文化交流に関する学術情報の集積と学際的研究』（平成17～20年度）の発行
4月21日　藤井代表、中国大連大学・大連民族学院・大連市でORC成果報告会。
　　　　　研究会：藤井一二・王禹浪報告「日中交流研究の成果と研究ネットワーク」
　　　　　会場：中国大連大学中国東北史研究センター
7月2日　藤井報告「渤海国の使者と能登半島」　石川県立生涯学習センター
7月25日～26日
　　　　　北東アジアを語るシンポジウム"白樺ハイツ・夏季大学"
　　　　　「北東アジアの交流と経営・文化」　於国民宿舎：白樺ハイツ
　　　　　［セッションⅠ］リレー講座"北東アジアのテーマを語る"
　　　　　　金沢星稜大学特任教授　藤井一二・松蔭大学教授　服部治・大連大学客員教授
　　　　　　野村允・富山大学教授　龍世祥
　　　　　［セッションⅡ］特別講座　"アジアの地域と交流を語る"
　　　　　　富山国際大学長　田中忠治・長崎県立大学教授・学長補佐　石川雄一・富山県
　　　　　　日中友好協会副会長　栗三直隆・富山国際大学教授　北野孝一
　　　　　［セッションⅢ］リレー講座"北東アジアのテーマを語る"
　　　　　　高崎経済大学教授　和泉清司・東洋大学教授　白川部達夫・京都光華女子大学
　　　　　　教授　河原俊昭
11月10日　大藪副代表執筆「北陸と中国との観光交流」（『北陸中日新聞』アジアの潮流欄）
11月13日　藤井代表執筆「渤海交流　検証の時」（『読売新聞』文化欄）

[2010年]
4月1日　大藪副代表編『観光と地域再生』海文堂出版　発刊
4月5日　藤井代表著『天平の渤海交流』塙書房　発刊

[2011年]
2月12日　藤井代表　公開講座「天平の渤海交流」(JIU 東京紀尾井町キャンパスホール)

※付記：平成17年度選定オープン・リサーチ・センター整備事業一覧は、文部科学省科学技術・学術審議会学術分科会研究環境基盤部会「学術研究の推進体制に関する作業部会（第3回）配布資料」、金沢星稜大学 ORC 整備事業ホームページ（http://www.seiryo-u.ac.jp/orc/index.html）参照。

(藤井記)

延辺大学（朴灿奎・姜信子教授）・黒龍江省図書館（高文華館長）・延辺自治州図書館（安英男・金勇進館長）・中国人民大学歴史学院・東北師範大学商学院・黒龍江大学東語学院・牡丹江師範学院・牡丹江市文化局・旅順博物館（王嗣洲主任）・ロシア極東国立総合大学・ウラジオストク日本文化センター、駐北京日本国大使館（横井理夫書記官）、国内は、駐日本国中国大使館（当時の孫美嬌参事官、喬倫・孫永剛各書記官）・財団法人文化財保護・芸術研究助成財団（平山郁夫理事長）・NPO法人日本海国際交流センター（古賀克己理事長）・石川県立歴史博物館・石川県埋蔵文化財センター・富山県埋蔵文化財センター・思文閣出版・六一書房などからご支援、ご協力を頂きました。そして文科省私立大学学術研究高度化推進事業の推進に学校法人稲置学園（稲置美弥子理事長）と関係部局から格別の支援・協力を受けたことを特記します。

　本書は、北東アジア交流研究プロジェクト編集『東アジアの交流と地域展開』（2008年3月制作本）の公刊に際して、敦煌研究院の蔡偉堂・盧秀文両研究員による中国語論文とともに、あらたに日本語翻訳文を収載してあります。多くの時間を要する翻訳過程において劉暁華・王猛両氏（大連市）の協力をうけました。

　中国敦煌研究の最新成果を含む本書の刊行は、思文閣出版の原宏一氏のお力添えによって実現したことを付記し、ここにあらためてお礼を申し上げる次第です。

　　2012年5月1日

　　　　　　　　　　　　　　　　　　　　　　　　　　　　編者　藤井　一二

◆編　者◆

藤井　一二（FUJII・KAZUTSUGU）

　金沢星稜大学名誉教授．博士（文学）．日本古代史，東アジア交流史．中国大連大学・遼寧師範大学客座教授．2005～2009年度文部科学省私立大学学術研究高度化推進事業・北東アジア交流研究プロジェクト代表．2011年4月より城西国際大学人文科学研究科客員教授．
　主著に『初期荘園史の研究』（塙書房・1986年）『東大寺開田図の研究』（塙書房・1997年）『和同開珎』（中央公論社・1991年）『天平の渤海交流』（塙書房・2010年）．編著に『古代の地域社会と交流』（岩田書院・2005年）『東アジアの交流と地域諸相』（思文閣出版・2006年）など．

◆執筆者一覧◆

藤井　一二		
王　秀文	中国・大連民族学院外国語言文化学院教授，博士（文学）
滝澤　秀樹	大阪商業大学経済学部教授，経済学博士
劉　愛君	中国・大連工業大学国際教育学院教授，文学博士
河原　俊昭	京都光華女子大学文学部教授，博士（社会環境学）
盧　秀文	中国・敦煌研究院資料中心副研究員
蔡　偉堂	中国・敦煌研究院考古研究所副研究員，博士
服部　治	松蔭大学経営文化学部教授，金沢星稜大学名誉教授
黄　八洙	前駐日本国大韓民国大使館研究員
木村　正信	金沢星稜大学経済学部准教授
茂木　創	拓殖大学政経学部准教授
川島　哲	金沢星稜大学経済学部教授
龍　世祥	富山大学経済学部教授，博士（学術）
方　斌	金沢星稜大学経済学部准教授

（掲載順）

東アジアの交流と地域展開

2012(平成24)年6月20日発行

編　者
北東アジア交流研究プロジェクト　藤井一二

発行者
田中　大

発行所
株式会社　思文閣出版
〒605-0089　京都市東山区元町355　電話 075(751)1781㈹
定価：本体4,800円(税別)

印刷・製本／図書印刷同朋舎
© Printed in Japan, 2012　ISBN978-4-7842-1639-0　C3022